Marion Schmidt
Auf der Straße der Romanik

Schmidt BUCH

Titelbild: Kloster Unser Lieben Frauen Magdeburg

Die Deutsche Bibliothek - CIP-Einheitsaufnahme
Schmidt, Marion:
Auf der Strasse der Romanik : ein praktischer Reiseführer entlang der Strasse der Romanik in Sachsen-Anhalt / Marion Schmidt. Es fotogr. Rainer Kiedrowski ... . - 5. Aufl., 26. -30. Tsd. - Wernigerode : Schmidt-Buch-Verlag, 1996
(Kleine Touristen-Reihe)
ISBN 3-928977-20-2

Straße der Romanik
Projekt des Ministeriums für Wirtschaft, Technologie und Verkehr des Landes Sachsen-Anhalt
Projektleitung Dr. Christian Antz, Referat Tourismus

Durchgesehen von Prof. Dr. Helga Neumann (Mitglied des Expertengremiums zur "Straße der Romanik durch Sachsen-Anhalt")

Es fotografierten Rainer Kiedrowski, Nils Koshofer, Ute Schwarz und Thorsten Schmidt

Foto Seite 184: Kreil

Burgberg 13, Tel.: (03943) 2 32 46; Fax: (03943) 4 50 10
5. Auflage 1996, 26.-30. Tsd.
Satz und Gestaltung: Schmidt-Buch-Verlag
Lithographie und Druck: Graphisches Centrum Calbe
ISBN 3-928977-20-2

Marion Schmidt

Auf der Straße der Romanik

Ein praktischer Reiseführer entlang der Straße der Romanik in Sachsen-Anhalt

Schmidt-Buch-Verlag Wernigerode

Entdeckungsreise in das deutsche Mittelalter

„...Doch der stärkste Eindruck geht von jenen Kunstdenkmälern aus, welche zwischen dem 10. und dem späten 12. Jahrhundert, also in der Periode des romanischen Stils, entstanden sind. Diese Werke beantworten uns viele Fragen, die sonst offenbleiben würden. Es kommt lediglich darauf an, die Sprache der Steine in Worte zu übersetzen. Die Quadern von Quedlinburg und Gernrode sind nicht so schweigsam, wie es bei einem flüchtigen Besuch scheinen mag“, schrieb einst der Kunsthistoriker Georg Piltz und führte als Beispiele nicht zufällig zwei Kunstdenkmäler im heutigen Sachsen-Anhalt an. Wenn man das Rheinland einmal außer acht läßt, kann Sachsen-Anhalt von sich behaupten, den größten Reichtum an romanischen Bauwerken zu besitzen. Für die Landesregierung war das Grund genug, die wichtigsten erhaltenen Baudenkmäler aus romanischer Zeit in einem großen Tourismus-Projekt miteinander zu verbinden. Die „Straße der Romanik“ war geboren.

Raumübergreifendes Kulturmuseum

Eine Expertengruppe, bestehend aus Fachleuten verschiedener Spezialgebiete, stellte in wenigen Monaten den Verlauf der Straße zusammen und wählte schließlich 72 Objekte in 60 Ortschaften des Landes aus. So entstanden eine Nord- und eine Südroute, die sich im geographischen und politischen Zentrum Magdeburg treffen. In Form einer Acht schlängelt sich die „Straße der Romanik“ durch Sachsen-Anhalt. Wie ein weinroter Faden zieht sich das stets mit dem markanten Logo der Hallenser Grafikerin Barbara Dimanski gekennzeichnete Wegeleitsystem von Kloster zu Kloster, von Burg zu Burg oder von Kirche zu Kirche. Diese „Straße der Romanik“ soll sich zu einem einzigartigen raumübergreifenden Kulturmuseum mittelalterlicher Geschichte entwickeln, einer für ganz Europa bedeutenden Geschichte, denn gerade im Romanik-Zeitalter nahm das Territorium des heutigen Sachsen-Anhalts den Rang eines politischen und kulturellen Zentrums auf dem Kontinent ein.

Geschichtliches

Die Christianisierung der heidnischen Völkerstämme setzte zwischen Havel und Unstrut etwa im 8. Jahrhundert ein, als die Karolinger weit ins sächsische Gebiet vorstießen und die Völker hier zu dem neuen Glauben bekehren wollten. Das geschah freilich nicht immer nur mit gutem Zureden, sondern oft auf sehr blutige Weise. Zentrum dieser Missionstätigkeit war zuerst das heutige Osterwieck (damals Seligenstadt). Zu Beginn des 9. Jahrhunderts wurde mit der Gründung des Halberstädter Bistums dann allerdings dieser missionarische Ausgangspunkt nach Halberstadt verlegt. Hundert Jahre später weitete der erste deutsche König Heinrich I. sein Macht- und Einflußgebiet abermals weit nach Osten hin aus und erklärte große slawisch besiedelte Gebiete jenseits von Elbe und Saale zu seinem Missionsgebiet. Heinrichs Gemahlin Mathilde gründete in Quedlinburg Anfang des 10. Jahrhunderts ein Damenstift, wo der König bereits über eine Pfalz verfügte. In der Krypta eines Vorgängerbaus der heutigen Stiftskirche St. Servatii wurde Heinrich I. 936 beigesetzt. Bald darauf erweiterte man die Anlagen, und auch andernorts entstanden mächtige, klassisch romanische Bauwerke. So ließ Markgraf Gero, neben Heinrich I. einer der mächtigsten Männer seiner Zeit, in Gernrode ein für die Region damals äußerst bedeutendes Damenstift gründen, dessen Kirche heute noch zu den romanischen „Rosinen" zählt. Otto I. wählte schließlich Magdeburg zum Kaisersitz und auch das Erzbistum befand sich schließlich in der Elbestadt. Die Christianisierung setzte man nun von hier aus weiter fort, wobei die Mönchsorden und deren Klöster die bedeutendste Rolle spielten. Waren es zuerst vor allem die Benediktiner, so taten sich später die Prämonstratenser als tragende Kraft in Wirtschaft und Kultur hervor. In den Klöstern entstanden Werkstätten, in denen eine kleine Anzahl Bauhandwerker (meist kaum 10 Prozent der für einen Kirchenbau notwendigen Arbeitskräfte) mit Fachwissen und Erfahrung tätig war. Die eigentlichen Baumeister stammten beinahe ausschließlich aus hohen Klerus-Kreisen. Auf zahlreichen Reisen nach Italien und Byzanz eigneten sich diese Kirchengelehrten das nötige Wissen an, wobei freilich Elemente der weitentwickelten südeuropäischen Baustile auch nach Sachsen-Anhalt gelangten.

Architektonisches

Während die Maurer und Steinmetzen der Klöster die anspruchsvolleren Arbeiten beim Kirchenbau verrichteten, schufteten sich die leibeigenen Bauern unter Aufsicht der Mönche bei groben Erd- und Transportarbeiten die Gesundheit kaputt. Verständlich, daß diese Arbeiter wenig motiviert waren. Das Resultat sind vor allem bei Bauten der Frühromanik grobe Fehler bei der Umsetzung der Baupläne, die ohnehin noch ohne exakte Geometrie auskommen mußten, da das gebundene System hier noch unbekannt war. Eindrucksvolles Beispiel hierfür könnte die Gernröder Stiftskirche sein, wo der aufmerksame Betrachter wenig Paralleles und Exaktes vorfindet. Aus Angst vor Unfällen und Einstürzen (die ja durchaus vorgekommen sind) baute man damals mangels statischer Kenntnisse auch häufig viel zu dicke Mauern. Zum Ende des 11. Jahrhunderts entstanden schließlich etliche Bauhütten, in denen sich freie Bauhandwerker zusammengeschlossen hatten, die sich für Lohn ihre Arbeit aussuchen konnten. Auf diese Weise stieg freilich die Qualität der Kirchenbauten, die nun immer schneller aus dem Boden „schossen“. Zeitlich abstecken ließe sich die romanische Epoche etwa mit den Jahren zwischen 950 und 1250. In der zweiten Hälfte des 10. Jahrhunderts blühte unter Kaiser Otto das Bauwesen auf, und es entwickelte sich der sogenannte ottonische Baustil als Bestandteil der Frühromanik. Die Romanik - der Begriff wird in der Kunstgeschichte erst seit 1820 verwendet und bezeichnet den unter germanischen und orientalischen Einflüssen weiterentwickelten altchristlichen "römischen" Stil - brachte unzählige Burgen und Sakralbauten hervor. In erster Linie erwuchsen diese aus Naturstein, ob unbearbeitet oder hammerrecht, später oft auch aus Backstein. Dicke ungegliederte Mauerflächen, die lediglich von kleinen Rundbogenfenstern durchbrochen waren, prägten zunächst die architektonische Landschaft, bis sich nach und nach die Formen verfeinerten und Gliederungselemente wie Lisenen, Wandnischen und Rundbogenfriese zur Gestaltung der wuchtigen Bauten

Übersichtskarte
Straße der Romanik
Nordroute blau • Südroute grün

beitrugen. Ihr Erscheinungsbild prägten nicht zuletzt massive Säulen und Pfeiler sowie wehrhafte Türme mit. Etwa in der zweiten Hälfte des 11. Jahrhunderts wich dann zunehmend die flache, leicht brennbare Holzdecke der gewölbten Steindecke. Aus der Durchdringung zweier Tonnengewölbe entstand schließlich das Kreuzgewölbe. Zu den bedeutendsten Bauten der Romanik zählen zweifelsohne die Kirchen. Man knüpfte in erster Linie an die

Bautraditionen der altchristlichen Basilika an. Diese Form des Kirchenbaus zeichnet sich durch mehrere Schiffe aus, von denen das mittlere die seitlichen überragt. Außerdem besitzt das Mittelschiff eine zusätzliche Fensterfront, den sogenannten Licht- oder Obergaden. Die flachgedeckte Säulenbasilika steht für die Frühromanik, während sich die Weiterentwicklung der Architektur bis zur Spätromanik in der kreuzgewölbten Pfeilerbasilika ausdrückt. Den Baustil der Basilika bestimmen folgende Merkmale: Die Form des Grundrisses ist ein Kreuz. Durch das Durchdringen von Langhaus und Querhaus entsteht ein quadratischer Raum, die Vierung. Ihr schließen sich nach Osten Chor und Apsis an. Der Westteil (Westwerk, Türme, Portal) zeigt sich profan und wehrhaft. Außen wie innen überwiegen rundbogige Architekturelemente wie Fenster, Bögen, Zierformen. Neben dem Rundbogen sind vor allem die blockhaften Würfelkapitelle typisch für die romanische Bauweise. Die häufigsten Motive in der romanischen Ornamentik waren vor allem Dämonen und Fabelwesen sowie Pflanzen und Tiere in strenger Stilisierung. Zudem verwendete man zur Gliederung und Zierde Rundbogenfriese, Flecht- und Knotenbänder, den Kreis im Kreuzmotiv oder die Zickzacklinie. Aus der Antike wurden Palmetten und Akanthus übernommen und stilisiert, ebenso das Palmettenband.

Sehr bald entwickelten die Bauherren die altchristliche Basilikaform weiter, gab es mal ein oder zwei Querschiffe oder einen Westchor, Turmpaare und Vierungskuppeln. Reihen von Säulen und Pfeilern, die nach unterschiedlichen Rhythmen einander abwechselten und die Schiffe voneinander trennten sowie der erhöhte Chorraum mit darunterliegender Krypta bestimmten das Bild der sakralen Bauwerke. Das Kloster Hirsau versuchte, sich der Éntwicklung abwechslungsreicher Bauformen entgegenzustellen und wieder zur Einfachheit der altchristlichen Basilika zurückzuführen. Diese Reformbewegung (Hirsauer Bauschule) hinterließ auch an einigen Bauten in Sachsen-Anhalt ihre Spuren.

Die Zeit der Romanik ist die Zeit der Klöster. Sie bildeten die wichtigsten Zentren künstlerischen Schaffens. Um den Kreuzgang und die Klosterkirche herum befanden sich

Wohn- und Wirtschaftsgebäude, Gäste- und Krankenhaus, Schule und Bibliothek sowie Garten und Stallanlagen.
Gleichzeitig entstanden vielerorts Burgen und Pfalzen. Während die Pfalzen als Wohn- und Verwaltungsstätten der Kaiser fungierten, wohnten die Feudalherren auf den Burgen. Diese sollten ursprünglich Siedlungen und strategisch wichtige Punkte schützen. Daraus resultiert ihre Lage meist auf Bergkuppen. Außerdem erklären sich aus der Verteidigungs- und Schutzfunktion die hohen Mauern, Wälle und Gräben, die die Burg umgaben.
Bevor die Gotik der Romanik vollständig den Rang abgelaufen hatte, gab es eine Art Übergangszeit (1220 bis 1250) mit entsprechendem "Übergangsstil". In ihm findet eine Vermischung romanischer und gotischer Formen statt, wie beispielsweise am Naumburger Dom erkennbar ist.

Die Nordroute

Magdeburg

Dom St. Mauritius und St. Katharina

Paradox oder nicht: Der erste deutsche Kathedralbau gotischen Stils gehört in die Straße, die die Spuren romanischer Baukunst in Sachsen-Anhalt verfolgt. Paradox oder nicht? Keineswegs, denn der Magdeburger Dom St. Mauritius und St. Katharina bewahrt sehr wohl hinter Weiträumigkeit und Monumentalität romanische Schätze. Die Geschichte des sakralen Bauwerks beginnt lange bevor die Gotik das Land eroberte, und zwar im Jahre 937, als Otto I., seinerzeit noch König, hier ein dem heiligen Mauritius geweihtes Benediktinerkloster stiftete. Die neue Klosterkirche sollte sogleich als königliche Grablege dienen, wo denn auch Ottos erste Gemahlin Editha, die schon 946 starb, ihre letzte Ruhestätte fand.

Ab 955 ließ Otto I. die Klosterkirche zu einer Kathedrale ausbauen. Die viertürmige Basilika zeigte sich mit antiken Kostbarkeiten, Reliquien und bedeutenden Schenkungen prächtig ausgestattet. 13 Jahre später diente sie als Kathedrale des neuen Erzbistums Magdeburg. Während die Kleriker Einzug hielten, mußten die Mönche ins Kloster Berge umziehen, das Otto zuvor errichten ließ. Der Ausbau der Kathedrale erstreckte sich über Jahrzehnte und noch vor der Vollendung starb in Memleben im Jahre 973 der Kaiser. Seine Lei-

Der südliche Kreuzgangarm ist noch romanisch

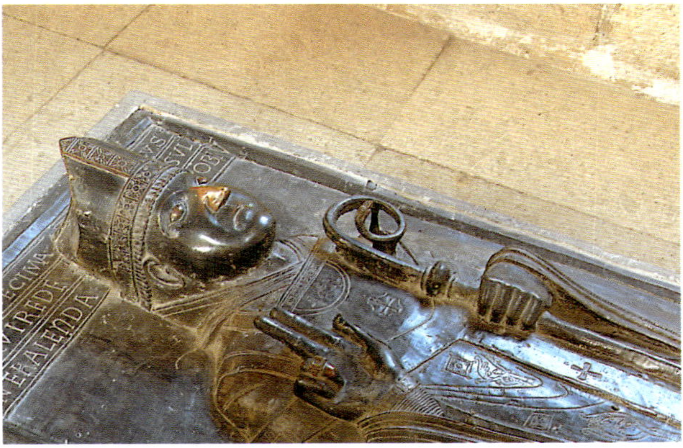

Bronzegrabplatte des Erzbischofs Friedrich von Wettin (gest. 1152)

che brachte man nach Magdeburg, legte sie in einen marmornen Sarkophag und setzte diesen vermutlich neben Editha mit in die Grabkirche.
1207 entfachte sich ein verheerendes Feuer in der kaiserlichen Kathedrale, dem Vorbild für zahlreiche Kirchengroßbauten. Trotz großer Schäden schien ein Wiederaufbau damals durchaus möglich gewesen zu sein, denn es gab offenbar zahlreiche Proteste gegen die Baustrategie von Erzbischof Albrecht II. von Kefernburg, einem hochgebildeten Kirchenfürst. Dieser entschied kategorisch: Abriß des alten Doms und völliger Neubau in Anlehnung an französische Bauweise. Bereits 1209 begannen die Arbeiten am Hohen Chor nach französischem Grundriß, so daß der Chorumgang mit Chorkapellen den 8/10 polygonalen Innenchor umschließt. Damit fanden in Deutschland erstmals gotische Ideen in der Architektur ihren Niederschlag. Allerdings behielt zumindest in den ersten Baujahren die romanische Bauweise die Oberhand, und so erhoben sich auf der gotischen Grundlage gewaltige Bündelpfeiler, halbrunde Bögen und tragendes Mauerwerk mit ausgesparten Fensteröffnungen. In die Jahre 1209 bis 1220 lassen sich die Kapitelle im Chorumgang datieren. Sie zählen zu den besten Schöpfungen spätromanischer Bildhauerkunst. Blätter, Knospen und Ranken, Dämonen und Fabeltiere, Gesichter, Tiere und menschliche Gestalten scheinen den Stein fast erdrücken zu wollen. Auch an den Kapitellen kündigte sich mit der Grundform des Kelchblocks der wachsende Einfluß gotischer Bauformen an.

Dom zu Magdeburg

Nach 1232 unter dem Nachfolger Albrechts II. setzte sich mit dem "Bischofsgang", dem oberen Chorumgang, erstmals die gotische Raumauffassung am Magdeburger Dom vollständig durch. Lediglich der Chor selbst erhielt ein traditionelles romanisches Gewölbe in Form einer Tonne mit gewaltigen kreuzförmig unterzogenen Gurtbögen. Der neue Architekt zeigte sich zudem konservativer als sein Vorgänger und legte Wert darauf, Überreste des alten Doms an sichtbaren Stellen des Neubaus einzufügen. Dies betraf in erster Linie die von Otto aus Italien geholten antiken Säulen aus Porphyr, Granit oder Marmor, womit dieser seinerzeit seinen Machtanspruch als Nachfolger des römischen Kaisers sichtbar zu unterlegen versuchte. Die Säulen waren aufgrund des Materials natürlich vor allem wertvoll, bewahrten aber mit der Übernahme in den Neubau zugleich die kaiserliche Tradition. Zwölf dieser kostbaren Säulen tragen den Hohen Chor. Hier fand auch der vom Brand verschonte einfache Putzmörtelsarg des ersten deutschen Kaisers, bedeckt mit einer antiken Marmorplatte, seinen Platz im Dom-Neubau, während eine Grabtumba für Editha im Chorumgang steht. Der romanische Osterleuchter am Sarg des Kaisers stammt aus der Zeit um 1170 und wurde aus einem antiken marmornen Säulenschaft des ottonischen Doms gearbeitet. Den Sandsteinfuß schuf der Magdeburger Bildhauer Heinrich Apel nach dem Zweiten Weltkrieg neu. Die zwei sich gegenseitig in den Schwanz beißenden Schlangen symbolisieren den sich selbst vernichtenden Tod, die Sonnensymbole am Marmorschaft komplettieren das Zeichen der Auferstehung, als solches der Osterleuchter gilt. Zwei Bronzegrabplatten aus dem 12. Jahrhundert erinnern an Erzbischof Friedrich von Wettin (1152 gestorben) bzw. an Erzbischof Wichmann von Seeburg (1192 gestorben), dem Urheber des "Magdeburger Rechts" (Stadtrecht). Die ältere der beiden Platten weist mit den ornamentalen Ritzungen auf dem Gewand und dem kleinen Dornenauszieher unter der Spitze des Bischofstabs hochromanische Strenge auf.

Als Erinnerung an die spätromanische Bauphase des Domes stehen die Untergeschosse der beiden Osttürme. Nach 1235 wurden die Arbeiten an ihnen kurzerhand als nicht mehr zeitgemäß eingestellt. Nach 1449 entstand als einheitlicher spätgotischer Bau die Marienkapelle des Remters, für den im übrigen auch antike Säulen und Kapitelle des ottonischen Domes verarbeitet wurden. In der Nordwand der Kapelle finden sich eingemauerte Marmorbildplatten (um 1160), die dem romanischen Ambo (Lesepult) aus dem ottonischen Dom entstammen. Die Reliefs von hoher Qualität zeigen die Seligpreisungen nach dem Matthäusevangelium.

Erst im Jahre 1926 wurden unmittelbar neben dem heutigen Bau, südlich des jetzigen Chores, Reste der ottonischen Krypta freigelegt. Der Fundort belegt, daß der erste Magdeburger Dom im Vergleich zum heutigen in seiner Achslage nach Süden hin abwich. Die Krypta besaß, den Fundstücken zufolge, eine eingezogene Apsis mit hufeisenförmiger Rundung, seitlich von je einem quadratischen Turm gestützt. Fünf halbkreisförmige Nischen befanden sich in der drei Meter starken Mauer der Apsis. Freigelegt wurden außerdem größere Partien des Mosaikfußbodens. Untersuchungen von drei erhaltenen Basen einstiger Wandvorlagen ergaben, daß der Innenraum der Krypta wahrscheinlich fünfschiffig gegliedert sowie eng und hoch gewesen sein könnte.

Romanisch präsentiert sich noch heute der südliche Klausurflügel mit seinen schweren Pfeilern, rundbogigen Arkaden, dreigeteilten Arkadenfüllungen, teilweise verzierten Säulenschäften sowie vorzüglichen Kapitellen, die vorwiegend um 1170 (Stil der Königslutter-Nachfolge) entstanden. Auch seine Kreuzgratgewölbe und das gesamte Obergeschoß sind Zeugen dieser Zeit. Der Klausurflügel aus dem dritten Viertel des 12. Jahrhunderts blieb vom Brand 1207 verschont und vom strikten Abrißbefehl Albrechts II. unberührt, um hier vorübergehend das kirchliche Leben notdürftig fortzuführen. Die Einbindung dieses Flügels in den neuen Dom gestaltete sich durch die veränderte Achslage ziemlich schwierig. Winkelverschiebungen sowie ein längerer Ost-, zugleich ein kürzerer Westtrakt waren vonnöten. Dafür aber blieb uns ein wertvolles romanisches Bauteil in ursprünglicher Form erhalten.

Kloster Unser Lieben Frauen

Eine der bedeutendsten romanischen Anlagen Deutschlands befindet sich mit dem Kloster Unser Lieben Frauen in der sachsen-anhaltischen Landeshauptstadt Magdeburg. Vom einst unter Erzbischof Gero um 1012/23 geschaffenen Kollegiatstift blieb nichts mehr erhalten. Ein zweiter Bau wurde von Erzbischof Werner (1064-78) begonnen und unter Erzbischof Norbert, der 1129 die Prämonstratenser in das Kloster holte, vollendet. Der Orden hielt sich knapp 200 Jahre hier und machte das Kloster Unser Lieben Frauen zum Mutterkloster. Insgesamt 16 Niederlassungen zählte die sächsische Ordensprovinz.
Vermutlich erfolgten die ersten Arbeiten für den Bau einer flachgedeckten kreuzförmigen Basilika im Osten. Unter Chorquadrat und halbkreisförmiger Apsis liegt die dreischiffige Krypta mit ihren nischengegliederten Umfassungsmauern. Die rundbogigen Fenster weisen tiefe Leibungen auf. Das niedrige, kuppelige Kreuzgratgewölbe ruht vorwiegend auf Säulen aus Sandstein, nur einige sind aus Granit oder aus Rübeländer Marmor. Die attischen Basen haben keine Eckblätter, und die Würfelkapitelle keinen Schmuck. Dafür sind deren Zwickel teilweise kannelliert und bis zur Kämpferplatte hochgezogen. Die Vorlagen der Halbsäulen an den Wänden haben flache Würfelkapitelle und mit Flechtband und Rosetten verzierte Kämpfer. Lange Zeit fehlten jegliche Spuren für eine Erweiterung der Krypta (siehe Kloster Jerichow). Doch mittlerweile wurden Teile der damals bis in die Vierung erfolgten und im 18. Jahrhundert beseitigten Verlängerung freigelegt und rekonstruiert.
Chor und Hauptapsis weisen außen in ihren Bruchsteinmauern noch Reste einer gequaderten Lisenengliederung auf. Auch an diesen Gebäudeteilen gibt es innen die schmalen halbrunden Wandnischen, Merkmal ottonischer Baukunst. Während die Nordwand mit ihren zwei Rundbogenfenstern noch ziemlich dem Originalzustand entspricht, erhielten Südwand und Apsis vorwiegend um 1500 und 1700 spitzbogige Fenster. Um 1700 bekam auch die südliche Querhauswand im unteren Teil neue Fenster, alle anderen aber blieben romanisch und zeigen teilweise eingestellte Rundstäbe sowie Kapitelle. Von den Bögen

Klosterkirche vom Kreuzgang aus

der ausgeschiedenen Vierung im Querhaus wurden der nördliche und der südliche im 13. Jahrhundert gotisch erneuert. Bemerkenswerterweise liegen die feingliedrigen Kämpferprofile des östlichen Triumphbogens höher als die mit Tier- und Pflanzenornamenten versehenen Kämpfer des westlichen Vierungsbogens, was für eine Zäsur im Bauablauf zwischen den Ostteilen und dem Langhaus spricht. Die südliche Nebenapsis blieb in ihrer romanischen Anlage erhalten, entstand aber aufgrund ihres äußeren Schmucks (Rundsäulchen mit Kapitellen sowie Rundbogenfries aus Platten auf Konsolen mit eingeritzter Ornamentik) erst nach 1129. Anstelle der nördlichen Nebenapsis (die es vielleicht nie gegeben hat) befindet sich die ursprünglich tonnengewölbte "hochsäulige Kapelle". Sie wurde zwar nachträglich, aber vielleicht doch schon um 1129 an den Chor angebaut.
Die romanische Substanz von Chor, Quer- und Langhaus wurde durch die 1220/1240 erfolgte Einwölbung weitestgehend verdeckt. Dennoch prägen die Arkadenbögen im Langhaus mit ihrem unregelmäßigen Farbwechsel von rotem und gelblichem Sandstein im wesentlichen das innere Erscheinungsbild mit. Es gab hier zunächst nur acht Arkaden, die neunte gesellte sich erst mit dem Unterbau der Westanlage nach 1129 dazu. Von den Säulen zeigt sich heute lediglich das östliche Paar mit hohen attischen Basen sowie ornamentierten Würfelkapitellen und Kämpfern. Ähnlich geschmückte Kämpfer finden sich auch am mittleren Pfeilerpaar, das die damaligen Säulenreihen unterbrach. Von den Fenstern blieben die des Obergadens in ursprünglicher Form erhalten sowie zwei, allerdings vermauerte, in der südlichen Seitenschiffswand.
Ein Westabschluß ist vor 1129 nicht mit Sicherheit belegt. Von ihm ist erst danach die Rede. Er gilt in seiner Dreiteiligkeit, nämlich Mittelturm mit zwei Seitentürmen, als vorbildgebend für fast alle großen Kirchen des Magdeburger Einflußbereiches. Das Mauerwerk des mittleren Turmes besteht im unteren Teil aus Sandsteinquadern, im oberen aus hammerrechtem Bruchstein. Die Geschosse werden nach außen hin durch profilierte bzw. mit Schachbrettfriesen versehene Gesimse unterteilt. Schmale Lisenen gliedern die schlanken runden Treppentürme mit ihren

Kloster Unser Lieben Frauen Magdeburg

Grundriß des Klosters UnserLieben Frauen

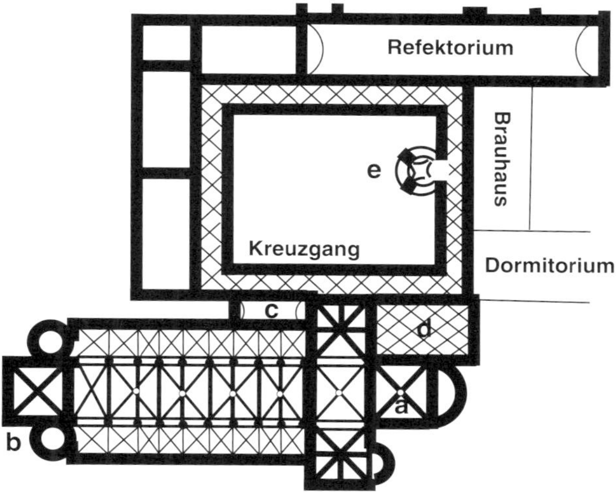

a - Krypta b- Turmhaus mit Emporengeschoß c - Pönitentiarium (zwei übereinanderliegende Rundtonnen) d - hochsäulige Kapelle e - Brunnenhaus (Tonsur)

spitzen hohen Kegeldächern. Der Mittelturm endet in einem Giebel. Alle drei werden unterhalb dieses Giebels von einem gemeinsamen Rundbogenfries umgeben und besitzen gekuppelte Klangarkaden. Das Erdgeschoß des quadratischen Mittelturmes beherbergt eine Eingangshalle, in der das erste Rippengewölbe der Region konstruiert wurde. Das jetzige Westportal stammt aus dem 18. Jahrhundert. Die flachgedeckte Empore über der Vorhalle besitzt ebenso wie das Erdgeschoß eine Öffnung zum Langhaus, und zwar einen großen tiefleibigen Rundbogen.

Zur Pfeilerbasilika wurde der sakrale Bau nach dem Brand von 1188. Die Säulen wurden entweder ersetzt oder mit einem Mantel umgeben, so daß letzten Endes quadratische Pfeiler mit abgeschrägten Ecken und teils ornamentierten Kämpfern das Bild der Kirche prägten. Ebenfalls in diese

Zeit gehört wohl die Einwölbung der "hochsäuligen Kapelle", wodurch ein lichter, dreischiffiger Raum entstand. Das Kreuzgratgewölbe ruht auf sechs, dem Raum seinen Namen gebenden hohen, schlanken Säulen. Immer zwei von ihnen sind gleich gestaltet: achteckig, quadratisch, rund. Wozu diese dreischiffige, rechteckige Kapelle einmal diente, ist ungewiß. Heute beherbergt sie eine Ausstellung mittelalterlicher Skulpturen aus verlorengegangenen Magdeburger Kirchen.
Um 1220/1240 erfolgte die bereits erwähnte Einwölbung der Kirche. Für das frühgotische Rippengewölbe mußte in den romanischen Kernbau ein Widerlagerungssystem eingefügt werden. Nebenbei bemerkt besitzt das sechsteilige Gewölbe im Mittelschiff Seltenheitswert.
Die ältere Ausstattung der Klosterkirche ging weitgehend verloren. Im nördlichen Querarm befinden sich Grabdenkmäler, zu denen eine große Marmorplatte für Erzbischof Norbert (1134 gestorben) mit schöner Inschrift gehört. Die Gebeine Norberts, der ursprünglich in der Vierung beigesetzt worden ist, liegen seit 1627 im Prager Kloster Strahov.
Die Klosteranlage, nach 1129 erbaut, galt vor der starken Zerstörung im Zweiten Weltkrieg als eine der schönsten in Deutschland. Wenigstens konnte der innere Kern der Klausur in alter Form wiederhergestellt werden. Entgegen mittelalterlicher Gewohnheit befindet sich der in vier Flügeln erhaltene Kreuzgang nördlich der Klosterkirche. Er besitzt durchweg Kreuzgratgewölbe ohne Gurte. Die ursprünglich zweigeschossigen Gänge öffnen sich zum Hof hin durch breite, rundbogige Arkaden. Diese überspannen jeweils drei eingestellte, kleinere Arkaden mit reich geschmückten Kapitellen. Sie tragen alle möglichen Ornamente dieser Zeit, nicht eines wiederholt sich.
Besonderes Augenmerk verdient vor allem wegen seiner Einmaligkeit in Deutschland das Brunnenhaus vor dem Ostflügel. Der zweigeschossige Rundbau, der vermutlich nur vom oberen Geschoß des Kreuzganges aus zugänglich war, setzt im unteren Teil das Arkadensystem des Kreuzganges in etwas vergrößerter Form fort. Beide Geschosse haben im Inneren Kuppelgewölbe. Den oberen Abschluß des Hauses bildet ein steinernes Spitzkegeldach. Im Südflügel des Kreuzganges liegt das sogenannte Pönitentiari-

Kloster Unser Lieben Frauen Magdeburg

St. Petri mit romanischem Westbau

um mit Tonnengewölbe, im Westflügel das im Zweiten Weltkrieg stark zerstörte Sommerrefektorium, das heute als Café und Foyer dient. Eines der eindrucksvollsten hochmittelalterlichen Klostergebäude bewahrt der Nordflügel mit dem Alten Refektorium (heute Museum), ein in drei Geschossen tonnengewölbter Bau. Er wurde aus hammerrechten Quarzitsteinen in vorzüglicher Weise errichtet. Besonders augenfällig präsentiert sich die östliche Giebelfassade mit ihrer Drei-Fenstergruppe und den fünf gestaffelten Arkaden im Giebelfeld. Das Dormitorium, in dessen Untergeschoß sich vermutlich der Kapitelsaal befand, wurde bereits 1631 abgebrochen. Während des 30jährigen Krieges wurden der restliche Kirchenschatz, die gesamte Bibliothek und das Archiv vernichtet. Im 18. Jahrhundert erhielt das Kloster eine neue Aufgabe: Es entwickelte sich eine Klosterschule. 1834 - nach der Säkularisierung - erfolgte deren Gleichschaltung mit dem staatlichen Schulbetrieb. Heute bildet die gesamte Klosteranlage ein Kulturzentrum mit Museum und Konzerthalle.

St.-Petri-Kirche

Die katholische Pfarrkirche St. Peter in Magdeburg entstand Ende des 14. Jahrhunderts aus einer romanischen Dorfkirche. Den vermutlich ursprünglichen Saalbau erweiterte man zu einer dreischiffigen Hallenkirche. Vom Gründungsbau des 12. Jahrhunderts blieb nur der mächtige Westturm erhalten, der dem damaligen Charakter wehrhafter Dorfkirchenanlagen voll entspricht.
Weil die Kirchenvergrößerung nur in südliche Richtung erfolgte, ist der Turm nunmehr nach Norden aus der Achse gerückt. Das dicke Mauerwerk, das sich aus Bruchsteinquadern bzw. hammerrechtem Bruchstein über rechteckigem Grundriß erhebt, zeigt sich im oberen Teil des Turmes durch Ecklisenen und Bogenfriese gegliedert, was auf eine Entstehungszeit zwischen Anfang und Mitte des 12. Jahrhunderts hindeutet. Zwei Rundfenster lassen etwas Licht herein. Im unteren Teil fehlen sowohl Gliederungselemente als auch Öffnungen gänzlich. Es existiert kein Westeingang! Dafür öffnen sich zwei massige Bögen mit doppelten ausschwellenden Keilsteinen zum Kircheninneren. Das Glockengeschoß besitzt gepaarte Schallöffnungen, die von Säulchen mit Würfelkapitellen und Sattelkämpfern getragen werden.
Die Kirche selbst wurde zweimal bis auf die Umfassungsmauern zerstört, während des 30jährigen Krieges und während des Zweiten Weltkrieges. Etwa von 1962 bis 1970 erfolgte der nochmalige Aufbau des Gotteshauses in starker Anlehnung an die mittelalterliche Kirchengestalt. Das Innere ist weitestgehend modern eingerichtet.

St.-Sebastian-Kirche

Die Magdeburger St.-Sebastian-Kirche gehörte einst als Stiftskirche zum etwa 1015/1016 von Erzbischof Gero gegründeten Kollegiatstift. Noch bis ins späte 18. Jahrhundert hinein stand neben dem Hauptaltar des Gotteshauses der Grabstein Geros, der sich hier begraben ließ, und damit die Tradition begründete, verstorbene Erzbischöfe am ersten Tag nach ihrem Tod in der St.-Sebastian-Kirche aufzubahren, bevor gleiches im Kloster Unser Lieben

Frauen geschah und schließlich die Beisetzung im Dom erfolgte.
Die wuchtig geschlossene Doppelturmfassade sowie Reste des Querhauses sind steinerne Zeugen des 12. Jahrhunderts und bestimmen zusammen mit dem Grundriß den hochromanischen Vorgängerbau - geweiht 1169 - eindeutig als kreuzförmige, dreischiffige Basilika. Die Bewahrung der Grundrißproportionen beim Umbau zur Hallenkirche spätestens in der Mitte des 15. Jahrhunderts bewirkt gerade im Inneren eine starke romanische Grundstimmung.
Anfang des 14. Jahrhunderts mußte der romanische Chor einer neuen geräumigen Choranlage weichen. Aus der Romanik erhalten blieb hingegen die Vierung mit kreuzförmigen Pfeilern, deren Kämpfer Schachbrett- und Palmettenornamente besitzen. Allerdings entstanden von den Vierungsbögen lediglich der östliche und der westliche in romanischer Zeit. Auf den flachgedeckten Ursprungsbau verweisen zudem Teile der östlichen und südlichen Wand des südlichen Querarmes sowie die darin enthaltenen, inzwischen vermauerten rundbogigen Fensterpaare. Das Innere des Querhauses blieb bis auf die große gotische Wölbung im ursprünglichen Zustand. Hier ist sogar noch der abgetreppte Einfassungsbogen der ursprünglichen südlichen Nebenapsis erkennbar.
Der aus Bruchsteinen gesetzte mächtige Turmriegel besaß, entsprechend seinem wehrhaften Charakter, ursprünglich keinen Westeingang, dafür eine weit zum Schiff geöffnete Vorhalle. Das kaum gegliederte Mauerwerk durchbrachen nur wenige Lichtöffnungen. Zwei kantige Türme aus Grauwackematerial überragen das mittlere Turmhaus, in dessen oberstem Geschoß die rundbogigen Schallarkaden mittlerweile vermauert worden sind. Einige Jahre jünger sind die oberen Geschosse der Türme (Südturm Ende 12., Nordturm Anfang 13. Jahrhundert). Diese Tatsache läßt sich wohl auf die Auswirkungen der Brände von 1188 bzw. 1207 zurückführen. Ihre barocken Zwiebelhauben erhielten die Türme dann im 17. Jahrhundert.
Das Inventar der jetzigen katholischen Propsteikirche kam zum größten Teil erst nach dem Zweiten Weltkrieg aus Gotteshäusern der Umgebung hierher. Als Überbleibsel

der einst reichen mittelalterlichen Ausstattung finden sich lediglich noch zwei Schnitzaltäre (Ende 15. Jahrhundert) sowie ein spätgotisches Kruzifixus.

Romanischer Westbau der Sebastianskirche

Groß Ammensleben

Benediktinerkloster

Die Geschichte des Klosters beginnt etwa in der Zeit um 1120, als die Grafen von Ammensleben ein Augustiner-Chorherrenstift gründeten, das nach 1124 ein Schutzprivileg erhielt. Fünf Jahre später wurde es dann unter dem Einfluß der Hirsauer Reformbewegung in ein dem Kloster Berge unterstelltes Benediktinerkloster umgewandelt. Zum Teil reformiert wurde das Kloster noch im 16. Jahrhundert, doch wenig später befand es sich bereits wieder fest in katholischer Hand. 1804 erfolgte die Säkularisierung, in deren Folge die Klostergebäude verfielen bzw. entfernt wurden.

Geblieben ist die 1135 geweihte und 1140 zur Abtei erhobene Klosterkirche Petrus und Paulus, deren romanischer Kernbau aus Bruchstein besteht. Daß es sich ursprünglich um eine flachgedeckte Pfeilerbasilika ohne Querschiff und mit achtjochigem Langhaus gehandelt haben muß, ist ziemlich sicher. Dagegen lassen sich über die Ursprungsformen des Chores und des Westbaus lediglich Vermutungen anstellen, da umfangreiche Untersuchungen bisher ausblieben. Vom romanischen Chor stehen heute noch die Nord- und die Südwand sowie die Apsis des nördlichen Nebenchores. Das Entstehungsdatum der Apsis fällt, nach den Kämpfern am Apsisbogen zu urteilen, in die Zeit um 1170. Die Wände

Klosterkirche Groß Ammensleben

bewahren noch mehrere romanische Kämpfer. Wahrscheinlich war der Chor einst dreischiffig und zweijochig gegliedert. Von den vier geplanten Türmen erlebte lediglich der Nordwestturm seine Fertigstellung, wobei aber wohl das Obergeschoß auch erst in der gotischen Umbauphase entstand, und der spitze Turmhelm erst 1611 hinzukam. Ebenfalls nur bis zur Planungsphase gelangte eine mittelschiffsbreite Vorhalle im Westen, denn noch im 12. Jahrhundert entstand ein durch die seitlichen Turmuntergeschosse bedingter Westquerbau.
Das Langhaus zeigt sich noch heute fast in seiner Ursprünglichkeit. Hinter den großen (teilweise erneuerten) romanischen Fenstern offenbart sich ein breit proportionierter Raum mit acht romanischen Pfeilerarkaden, deren niedrige Basen und Kämpfer mit zartem Palmettendekor, Schachbrettmustern und Profilen, die umgekehrte Basen darstellen, versehen sind. Im Westteil des südlichen Seitenschiffes wurde um 1170 ein einstufiges, reichverziertes Säulenportal eingefügt. Zum Schmuck des Portals gehören neben den mit Palmetten und Ranken Königslutterer Prägung gestalteten Kapitellen und Kämpfern auch die senkrecht ausgekehlten bzw. geschuppten Ecksäulchen der Schäfte sowie ein zweigeteiltes Tympanon (Bogenfeld) mit Wirbelrosette und Agnus Dei (Lamm Gottes).
Eine Besonderheit weisen die Seitenschiffe auf: Das nördliche ist schmaler als das südliche. Wann dies allerdings so entstand, ist bisher ungeklärt. Dahingegen läßt sich mit Bestimmtheit sagen, daß bereits in die Zeit der Spätgotik der Anbau der Sakristei und der der Marienkapelle fallen. Die Westempore im Mittelschiff hingegen entstammt in neoromanischem Stil erst dem 19. Jahrhundert.
Das Innere der heute simultan, also sowohl für evangelische als auch für katholische Gottesdienste genutzten Kirche wurde 1965 restauriert. Während dieser Arbeiten kam in der Kreuzkapelle beim Altar der mittelalterliche glasierte Fußboden aus drei verschiedenen Arten von Tonfliesen ans Licht.

Hillersleben

Benediktinernonnenkloster

Vermutlich in die zweite Hälfte des 10. Jahrhunderts fällt die Gründung des Benediktinernonnenklosters in Hillersleben. Markgraf Gero von Magdeburg ließ die Anlage 1022 für erzbischöfliche Dienste umbauen. 74 Jahre später war das Kloster reformiert und wurde Heimstatt für die Ilsenburger Mönche. Nach der völligen Zerstörung im Jahre 1179 entstanden neue Gebäude, von denen heute nur wenige Reste übriggeblieben sind. In der zweiten Hälfte des 16. Jahrhunderts ist abermals von einem Neubau die Rede. 1577 wurde die Augsburger Konfession übernommen, und schließlich entschieden ab 1687 die brandenburgischen Kurfürsten über das Schicksal des einstigen Nonnenklosters. Seine wechselvolle Baugeschichte setzt sich mit dem Jahre 1788 fort, als die Ostteile abgerissen wurden. Schließlich stürzte 1811 der Turm ein. In den Jahren 1859 bis 1880 erfuhr die Anlage eine romanisierende Erneuerung, die zum Entstehen der Ostapsis und der westlichen Turmfront führte. Zudem besserte man zu dieser Zeit Teile der Umfassungsmauern aus und sorgte für die heute noch im wesentlichen bestehende Ausstattung.

Von der ehemaligen Klosterkirche St. Laurentius, St. Stephan und St. Petrus bestehen heute noch Teile des hochromanischen Kernbaus. Allerdings entstammen sie nicht der ursprünglichen Klosterkirche, sondern schon einem Neubau nach dem Zerstörungsjahr 1179. Der Grundriß jedoch könnte auf einen Vorgänger aus der Zeit vor 1100 zurückgehen. Die vermutlich flachgedeckte Pfeilerbasilika mit Querschiff und ausgeschiedener Vierung besaß wahrscheinlich einen rechteckigen Chor mit Apsis und zwei Nebenchören. Der dreiteilige Westquerbau der Klosterkirche war in der Mitte überhöht.

Die Jahrhunderte überdauert haben die vier westlichen Vierungspfeiler mit Ecksäulchen und einem auffälligen Palmetten-Lotos-Fries am Kämpfer des Nordpfeilers. Auch Teile des Querschiffs erinnern noch an romanische Bauweisen. Vom Nordflügel existieren zwar lediglich Teile der Westwand, dafür blieben vom Südflügel ein Stück

Ostwand und die gesamte Süd- sowie die Westwand erhalten. Letztere weist zudem ein vermauertes Rundbogenportal auf, das einst zum ehemaligen Kreuzgang führte, und die Portale, durch die man zum Ostflügel der Klausur in zwei Stockwerke gelangte. Besonders auffällig sind die Schwellbögen über den Portalen.
Die Reste des ehemaligen Kreuzganges sind jüngeren Datums (Ende 13. Jahrhundert), ebenso das einstige Dormitorium. Es wurde erst 1436 gebaut und 1483 durch einen Ostvorbau erweitert.

Benediktinernonnenkloster Hillersleben

Kirchen-Ruine der Wüstung Nordhusen bei Hundisburg

Hundisburg

Ruine Nordhusen

Der stattliche Westquerturm ist mittlerweile nicht mehr nur einziger Zeuge von der ehemaligen Kirche Nordhusens, sondern überhaupt das einzige Bauwerk, das an das heute nicht mehr existierende Dorf erinnert. Die letzte Nachricht über die Wüstung Nordhusen erreicht uns aus dem Jahr 1458, als der damalige Besitzer Ludolf von Alvensleben mit dem Zehnten über 24 Hofstellen belehnt wurde. Längst aber hatte schon zu dieser Zeit das Fleckchen seine große Bedeutung, auf die noch heute der außergewöhnlich mächtige Kirchturm verweist, an Hundisburg abtreten müssen. Wann der Turm genau errichtet wurde, weiß man nicht zu sagen. Aufgrund der zunehmenden Bedeutungslosigkeit von Nordhusen könnte bereits Mitte bis Ende des 12. Jahrhunderts das Bauwerk gestanden haben, und wenn man vom qualitätvollen Mauerwerk ausgeht, käme etwa die Zeit um 1200 in Frage.

Mit seinen Grundrißmaßen von 11,80 Metern mal 5,20 Metern und seiner Höhe von 17 Metern sucht der Kirchturm seinesgleichen in der Umgebung. Sein aus Grauwakke bestehendes Mauerwerk dürfte Schlüsse auf das Statik- und Haltbarkeitsverständnis der Baumeister im Mittelalter zulassen. So weist der untere Teil vor allem quadratische

Formate auf, während im oberen Teil qualitätmindernd die Steine ziemlich unregelmäßig gesetzt worden sind. Eckbinder sind in ihrer ursprünglichen Form lediglich noch an den oberen Abschnitten und an den Ostecken zu sehen, während die anderen den Restaurierungsarbeiten Anfang des 20. Jahrhunderts entspringen. Zu der Zeit wurde auch die Westfront in wohl wenig fachgerechter Weise großflächig ausgebessert. Eine Gliederung erfährt das Mauerwerk einzig durch den Mauerrücksprung in halber Turmhöhe. Ein Dach besitzt die Ruine nicht mehr. Die Dreiecksgiebel auf den schmalen Seiten des Turmes verweisen auf ein Satteldach, von dessen sogenannten Mönch-Nonnen-Ziegeln heute noch Reste ziemlich verstreut im Umfeld der Ruine liegen.
Erhalten geblieben sind zwei großzügige Rundbogenöffnungen, die einst ins Schiff der Kirche führten, sowie fünf Schallöffnungen in der vollständig bestehenden Ostwand und je zwei in den nördlichen bzw. südlichen Schmalseiten des Turmes. Wie ein Ölgemälde von 1833 belegt, fehlten die Arkaden in der Westseite bereits zu jener Zeit. Der gesamte obere Turmabschnitt besitzt nur ein Schlitzfenster. Diese Tatsache läßt vermuten, daß es hier nur einen Leiter- oder Treppenaufgang gab. Das erste Geschoß dagegen hat ein großes Fenster. Vermutlich stand auch ein Altar früher im Kirchturm, was für die damalige Zeit durchaus nicht unüblich war.
Über das einstige Kirchenschiff geben lediglich geringe Putzreste Aufschluß. Demnach war es erheblich schmaler als der wuchtige Turm, besaß keine eigene Westwand, und die Längswände stießen verbundlos an den Turm.
Noch heute fügt sich das mittelalterliche Bauwerk auf romantische Weise in die Landschaft ein, was wahrscheinlich all die Jahrhunderte zuvor ausschlaggebend für die Erhaltung der Ruine war.

Bebertal

Friedhofskapelle

Vermutlich aus dem 10. Jahrhundert stammt der Kernbau der Friedhofskapelle in Bebertal. Es sind die Reste der ehemaligen Kirche des wüsten, alten Dorfes Alvensleben. Dieses alte Dorf ging 1928 mit dem neuen Dorf Alvensleben, der selbständigen Marktgemeinde und dem umfangreichen Burgkomplex eine Gemeinschaft ein. 1950 dann vereinigte sich diese Gesamtgemeinde mit Dörnstedt zu Bebertal.

Der Sage nach gründete Bischof Hildegrim von Halberstadt im 9. Jahrhundert die Kirche und weihte sie dem heiligen Stephan. Die beiden erhaltenen, mittlerweile allerdings erneuerten Rundfenster in der Südwand entstanden höchstwahrscheinlich schon in frühromanischer Zeit. Betrachtet man allerdings das Mauerwerk des alten Saales näher, läßt dies eher Vergleiche mit Bauten aus dem 12. Jahrhundert zu. Die rechteckigen Steine wurden sauber gehauen und vor allem für die Fenster, Sockel und Lisenen von Steinmetzen bearbeitet. Als Material dienten in erster Linie roter Porphyr sowie grauer und gelber Sandstein.

Die Bebertaler Friedhofskapelle bewahrt mit ihrer Nord- und Südwand vollständig romanische Mauern, während die jetzige Westwand die Länge des Vorgängerbaus nach beiden Seiten hin übertrifft: nördlich 0,5 Meter, südlich etwa 3 Meter. In der Ostwand der Friedhofskapelle markiert ein Fundamentsockel klar die ursprünglichen Ostekken, womit auch die einstige Länge der Ostwand bestimmt werden kann. Sie entspricht der heutigen Eingangsfront. Ob der Raum nun aber als Saal oder sogar als Chor diente, läßt sich nicht eindeutig sagen. Möglich wäre wohl beides. Von den zwei romanischen Fenstern in der Südfront war bereits die Rede. Deren Gewände aus Sandstein verjüngen sich jeweils zur Mauermitte hin sanduhrenförmig. Zwischen den Fenstern erfährt das Mauerwerk eine Gliederung dadurch, daß ein Quader senkrecht gesetzt worden war. Hierbei handelt es sich um eine später abgearbeitete Lisene, die aller Wahrscheinlichkeit nach einst auch an anderer Stelle des romanischen Bauwerks als gliederndes Element genutzt wurde. Über das ursprüngliche Dach des

sakralen Baus gibt es bisher keinerlei Erkenntnisse.
Die Umgestaltung des seit dem 17. Jahrhundert als Friedhofskapelle dienenden Gotteshauses zu einem Antentempel erfolgte in der ersten Hälfte des 19. Jahrhunderts. Hierbei wurde die Ostwand zurückgesetzt. Die zwei hölzernen Säulen stützen seitdem den Ostgiebel.

Die Friedhofskapelle Bebertal von Süden

Ruine der Stiftskirche in Walbeck

Walbeck

Stiftskirche St. Marien

Auf dem Walbecker Dornberg erhebt sich etwa 20 Meter über dem Flußtal die Ruine der ehemaligen Stiftskirche St. Marien, St. Pankratius und St. Anna. Mehrere Fußwege führen auf den Berg hinauf, auf dessen Kuppe sich einst die Burganlage der Grafen von Walbeck ausdehnte. Vom 10. bis 12. Jahrhundert lebte hier das reiche und bedeutende Adelsgeschlecht, das schon im 13. Jahrhundert ausstarb. Von der Burg selbst blieb nichts erhalten. Sie wurde 1219 vollkommen zerstört und mit ihr auch ein großer Teil der Stiftsgebäude.

Lothar II. von Walbeck stiftete etwa um 942 das Benediktinerstift als Zeichen seiner Sühne für die Teilnahme an einer Verschwörung gegen Otto den Großen. Zugleich diente das Stift den Grafen als Familien-Grablege. Die Stiftskirche sollte sich harmonisch in die gesamte Burganlage einfügen. Das Gotteshaus schloß die Burg nach Norden hin ab, wodurch sich allerdings die übliche Ausrichtung des Chores nach Osten hin um 40 Grad verschob.

Wesentliche Teile der Ruine stammen noch von diesem Gründungsbau, einer vermutlich flachgedeckten, kreuzförmigen und vierjochigen Pfeilerbasilika. So finden sich romanische Fundamente und Mauerteile an den Hoch-

schiffwänden, am Querhaus, am Chor und an der Apsis. Archäologen lieferten durch Grabungen weitere Mosaiksteine für das wahrscheinliche Aussehen der Kirche, das wie folgt beschrieben werden könnte: Das aus rechteckigem Chor und eingezogener Apsis bestehende Sanktuarium lag zwei Stufen höher als das Querhaus und dies wiederum drei Stufen höher als das Langhaus. Arkaden - etwas schmalere als heute - trennten wohl Mittelschiff und Seitenschiffe voneinander. Schmaler als das Mittelschiff war das Querhaus, das vermutlich zu diesem Zeitpunkt auch noch keine ausgeschiedene Vierung, keine Nebenapsiden und keine Zugänge zu den Seitenschiffen besaß. Das Langhaus schloß im Westen wohl zunächst nur mit einer schlichten Giebelfront ab.
Noch heute prägen die weitgespannten Triumphbögen (der westliche wurde im 13. Jahrhundert erneuert) auf kräftigen Wandvorlagen gegen Mittelschiff und Chor das Erscheinungsbild der Kirchenruine. Zu den jetzt noch zu besichtigenden Gebäudeteilen aus der romanischen Epoche gehört der südliche Teil der aus sorgfältig gesetztem Hausteinmauerwerk bestehenden Apsis mit ihrer ansetzenden Wölbung und einem noch erhaltenen Teil des Apsisbogens auf profiliertem Kämpferfragment. Die Chorseitenwände stehen jetzt zwar nicht mehr in ihrer vollen Höhe, dafür aber blieben die Umfassungsmauern des Querhauses (nur die nördliche Giebelfront stammt aus dem 16. Jahrhundert) teilweise bis zum Dachansatz erhalten. Vom Kernbau des Langhauses gibt es noch die südliche Hochschiffwand und von der vermutlich um 1000 erfolgten westlichen Erweiterung, dem dreischiffigen Emporenquerbau, nur die beiden rechteckigen Pfeilerpaare mit profilierten Kämpfern sowie Überbleibsel der Arkaden. Um 1100 wurde dieser Anbau verändert, indem ein weiterer Westquerbau hinzukam. Die ursprüngliche Langhauswestwand fiel und damit gliederte sich die erste Erweiterung in den Kernbau mit ein. Um die Arkadenfolge zu vereinheitlichen, wurden zu dieser Zeit die bestehenden Langhauspfeiler durch neue ersetzt und deren Abstände zueinander vergrößert, während die Arkaden zwischen Querschiff und Seitenschiffen völlig verschwanden. Von dem Westquerbau, einem zweigeschossigen und dreige-

teilten Unterbau mit wehrhaftem Turmaufsatz, künden lediglich Fragmente der Teilungswände. In der nördlichen bestehen noch eine Rundbogenarkade mit Kämpfergesims sowie Fragmente einer weiteren Arkade.
Während der Restaurierung im 13. Jahrhundert erhielten der Langhausobergaden, das Querhaus, der Chor und auch die Apsis die hohen (mittlerweile teils vermauerten) Rundbogenfenster zwischen den bestehenden Kreisfenstern. Im Zuge dieser Arbeiten wurden wohl auch die Außenwände der Seitenschiffe teils erneuert. Zu einem noch späteren Zeitpunkt erfolgten die Choranbauten in Form einer zweigeschossigen Sakristei (jetzt nur noch eingeschossig) und einer Kapelle (heute nur Grundmauern zu sehen).
1810 säkularisiert und anschließend zum Wohnen genutzt, stand 1887 der Abbruch auf dem Plan.

Sarkophag Graf Lothar II. in Walbeck

Das Zentrum der Stiftskirche St. Marien bildete ursprünglich die Grabanlage des 964 verstorbenen Stifters Lothar II. von Walbeck. Inmitten des Querhauses gab es einst einen 9,50 Meter langen Graben, in dessen Mitte sich die Grabkammer (1,25 m x 2,60 m) befand, die 1,20 Meter tief war. Die Anlage wurde 1932 freigelegt. Eine leichte Senkung im Erdboden verweist auf die Stelle, wo Lothar II. in einem Holzsarg bestattet worden war. Die Gruft bedeckte ein Sarkophag, der sich einst als Grabdenkmal sichtbar über dem Kirchenfußboden erhob. Allerdings fiel dieser zwölf Zentner schwere Stuckaufsatz in die Kammer und zerbrach in zwei Teile. Heute steht er in der Walbecker Dorfkirche zur Besichtigung aus. Die Boden- und Deckenkanten des fürstlichen Grabdenkmals sind feinteilig profiliert. Die Seiten verziert ein Arkadenfries, geprägt durch gedrungene Säulchen mit blockartigen Basen und tektonischen Kapitellen. Kleine Blätter wachsen scheinbar aus den Arkadenwinkeln auf. Eine Mosaikkante aus weißen, roten und schwarzen gleichseitigen Dreiecken bildet den Rahmen ebenso wie eine Wellenranke mit Blättchen und Trauben neben Doppelwulsten.

Wiepke

Dorfkirche

Die spätromanische Dorfkirche in Wiepke, ein flachgedeckter Feldsteinbau aus dem 12. Jahrhundert, besteht aus einem ziemlich kurzen Schiff, einem eingezogenen quadratischen Chor und einem Westquerturm. Den Abschluß des im Glockengeschoß leicht zurückgesetzten Turmes bildet ein Satteldach mit Dachreiter. Ursprünglich waren Turm und Schiff durch zwei rundbogige Arkaden verbunden. Auch Öffnungen büßten ihre früheren Formen ein. Lediglich die rundbogige Priesterpforte an der Nordseite zeigt sich noch heute in unveränderter Gestalt.

Engersen

Dorfkirche

Noch im Stile der Spätromanik entstand im 13. Jahrhundert die flachgedeckte Dorfkirche in Engersen. Der Feldsteinbau mit eingezogenem Chor und einem Westquerturm verlor allerdings im Laufe der Jahrhunderte immer stärker seine romanischen Elemente. Lediglich an der Südseite ist noch heute das ursprüngliche Rundbogenportal erkennbar. Im 16. Jahrhundert erfuhr der Chor eine halbkreisförmige Erweiterung. In den Jahren von 1738 bis 1745 wurde die Kirche restauriert, nochmals dann 1877. Von der nachmittelalterlichen Ausstattung seien hier der Kanzelalter (Mitte 18. Jahrhundert) und die vermutlich ebenfalls im 18. Jahrhundert geschaffene Hufeisenempore sowie die verglaste Patronatsloge genannt.

Rohrberg

Dorfkirche

Wann genau die flachgedeckte Dorfkirche in Rohrberg gebaut worden ist, läßt sich nicht sagen. Etwa in die zweite Hälfte des 12. Jahrhunderts fällt wohl die Entstehung dieses Feldsteinbaus mit seinem rechteckigen Chor, seiner halbkreisförmigen Apsis und dem Westquerturm. Dessen Glockengeschoß weist unter einer Rundbogenblende ge-

Dorfkirche in Rohrberg

kuppelte rundbogige Schallöffnungen auf. Den Fachwerkaufsatz erhielt der Turm 1752. Weitere Veränderungen sowie die kreuzförmige Erweiterung des Gotteshauses erfolgten 1884. Aus dieser Zeit stammen beispielsweise die Emporen im Westen und Norden. Zur Ausstattung der Dorfkirche zählt eine romanische Taufe in Kelchform auf einem Würfelkapitell.

Diesdorf

Klosterkirche

Die erste Kirche der Altmark mit voll ausgebildetem romanischem Gewölbesystem und zugleich in der Gegend eines der am besten erhaltenen Bauwerke aus romanischer Zeit steht in Diesdorf: die ehemalige Kirche des Klosters Marienwerder. Bischof Herrmann von Warpke-Lüchow gründete es in der zweiten Hälfte des 12. Jahrhunderts. Den Grafen von Lüchow diente es als Grablege und Hauskloster, das sie reich ausstatteten. Das vermutlich zunächst für Chorherren bestimmte Augustinerstift wurde spätestens ab 1200 für Chorfrauen eingerichtet. 1538 reformiert, verwandelte man 1551 das Kloster in ein weltliches Damenstift, das bis 1810 bestand. Um 1860 wurden die Klostergebäude abgerissen. Die Kirche dagegen erfuhr um 1872 eine umfassende Restaurierung.

Die dreischiffige Basilika besteht aus Langhaus, Westbau, Querhaus mit Nebenapsiden und einem quadratischen Chor mit eingezogener Hauptapsis. Das Äußere des Baus bestimmen sparsam verwendete Schmuckformen, insbesondere Lisenen und Friese, auffallend vor allem an den Ostteilen und an der Südfront des Querhauses. Unter den Dachtraufen gibt es Kreuzbogenfriese mit Deutschem

Band. Während ein breiter Rautenfries die Chornordseite ziert, übernimmt dies an der südlichen Querschiffstirnwand ein großer Zickzackfries unter doppeltem Deutschen Band. Kreuzbogenfriese befinden sich aber ebenso an den Querarmen, am Chor und an den Obergaden. Rundbogige Fenster stellen wohl auch für Laien sofort den Bezug zur Romanik her. Die Fensterleibungen an den Ostteilen bewahren mit ihren verschiedenartigen weißroten Schachbrett- und Dreiecksornamenten sogar noch die ursprüngliche architektonische Kontrastausmalung. An der Stirnwand des südlichen Querschiffs befindet sich ein vorgelagertes, übergiebeltes und mehrfach gestuftes Gewändeportal aus romanischer Zeit. Auffällig sind vor allem die teilweise mit Köpfen versehenen Kapitellkanten.

Das Innere der Kirche lebt vom Wechsel der Pfeiler und Zwischenpfeiler. Kräftige, rechteckige Vorlagen für die Gurtbögen im Langhaus betonen besonders stark die Abgrenzung der drei Joche voneinander. Außerdem liegen die Unterzüge wie bei den Arkadenbögen auf massigen Halbsäulen mit Trapezkapitellen. Ähnlich sehen die Vorlagen für die Vierungsbögen aus, allerdings gibt es hier neben den Halbsäulen mit Trapezkapitellen auch rechteckige Vorlagen für die Unterzüge. Ein Grund dafür liegt im Einbau der Nonnenempore in den nördlichen Querarm. Sie erhebt sich über einen Raum von neun Kreuzgratgewölben mit kurzen Pfeilern (Krypta). Neben den einfachen rechteckigen Stützen gibt es aber auch eine achteckige mit doppelt abgeschrägtem Sockel und mit einer auf Menschenköpfen ruhenden Kämpferplatte sowie eine Rundstütze mit Würfelkapitell. Die Apsisarkade wiederum ruht auf Rundpfeilern mit Trapezkapitellen. Der Zugang zu dieser Krypta erfolgt durch eine Öffnung in der Vierung. Die Nonnenempore erhielt im späten 14. Jahrhundert einen westlichen Anbau gotischen Stils (Mariensaal) und 1872 ihre Brüstung.

Der wuchtige Westriegel des Kirchenhauses besitzt im unteren Geschoß zwar noch rundbogige Fenster, aber im oberen bereits spitzbogige. Die Einwölbung des Westbaus erfolgte Ende 14. Jahrhundert. Erst von 1872 stammen der quadratische Mittelturm und die Satteldächer über den

Seitenteilen. Auch aus dieser Zeit kommt der Kreuzbogenfries.
Noch viel später, nämlich 1955, wurde auf freigelegten Fundamentresten die nördliche Nebenapsis rekonstruiert, obgleich kurioserweise nicht einmal erwiesen ist, daß die Arbeiten für den Bau dieser Apsis jemals über das Fundament hinausgingen.
Von der einst reichen Ausstattung blieb nicht viel übrig. Zu sehen ist noch das Grabdenkmal des Grafen Herrmann von Lüchow (gestorben 1272). Die Ritzzeichnung auf der Grabplatte an der Wand des nördlichen Seitenschiffs zeigt den Verstorbenen mit geschultertem Schwert und Schild. Zum Inventar zählen ein Heiliges Grab aus dem 14. Jahrhundert und eine spätgotische Triumphkreuzgruppe.

Salzwedel

Lorenzkirche

Vor allem die 150 Jahre, in denen die kleine Backsteinbasilika St. Lorenz als Salzlager der "Königlichen Salzfaktorey" diente, erwiesen sich als schicksalshaft für den einst dreischiffigen sakralen Bau. In der Zeit nämlich (ab 1692) wurden die Arkaden vermauert sowie die Seitenschiffe und die Obergeschosse des Westturms der etwa Mitte des 13. Jahrhunderts errichteten Kirche der einstigen Burgsiedlung Salzwedel abgebrochen. Zudem verursachten die Salzeinlagerungen derartig hohe Schäden im Mauerwerk, daß Mitte des 19. Jahrhunderts sogar ein totaler Abriß zur Debatte stand. Die katholische Gemeinde des Ortes kaufte das Gebäude, um es 1860 grundlegend in Ordnung bringen zu lassen. Durch falsches Material kam es jedoch zu neuen Schäden, denen man schließlich 1961 - 1964 und 1983 - 1990 wirkungsvoller zu Leibe rückte.
Trotz aller Opfer, die das kleine, schon immer querschifflose Gotteshaus bringen mußte, beeindruckt noch heute sein kräftiges romanisches Gliederungssystem mit den schwarz glasierten Formsteinen. Zudem bewahren die erhaltenen Reste - vor allem der Chor und die Hochschiffwände - den bemerkenswerten Formenreichtum mittelalterlicher Bauornamentik. So prägen drei große Kreisblen-

Die Klosterkirche in Diesdorf aus Backsteinmauerwerk auf schmalem Bruchsteinsockel

den im Giebelfeld und die darunterliegenden Blendnischen das äußere Erscheinungsbild des eingezogenen, rechteckigen Chores. Rundstäbe zieren die Fensterleibungen innen wie außen.

Auch das Schiff wird mittels Nischen gegliedert, allerdings von innen her. Im Obergaden befinden sich vier Rundfenster. Reichverziert zeigt sich das Dachgesims:

Zwischen glasierten Wülsten und einem ebenfalls glasierten Rundbogenfries mit zierlichen Konsolen auf Putzband befindet sich eine Zahnschnittleiste. Kräftige Arkadenpfeiler im Inneren des Mittelschiffs präsentieren sich in unterschiedlichster Form. Sowohl die Haupt- als auch die Nebenpfeiler besitzen Halbsäulenvorlagen und Trapezkapitelle mit Dreiecksschilden. Auffallend sind vor allem die Doppelsäulen unter dem Gurtbogen zwischen Mittelschiff und Westbau.

Das Rippengewölbe im Mittelschiff stammt wohl aus dem späten 14., das des Chores aus der Mitte des 15. Jahrhunderts. Die Rippen ruhen auf auffälligen konsolartigen, Köpfe darstellenden Stuckmasken. Von älteren Gewölben gibt es bislang keine Spuren.

Anders verhält es sich hingegen mit dem einstigen Westbau, einem mittelschiffsbreiten Turm. Von ihm blieb zwar lediglich der rechteckige Eingangsraum erhalten, dafür hat der aber noch sein ursprüngliches Kreuzgratgewölbe. Es ist das älteste in der gesamten Stadt Salzwedel. Die Jahrhunderte überstanden ebenfalls die Dreifenstergruppe und das darunterliegende, rechteckig gerahmte und dreifach abgetreppte Rundbogenportal mit kräftigen Rundstäben. Ihren besonderen Reiz verdankt die Westfassade aber

Das Mittelschiff der Lorenzkirche in Salzwedel

nicht zuletzt auch dem dichten Wechsel roter und dunkelgebrannter Ziegel.
Bereits im Stile der Spätgotik entstand die Sakristei, von der aus man durch eine rundbogige Priesterpforte mit kräftigem Rundstab in der Archivolte und begleitendem Wulst (13. Jahrhundert) in den Chor gelangt. Noch jünger, aber ebenfalls beachtenswert ist das nördliche Seitenschiff, das Fachleute in den siebziger Jahren unseres Jahrhunderts auf mittelalterlichen Fundament- und Mauerresten rekonstruierten.
Die mittelalterliche Ausstattung der Lorenzkirche fiel ihrer schicksalhaften Geschichte fast vollständig zum Opfer. Lediglich ein spätromanischer Bronzeleuchter (1240/50) wurde bei Suchgrabungen gefunden und steht heute im Pfarrhaus.

Arendsee

Benediktinernonnenkloster

Vom ehemaligen Benediktinernonnenkloster in Arendsee ist es vor allem die Kirche St. Mariae, St. Johannis und St. Nikolai, die uns Einblicke in romanische Baukunst zu vermitteln vermag. Mit der Gründung des Klosters 1183 verfolgte der Stifter Markgraf Otto I., Sohn Albrechts des Bären, die Absicht, ein religiöses Zentrum als Feste gegen die weltliche Ausweitung zu schaffen. Der Bau der Kirche begann etwa 1185. Schon 1208 fand die Weihe der Ostteile mit dem bereits gewölbten Chor statt. Bevor allerdings das Langhaus fertiggestellt wurde, gab es eine Unterbrechung bis 1215 und einen Bauplanwechsel, der sich besonders bei einem Vergleich der Arkaden zeigt. Zu dieser Zeit erhielt der Chor den Sakristeianbau. In der letzten Bauphase bis etwa 1235/40 wurde die gesamte Kirche gewölbt und endgültig auf eine westliche Turmanlage verzichtet. In dieser romanischen Form blieb uns die kreuzförmige, tonnen- bzw. kreuzgratgewölbte Pfeilerbasilika bis heute erhalten. 1280 erfolgte der Anbau zwischen Querhaus und Südseitenschiff, vermutlich die Propstkapelle. Als neue Bauelemente fügten sich mit der Restauration 1850/51 das Türmchen über der Vierung, die Orgelempore sowie die dreifache Arkade im Obergeschoß der Propstkapelle ein.

Ursprünglich waren die Wände im Querschiff und Langhaus roh belassen, so wie die heute noch unverputzten Bögen, Fensterumrahmungen und Pfeiler aus Ziegelmauerwerk, die die romanische Konstruktion unterstreichen. Das äußere Erscheinungsbild des dreischiffigen Backsteingebäudes bestimmen vor allem die verzierten Ostteile sowie die Südseite von Querschiff und Langhaus. Die Hauptapsis erfährt durch Lisenen eine Dreiteilung. Den oberen Abschluß bilden zwei Zahnschnittbänder und ein Kreuzbogenfries. Ein wenig genauer betrachtet, fallen die zum Teil mit Mustern versehenen Frieskonsolen auf. Der Kreuzbogenfries setzt sich an den Chorflanken fort, während diese Schmuckform am Querhaus in einen einfachen Konsolfries wechselt. Von den Nebenapsiden existiert die nördliche gar nicht mehr, und die südliche wird vom Sakristeianbau verdeckt. Breiter Rautenfries über den Fenstern ziert die Südseite von Querschiff und Obergaden. (Dagegen weist die Nordseite lediglich Konsol- und Zahnschnittfries auf.) Das südliche Querschiffportal liegt in tiefem, übergiebelten Mauervorsprung. Besonders augenfällig in den unregelmäßigen Abtreppungen des Portalgewändes ist die stämmige Säule auf hohem Sockel und mit plastischem Würfelkapitell. Im Kontrast zum betont feierlichen Rundbogen steht der kantige Rautenfries an der Wand darüber.

Das Äußere des Langhauses ist sehr einfach gestaltet, während ein mächtiger Blendbogen mit großer Drei-Fenster-Gruppe die Westfront beherrscht. Die Pforte stammt aus dem 19. Jahrhundert, und die Giebelgliederung zeigt sich nur in verfälschter Form. Wo jetzt zwei Blendarkaden und ein Rundfenster das Mauerwerk gestalten, waren es früher drei dieser Arkaden und eine rundbogige Dachbodentür.

Im Inneren weist die Basilika die bereits erwähnten Gewölbearten auf: Tonnengewölbe mit Stichkappen in den Seitenschiffen und kuppeliges Gewölbe mit verlaufenden Graten über Chor, Mittel- und Querschiff. Alle Bögen sind rundbögig. Als architektonisch reichster Bauteil präsentiert sich die Vierung, deren Eckpfeiler allesamt an den freien Seiten mit großen Halbsäulen besetzt sind. Diese wiederum erheben sich auf hohen profilierten Basen und tragen große Backsteinkapitelle in Dreiecks- bzw. Würfelform. Um gegenüber dieser prächtigen Vierung den Chor als liturgischen Hauptort hervorzuheben, befinden sich die Kämpfer des Triumphbogens weiter oben als die der drei westlichen Vierungsbögen. Die rundförmige, schon immer verputzte Apsis öffnet sich zum Chor in einem großen Doppelbogen. Das Langhausinnere wird von der gleichförmigen Reihe quadratischer Pfeiler geprägt, was nicht von Anfang an so war. In der ersten Baufassung wechselten nämlich breite und schmale Pfeiler einander ab. Auch

Die Backstein-Klosterkirche Arendsee von Osten mit der gegliederten Apsis

war das Langhaus ursprünglich kürzer. Es erfolgte eine Verlängerung gen Westen, wobei, ungeachtet der bestehenden Pfeiler, fast doppelt so hohe Arkaden eingesetzt wurden. Erst die spätere Einwölbung glich den Höhenunterschied optisch aus.
Einen romanischen Vorgänger in Form eines Tempelgeschosses unter einem Pultdach hat der spätgotische Emporenanbau (15. Jahrhundert). Erst aus der Restaurationszeit um 1850 entstammen die Orgelempore mit der 1859 aufgestellten Orgel sowie die Kanzel.
Zur Ausstattung der Klosterkirche in Arendsee gehört ein achteckiger, sockelloser Taufstein spätromanischen Stils. Alles weitere Inventar ist jünger. Bemerkenswert sind vor allem das frühgotische Eichenkruzifixus (um 1240) und der spätgotische Schnitzaltar (1370/80).
Von der frühgotischen Klosteranlage blieb allerdings nicht mehr viel übrig. 1826 wurde sie größtenteils abgebrochen. Am See finden sich noch Reste der aus Backstein bestehenden Umfassungsmauern (13./14. Jahrhundert) des Ost- und des Nordflügels. Vom Kreuzgang existiert noch der zweigeschossige Südflügel, der auffallenderweise auch im Untergeschoß keine der sonst üblichen Arkaden, sondern analog dem Obergeschoß gepaarte rundbogige Fenster besitzt. Zum Klosterkomplex gehörten einst auch der sogenannte Kluthturm (Glockenturm) und das Gebäude des heutigen Heimatmuseums.

Havelberg

Dom St. Marien

Hoch über der Stadt Havelberg thront der Dom St. Marien mit seinem alles beherrschenden, mächtigen romanischen Westriegel, dem Wahrzeichen des Elbe-Havel-Landes. Etwa 1150 begannen die Arbeiten für den Bau des romanischen Domes, den dann im Jahre 1170 Erzbischof Wichmann von Magdeburg weihte. Obgleich weder erkennbare Reste noch andersartige Nachweise für einen Vorgängerbau sprechen, könnte bereits im 10. Jahrhundert an gleicher Stelle eine Kirche gestanden haben, die allerdings

983 dem Slawenaufstand vollständig zum Opfer fiel.
Der romanische Dom blieb, obwohl nach einem Brand 1279 ein gotischer Umbau erfolgte, im wesentlichen erhalten beziehungsweise rekonstruierbar. Demnach war die langgestreckte, dreischiffige Pfeilerbasilika ursprünglich flachgedeckt. Gewölbe wurden erst später eingebracht. Das rechteckige Chorjoch mit beidseitig turmartigen Anbauten besaß einst eine halbkreisförmige Hauptapsis, deren Fundament bei Ausgrabungen im Jahre 1939 freigelegt wurde und deren Platz seit dem gotischen Umbau ein 5/8 Polygon einnimmt. Das Innere des romanischen Mittelschiffes blieb bis auf eine wesentliche Erhöhung erhalten. Allerdings verblendete man die Pfeiler mit gotischen Backstein-Arkaden auf Sandsteinbasen. Während der Restauration 1840 bis 1842 wurden die Kämpfer kurzerhand durch Gipsgesimse ersetzt. Lediglich ein Original - umgekehrte attische Basis - findet sich am südlichen Pfeiler der Chorarkade. Am südlichen Seitenschiff existiert noch ein rundbogiges Portal, das jedoch durch den angrenzenden Westflügel der Klausur verdeckt ist. Unter den heutigen Dächern der Seitenschiffe sind die romanischen Obergadenfenster sichtbar. Dies besonders an der Nordseite, die zugleich die Balkenlöcher für die einstigen Pultdächer der Seitenschiffe bewahrt.
Die Choranbauten gelten für die Bauweise des 12. Jahrhunderts als ziemlich ungewöhnlich (Gleiches trifft auch auf das Fehlen des Querschiffs zu.) Die Anbauten beherbergen zweigeschossige Kapellen. Die oberen Geschosse sind über tunnelartig durch die Chorarkadenpfeiler geführte Treppen erreichbar. Die Öffnung zum Chor hin übernahm jeweils eine Arkade. Zwischen den Erdgeschossen und Chor bestanden rundbogige Pforten. Während der gotischen Umbauphase, in der die Anbauten neue Fenster und den Ziergiebel bekamen, erhielten die Untergeschoßkapellen neue Gewölbe. Die Obergeschoßkapellen wurden bis zur Höhe der Chorgewölbe aufgestockt und voll zum Chor geöffnet. Vermutlich zur selben Zeit erfolgte auch die Öffnung zu den Seitenschiffen.
Das Mauerwerk des romanischen Baus besteht überwiegend aus sorgfältig bearbeitetem Grauwacke-Bruchstein. Am westlichen Querriegelbau verwendete man auch Back-

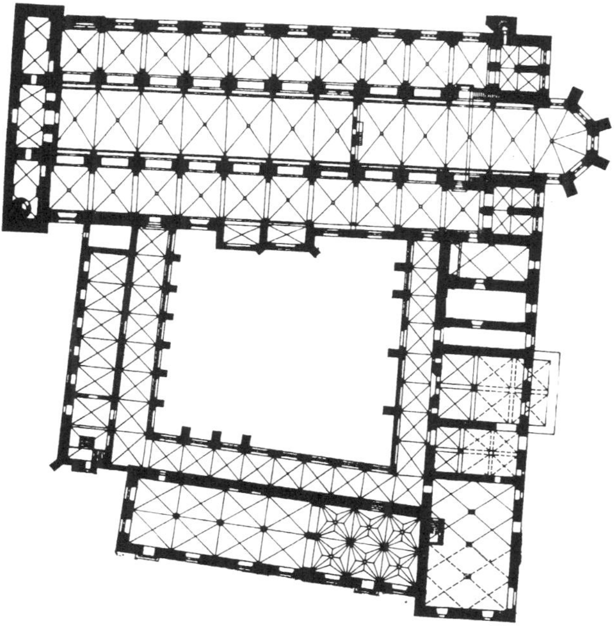

Grundriß des Havelberger Doms

stein. Der schmalrechteckige Querturm, der zwar eine Breite von 30 Metern, aber nur eine Tiefe von ganzen sechs Metern aufweisen kann, diente nicht nur als Kirchturm, sondern auch als Zufluchtstätte für Bischöfe und Kapitel. Daher erklärt sich auch die Wehrhaftigkeit des Baus, der allerdings schon um 1200 seine Zinnenbekrönung verlor. Die vier Geschosse des Turmes waren ursprünglich alle dreigeteilt. Doch die 1907/08 eingezogenen Stützmauern zerstörten diese Dreiteilung. Im Erdgeschoß mit drei Öffnungen zwischen Mittelraum und Mittelschiff sowie je einer kleinen Pforte zwischen den Seitenräumen und den Seitenschiffen nahmen die Büßer und Taufbewerber am Gottesdienst teil. Die Stelle des kleinen Rundbogenportals des Westbaus nahm um 1840 ein neugotisches Portal ein, welches wiederum 1907/08 durch ein jetzt zu sehendes neuromanisches ersetzt wurde. Das erste Geschoß diente als Herrscherempore, die mit drei Bogen zur Halle geöff-

Erdrückend mächtig erhebt sich der wehrhafte Westbau
des Havelberger Doms

net war. Der Zugang erfolgte ursprünglich nur von außen durch eine etwa sechs Meter hochgelegene Tür. Eine schmale, bei nahenden Feinden schnell zerstörbare Holztreppe an der Südseite des Turmes führte zu ihr. Drei rundbogige Fenster in diesem Geschoß waren einst die einzigen nach außen hin. Ansonsten gab es lediglich schießschartenähnliche Mauerschlitze. Das zweite Obergeschoß ist durch einen Mauerrücksprung von außen markiert. Im dritten Geschoß mit einer Öffnung zur Halle nahmen die Kirchensänger Aufstellung.
In seiner ersten baulichen Fassung endete der Kirchturm mit dem umlaufenden Zinnenkranz. Bereits um 1200 erfolgte eine Aufstockung mit dem Läut- und dem Glokkengeschoß, abgeschlossen von einem Kreuzbogenfries mit Deutschem Band. Doch auch dies sollte nicht die Endfassung sein. 1907/08 kam ein neuromanisches Glokkengeschoß mit fünf Klangarkaden hinzu.

Der Westturm der Pfarrkirche St. Nikolaus in Sandau stürzte 1945 teilweise ein

Seine durchaus bemerkenswerte Ausstattung erhielt der Havelberger Dom insbesondere kurz vor und um 1400 unter Bischof Johann von Wöpelitz. Hauptwerk dieser Zeit ist der Lettner. Romanisches Inventar fehlt.
An die Südseite des Domes schließen sich die ehemaligen Klostergebäude des Prämonstratenser-Domherrenstifts an. Der älteste der drei aus Backstein erbauten Flügel ist der spätromanische, zweigeschossige Ostflügel (um 1150) mit dem Kapitelsaal, der Küche und dem Dormitorium. Er bewahrt noch heute romanische Bauelemente wie Ecklisenen, Konsolfries und doppeltes Deutsches Band, rundbogige Fenster und Portale, so beispielsweise ein großes, mehrfach abgetrepptes Portal zum Kapitelsaal hin. Sowohl der Südflügel mit dem zweischiffigen Refektorium als auch der Westflügel gehören schon zu den frühgotischen Bauwerken. Letzterer beherbergt das Prignitz-Museum, welches Einblicke in die Entwicklungsgeschichte des Elbe-Havel-Landes gibt.

Sandau

Pfarrkirche St. Nikolaus

Als vereinfachter Nachfolgebau der Klosterkirche zu Jerichow entstand die dreischiffige Backstein-Basilika St. Nikolaus in Sandau etwa um 1200. Die spätromanische Pfarrkirche ohne Querschiff und mit längsrechteckigem Chor, einer halbkreisförmigen Apsis sowie einem wuchtigen, die Fluchten der Seitenschiffe überragenden Westturm büßte ihr ursprüngliches Aussehen nicht zuletzt durch einen Brand im 17. Jahrhundert ein. Danach (1695) wurde das Gotteshaus ausgebaut. Eine nüchterne Restaurierung erfuhr es in den Jahren 1858/59. Schließlich wurde die Kirche 1945 schwer zerstört. Sie brannte völlig aus und der Westturm stürzte bis zur Hälfte ein. Er blieb bis heute nur als Ruine erhalten, während im übrigen Bau seit 1958 nach und nach Rekonstruktionen erfolgten. 1977/78 war schließlich der Altarraum wiederhergestellt.
Die äußere Gliederung und Gestaltung des Kirchenbaus übernehmen typische romanische Elemente: Lisenen an den Ecken und in der Mitte des Langhausobergadens sowie des Chores, Rundbogenfriese mit Zahnschnitt unter

den Traufgesimsen. Das mittlere Fenster der durch Halbrunddienste dreigeteilten Apsis hebt sich durch Eckrundstäbe und Rundwulst von den anderen ab. Die Wände der Seitenschiffe wurden während der Restaurierungsarbeiten im 19. Jahrhundert neu hochgezogen.
Das Innere der heutigen Pfarrkirche ist, außer im Chor, flachgedeckt. Dieser wurde um 1450 gemeinsam mit der Apsis in spätgotischem Stile verändert und besitzt ein zweijochiges Kreuzrippengewölbe über Konsolen. Nach 1695 erfuhren Chor und Apsis eine erneute Umgestaltung. Das Langhaus zählt je sieben rundbogige Arkaden. Diese erheben sich vorwiegend über querrechteckigen Pfeilern (ohne Kämpfer) mit schmalen Vorlagen (mit Kämpfer) für die Unterzugsgurte. Lediglich der dritte und der vierte Südpfeiler sind rund mit Trapezkapitellen. Auch der rundbogige Triumphbogen besitzt Halbsäulen mit Trapezkapitellen als Vorlagen.
Die Obergadenfenster liegen nicht wie gewöhnlich über den Arkadenscheiteln, sondern über den Pfeilern. Die Seitenschiffe erhalten ihren Abschluß durch flache Apsiden, was im äußeren Erscheinungsbild nicht zutage tritt. An der Südseite des Chores befindet sich ein Sakristeianbau, der zwar nachträglich, aber durchaus noch im Stile der Spätromanik entstand. Das formenreiche Äußere blieb jedoch nur in schlechtem Zustand erhalten. Nur noch als Ruine steht der einst so massige Westturm. Von der formenreichen Gliederung seines Mauerwerkes durch Ecklisenen, Zahnschnitt-, Winkel- und Kreuzbogenfriese läßt sich heute lediglich noch etwas an der im großen und ganzen erhaltenen Südseite erahnen. Unterhalb des abschließenden Kreuzbogenfrieses befinden sich zwei gekuppelte Klangarkaden.

Schönhausen

Dorfkirche

Vor allem die sichere Datierung der Schönhausener Kirchenweihe (1212) durch eine Urkunde macht diesen Backsteinbau sehr bedeutend für Historiker, fehlen doch zumeist bei romanischen Bauten derartig genaue Zeitangaben. Unter dem Einfluß der Klosterkirche zu Jerichow entstand die spätromanische dreischiffige Basilika mit breitem Westquerturm, aber ohne Querschiff. Der sakrale Bau von sechs Jochen und mit quadratischem Chor sowie halbkreisförmiger Apsis konnte sein schlichtes Erscheinungsbild weitestgehend unverändert bewahren, obgleich während des 30jährigen Krieges ziemlicher Schaden entstand. Dieser wurde größtenteils in den Jahren 1665 bis 1712 behoben.

Das Äußere der Dorfkirche schmücken mehrere sorgfältig gearbeitete Friesschichten unter den Dachtraufen: Kreuzbogen- und Rautenfriese mit Zahnschnitt darüber. Lisenen, nicht nur an den Ecken, spielen bei der Gliederung des Mauerwerks eine große Rolle. So erscheinen am Obergaden Lisenen, die jeweils zwei Fensterachsen umfassen. Die Apsis ist durch schmale Lisenen dreigeteilt. Die Portale in rechteckigen Mauervorsprüngen an der Süd- und an der Westseite zeigen Abtreppungen und teilweise auch eingearbeitete Rundstäbe. Bis auf die Fenster der Seitenschiffe, die während der Epoche des Barocks vergrößert wurden, besitzen alle anderen noch ihr ursprüngliches Aussehen. Auch der wehrhafte Turm - mit Rundbogenfriesen verziert - weist in seinem Glockengeschoß insgesamt zehn rundbogige Schallöffnungen auf. Der Giebel seines Satteldaches hat zudem drei pyramidenförmig angeordnete Rundbogenöffnungen bzw. -blenden.

Das Innere des Mittelschiffes hat heute ein aus barocken Tagen stammendes Spiegelgewölbe mit Stuckdekor. Die Pfeiler der rundbogigen Arkaden mit Unterzugsgurt stehen auf Sockeln aus Viertelrund und Schräge und haben immer paarweise die gleichen Formen: (im Westen beginnend) quadratisch, kreuzförmig, rund mit Trapezkapitellen, kreuzförmig und achteckig. Den Chor durchzieht ein leicht spitzbogiges Tonnengewölbe, die Fenster sitzen sehr hoch. An der Nordseite des Chores lag ursprünglich die ebenfalls tonnengewölbte Sakristei. Die heutige fügte man erst Ende des 19. Jahrhunderts an der Südseite an.

Zum Inventar der Dorfkirche gehört ein spätromanisches hölzernes Kruzifixus, das zu den bedeutendsten romanischen Kunstwerken der Altmark zählt. Es hängt im Triumphbogen und muß stilistisch noch vor dem Halberstädter Triumphkreuz eingeordnet werden: Die Füße sind zwar

Dorfkirche Schönhausen mit spätromanischem Holzkruzifixus im Triumphbogen

bei beiden einzeln angenagelt. Jedoch steht die Schönhausener Figur in ruhiger Haltung auf dem Fußbrett, das Haupt aufrecht gehalten und nicht wie in Halberstadt seitlich abgeknickt. Der flächige Faltenwurf des Lendenschurz' entspricht der inneren ruhigen Haltung. Die weitere Ausstattung der Kirche stammt vorwiegend vom Innenausbau nach dem 30jährigen Krieg. So der barocke Altar, die Kanzel und die Herrschaftsempore. Zahlreiche Grabdenkmäler und Epitaphien der Familie von Bismarck stehen hier. Reichskanzler Otto von Bismarck soll in dem Gotteshaus seine Taufe empfangen haben.

Wust

Dorfkirche

Die Dorfkirche von Wust, ein spätromanischer Backsteinbau aus der Zeit um 1200, gehört zu den Kirchen, denen die Jerichower Klosterkirche mit ihrer Architektur Modell stand. Das aus einem Schiff, einem eingezogenen quadratischen Chor und einer halbkreisförmigen Apsis bestehende Gotteshaus vervollkommnet der (allerdings barock veränderte) Westturm. Seinem massiven Unterbau wurde 1727 ein zweigeschossiger Fachwerkbau mit Schweifhaube aufgesetzt. Die Westfassade des Turms verbarg lange Zeit ein Rundbogenportal mit zweifach abgestuftem Gewände in seiner romanischen Ursprünglichkeit. Es wurde 1986 freigelegt und restauriert.

Das romanische Mauerwerk weist außen sowohl Ecklisenen als auch Winkelfriese als Gliederungselemente auf. Die Fenster vom Schiff sind rundbogig vergrößert. An der Nordseite befindet sich ein zugesetztes Rundbogenportal. Das Kircheninnere beherrschen die sehenswerte bemalte Kassettendecke des Schiffs sowie die ebenfalls bemalte, hufeisenförmige Empore. Beide stammen aus der Zeit um 1650. Flachgedecktes Schiff und kreuzgratgewölbter Chor verbindet ein hoher Triumphbogen. Die Apsis besitzt ein Kuppelgewölbe. Ein Tonnengewölbe hingegen hatte ursprünglich die Turmhalle. Reste erinnern heute daran. Das Innere der Halle öffnet sich zum Schiff in einem Rundbogen. Im 17. Jahrhundert wurde im südlichen Teil der Halle die Gruft der Familie von Katte angelegt. Als Erweiterung entstand im 18. Jahrhundert die sich an die Apsis anschließende Gruftanlage.

Melkow

Dorfkirche

Eine gut erhaltene spätromanische Dorfkirche des 12. Jahrhunderts findet sich in Melkow, einem Ortsteil von Wust. Der 1960 restaurierte, vollständig unverputzte Backsteinbau weist genau die typischen Gestaltungsmerkmale der Jerichower Architektur auf: flachgedecktes Schiff, quadratischer Chor mit kuppeligem Kreuzgratgewölbe,

Apsis mit Halbkuppel, breiter Westturm. Unter den vielen Nachfolgebauten der Jerichower Klosterkirche gehört jedenfalls die Dorfkirche in Melkow zu den besonders gut erhaltenen. Ihr äußeres Bild bestimmt ein den gesamten Bau umziehendes Backsteinfries. Ecklisenen, konsolengetragene Winkelfriese und an der Apsis ein gekreuzter Winkelfries sowie ein Deutsches Band übernehmen die Gliederung des sorgfältig ausgeführten und einheitlichen Mauerwerkes. Auch über den schlanken rundbogigen Schallöffnungen des querrechteckigen Turmes finden sich derartige Formen wieder. Die kleinen und hochsitzenden Fenster von Chor und Schiff präsentieren sich noch heute in ihrer ursprünglichen Gestalt, während die der Apsis im nachhinein vergrößert wurden. Die rundbogigen Portale in der Nord- und der Südwand wurden zu Fenstern vermauert. Das Erdgeschoß des Westturms besitzt hingegen sein ursprüngliches Rundbogenportal mit gestuftem Gewände und rechteckiger Wandvorlage.
Der Chor schließt sich rückspringend (sowohl in der Höhe als auch in der Breite) an das Kirchenschiff an. Die auffallend niedrige Apsis findet ihren oberen Abschluß in einem Halbkegeldach.
Das Innere des sakralen Baus zeigt sich schlicht romanisch. Die Wände sind dünn verputzt und mit Kalkfarbe gestrichen. Das mit flacher Holzbalkendecke versehene Schiff verbindet sich mit dem kuppelartig kreuzgratgewölbten Chor durch einen abgetreppten rundbogigen Triumphbogen und mit dem Westturm durch einen ungewöhnlich breiten (schiffsbreit) Rundbogen.
Zum Inventar gehören eine zu Beginn des 13. Jahrhunderts geschaffene Taufe aus Sandstein, deren Figuren nur noch zum Teil vorhanden sind, sowie ein hölzernes Kruzifixus vermutlich aus dem 15. Jahrhundert.

Jerichow

Prämonstratenserstift

Schon 1144 gründete Graf Hartwig von Stade das Prämonstratenserstift in Jerichow für Kleriker aus dem Magdeburger Liebfrauenkloster, allerdings damals an der Stelle der heutigen Stadtkirche. Vier Jahre später dann erfolgte ein Neubau dort, wo noch heute die ehemalige Stiftskirche St. Marien - St. Nicolai mit ihren hohen Türmen beeindruckt. Der Papst bestätigte 1159 die Gründung des Chorherrenstifts. Ziemlich stark heruntergewirtschaftet bereits im Jahr 1534, wurde das Kloster schließlich 1552 aufgelöst, diente später noch als Domäne, bevor es 1945 in ein Volksgut überging. Dem fortdauernden Zerfall der Stiftskirche gebot erstmals Ferdinand von Quast mit Restaurationsarbeiten Einhalt, die sich von 1853 bis 1856 hinzogen. Allerdings wurde der damals schon eingefallene Vierungsturm aus Geldknappheit nicht wieder aufgesetzt. Erneut von 1957 bis 1961 restauriert, erstrahlt nun der älteste und gleichzeitig künstlerisch vollendetste Backsteinbau der Altmark in alter Schönheit.

Dorfkirche Melkow

Die Baugeschichte erstreckt sich über mehrere Etappen. Zunächst entstanden die Fundamente für eine dreischiffige Säulenbasilika mit Chorquadrat, Apsis, Querhaus mit Querarmapsiden und ausgeschiedener Vierung und einem auffallend kurzen Lang-

Aufwendig gestaltetes Kapitell im Sommerrefektorium des Klosters Jerichow

haus. Als Material diente der bis dahin bewährte Bruchstein. Nachdem der Bau eine Höhe von fast anderthalb Metern erreicht hatte, verwendete man ab dem zweiten Bauabschnitt Backstein. Zugleich wurden bisherige Pläne modifiziert. So erfolgte etwa 1178 der Einbau der zweischiffigen Hallenkrypta in Chor und Vierung. Außerdem entstanden anstelle der Querarmapsiden nun tonnengewölbte Nebenchöre mit Apsiden. Zwischen 1200 und 1240 liegt die dritte Etappe,in die die Entstehung des zweitürmigen Westbaus mit mittelschiffsbreitem, voll geöffneten Mittelraum fällt. Für die Verwirklichung dieses Bauvorhabens mußten die Seitenschiffswände und die Obergaden um ein Joch verlängert und die ursprüngliche Westfassade aufgebrochen werden. Zunächst erreichte der Westbau allerdings nur Mittelschiffshöhe (Lediglich das jeweilig folgende Turmgeschoß entstand noch im 13. Jahrhundert). Zur gleichen Zeit erhielt der Nordquerarm ein Rundbogenportal.
Um 1480 kam es in Jerichow zur Ordensreform, die sich wiederum auf die Architektur auswirkte. Den Seitenschiffen und dem südlichen Nebenchor wurden spätgotische

gekuppelte Segmentbogenfenster eingesetzt. Außerdem teilte man den südlichen Nebenchor mittels zweijochigem Kreuzrippengewölbe in zwei Geschosse, wobei der obere Raum die Sakristei aufnahm. Desweiteren erhöhte sich der Mittelteil des Westbaus um das Glockengeschoß sowie die Türme um die Freigeschosse und Helme.

Während Grund- und Aufriß der Stiftskirche mit Ausnahme der Krypta sächsischer Tradition folgen, standen für die Backsteinformen oberitalienische Vorbilder Pate. Obgleich noch an den Lisenen zwischen den Fenstern der reichverzierten Hauptapsis, an dem Sockelprofil, den Basen in Form umgekehrter Würfelkapitelle sowie dem Würfel- und dem Löwenkopfkapitell eine Anlehnung an die Formen des Hausteins auszumachen sind, bescheinigen Experten von heute den damaligen Steinmetzen eine meisterhaft gehandhabte Backsteintechnik sowie eine sichere Anwendung des neuen Materials.

Das Äußere der Kirche zeigt sich durch Lisenen und Friese in klarer Gliederung. Bogen-, Zahnschnitt- und Sägezahnfriese umsäumen den Bau in Traufhöhe. Besonders geschmückt präsentiert sich die Ostansicht - die Schauseite - mit den drei gestaffelten Apsiden. Die Hochfenster von Chor, Quer- und Mittelschiff sind regelmäßig verteilt. Die abgestuften Leibungen der Apsisfenster zeigen eingelegte Viertelrundstäbe mit Würfelkapitellen. Die Fenster der Nebenapsiden wurden wie die der Krypta einfach geschrägt. Das Kreisfenster neben dem Dach der Hauptapsis findet seinesgleichen bereits im 9. Jahrhundert. Rundportale mit eingelegten Rundstäben bewahren in rechteckiger oder rundbogiger Mauervorlage sowohl Quer- und nördliches Seitenschiff als auch die Westseite.

Das Innere der Kirche mit flacher Holzdecke wirkt feierlich streng, die einzelnen Baukörper klar voneinander getrennt und doch eine Einheit bildend. Eindrucksvollen Kontrast zum roten Backstein bieten die weißen Hausteinkämpfer, die weißgeputzten Leibungen und Putzblenden. Erst Ferdinand von Quast veranlaßte, den Verputz im Innenraum, ausgenommen die Krypta, abzuschlagen und den roten Anstrich aufzutragen. Auf vier Pfeilerpaaren ruhen die Mittelschiffswände des Langhauses: Von den drei östlichen runden Pfeilerpaaren mit Trapezkapitellen

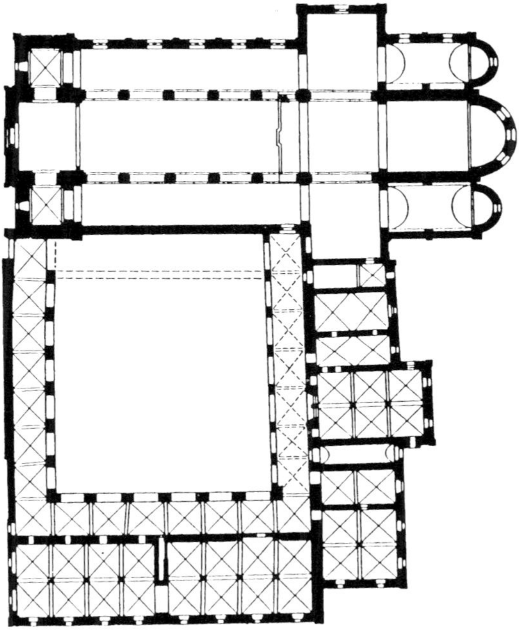

Grundriß des Klosters Jerichow

und profilierten Sandsteinkämpfern schmücken den nördlichen zudem Ornamente. Das vierte Pfeilerpaar steht auf hohem Feldsteinsockel. Die Vierungspfeiler haben flache rechteckige (die östlichen) oder halbkreisförmige Vorlagen (die westlichen). Ihre Kämpferplatten, geschmückt mit Palmetten, Schachbrettmustern oder einfachem Wulst, sind aus Sandstein gearbeitet. Die Reste von Wandmalereien in den Leibungen der Vierungsbögen stammen noch aus der Bauzeit. Sie sind weitgehend im Original erhalten und imitieren mittels Flecken- und Wellenornamenten eine Marmorverkleidung. Den größten Einfluß auf die Raumwirkung hat jedoch trotz aller Pfeiler und Verzierungen der - nach dem Vorbild des Magdeburger Liebfrauenklosters - bis zu den Vierungspfeilern vorgezogene Chor. Die Brüstungen und Treppenaufgänge entstanden 1856. An den chorseitigen Wänden der Nebenchöre finden sich

Der Westbau der Klosterkirche Jerichow

tiefe Nischen. Sie verweisen auf den bereits erwähnten späteren Einbau der Nebenchöre: Um die Tonnenwölbung nicht in die schon bestehende Wand einbrechen zu müssen, entschied man sich für die Nischenlösung.
Das Ungewöhnliche der in zwei Rundbögen zum Langhaus geöffneten Krypta liegt in ihrer Zweischiffigkeit. Den Raum prägen sowohl die Kreuzgratgewölbe mit breiten Gurtbögen als auch die Kalksteinsäulen mit plastisch ausgearbeiteten Kapitellen. Vor allem die der Mittelsäulen

weisen eine ungewöhnlich hohe Qualität auf: Zu den eigenwilligen Details gehören diamantierte Bänder, Köpfe und flach aufgelegte Einzelmotive sowie muschelartige Palmetten, die die Kapitellecken von oben her umgreifen und teilweise sogar mit einem rüschenartigen Umschlag versehen sind. Die östliche Säule besticht gegenüber den anderen durch das Baumaterial. Diese Säule aus Granit stammt aus dem ottonischen Dom zu Magdeburg und gehört zu den italienischen Mitbringseln Otto I.
Reste der ursprünglichen Ausstattung präsentieren sich mit dem Hochaltar aus Sandstein, dessen Vorderwand fünf Rundbogennischen besitzt, sowie mit dem achteckigen Sandsteinsockel (um 1170) des Osterleuchters. Palmetten in flachem Relief überziehen die leicht gewölbte obere Fläche. An den Seiten befinden sich unter Rundbogenarkaden zwei Blattmotive und sechs von romanischer Strenge geprägte Halbfiguren (darunter Christus mit Schriftenrolle). Aus der Spätromanik stammt der Taufbrunnen im Westen der Kirche. Seinen oberen Rand gestalten 16 Halbkreise mit verschiedenen Pflanzenmotiven.
An der Südseite der Kirche liegen die Klausurgebäude, die ebenfalls weitgehend erhalten sind. Der Ostflügel entstand als erster und wohl als einheitlicher Baukörper gleich nach den Ostteilen der Klosterkirche. Er schließt sich unmittelbar an deren südliches Querschiff an. In dem Flügel befanden sich die Sakristei, der Kapitelsaal, die Bibliothek, das Parlatorium (Sprechsaal) und der Brüdersaal im Untergeschoß sowie das Dormitorium im Geschoß darüber. Im letzten Drittel des 12. Jahrhunderts erfolgte dann der Bau des zweigeschossigen Westflügels (Amtshaus), der allerdings im 15. und 16. Jahrhundert stark verändert wurde, sowie der Bau des Südflügels, jedoch nur zur Hälfte (Winterrefektorium). Erst nach längerer Unterbrechung der Bauarbeiten entstanden schließlich 1220/30 bis Mitte des 13. Jahrhunderts mit der zweiten Hälfte des Südflügels das Sommerrefektorium sowie der eingeschossige Kreuzgang mit Pultdach.
Ganz besonders das Sommerrefektorium zeigt sich aufwendig gestaltet. So stützen sich die Gurtbögen der Kreuzgratgewölbe an den Wänden auf profilierte Konsolen. Die drei Säulen in der Raummitte besitzen attische Basen mit

Eckblättern sowie Kelchblockkapitelle mit verschieden gestaltetem Ranken- und Akanthusdekor. Das Winterrefektorium bewahrt im Original sein romanisches Gewölbe mit Verputz und ornamentalen Ausmalungen in den Gurtbögen. Der zweischiffige Kapitelsaal im Ostflügel weist zum Kreuzgang hin ein gestuftes Doppelportal auf, dessen Mittelstütze vermutlich von einer Doppelsäule gebildet wurde. Die innere Säule mit achteckigem Schaft und Palmettenkapitell blieb erhalten. Das auf Gurt- und Schildbogen ruhende Kreuzgratgewölbe des Saales wird von zwei Freisäulen getragen, deren Kapitelle ebenfalls mit Palmetten dekoriert sind. Das Dormitorium diente mit Ausgang des 17. Jahrhunderts als Getreideschüttboden. 1977 erst freigelegt, entstand hier nach und nach das heutige Klostermuseum.
Der Kreuzgang aus dem 13. Jahrhunderts büßte doch im Laufe der Zeit einiges von seinem ursprünglichen Aussehen ein. So erhielten Ende 15. Jahrhundert der West- und der Südflügel zwei- bzw. eingeschossige Überbauten. Mitte des 16. Jahrhunderts verschwand der Nordflügel. Und auch der Ostflügel blieb nicht unberührt. Ihm setzte man 1680 ein Fachwerkobergeschoß auf, entfernte 1904 den gesamten Flügel, um anschließend eine romanisierende Backsteinfassade zu errichten. 1968 bis 1970 erfolgte schließlich eine annähernde Rekonstruktion des romanischen Zustandes. Das aufwendig gefertigte Portal (gestuftes Gewände mit eingestellten Sandsteinsäulen sowie ein Tympanon) stammt aus dem letzten Drittel des 12. Jahrhunderts und diente den Chorherren nach Einbau der Krypta als täglicher Kirchenzugang. Rechts daneben ist in der Vermauerung das Vorgängerportal zu sehen, das erst durch das Querschiff zum Chorraum führte.

Stadtkirche

Als spätromanischer Nachfolgebau eines bereits 1144 erwähnten Gotteshauses an gleicher Stelle gilt die um 1230 entstandene Jerichower Stadtkirche. Der flachgedeckte Backsteinbau zeichnet sich dadurch aus, das er nur aus Schiff und Chor besteht. Der eingezogene Rechteckchor schließt im Osten glatt ab, ohne Apsis. Sie fehlt ebenso wie der sonst übliche massive Westturm. Den glatten Westgiebel des Schiffes verdeckt seit dem 19. Jahrhundert der polygonale Anbau.
Das Mauerwerk mit hohem abgeschrägtem Sockel gliedert sich durch Eck- und Wandlisenen sowie durch einen abschließenden Rundbogenfries und durch einen mittlerweile weitestgehend überputzten Zahnschnittfries. Die barocke Kunstepoche hinterließ auch an der Jerichower Stadtkirche ihre Spuren: Die Rundbogenfenster wurden nach unten verlängert und teilweise auch verbreitert. Das barocke Ostportal und drei Rundbogenöffnungen in der Chornordwand sind inzwischen vermauert. Erstmals im 16. Jahrhundert ist vom westlichen Dachturm in Fachwerk die Rede. Das innere Bild der Saalkirche bestimmen vor allem der gedrückt spitzbogige Triumphbogen auf profilierten Kämpfern sowie die schwere alte Holzbalkendecke in Schiff und Chor. Die Malereien an den verputzten Wänden stammen aus dem 19. Jahrhundert.
Die heutige Ausstattung erfolgte überwiegend um 1700. Kunsthistorisch wertvoll ist das Renaissance-Epitaph aus Marmor und Alabaster der Familie v. Arnstedt.

Redekin

Dorfkirche

Der unter Jerichower Einfluß um 1200 errichtete Backsteinbau in Redekin besitzt ein flachgedecktes Schiff, einen quadratischen, eingezogenen Chor mit Kreuzgratgewölbe, eine hohe Apsis sowie einen breiten fünfgeschossigen Westquerturm.An die Nordseite des Chores wurde die Sakristei mit kleinem Rundbogenfenster gesetzt, zwar im nachhinein, aber durchaus noch in der Zeit der Romanik. Der Raum diente später als Gruft, weshalb der Zugang zum Chor verschwand.

Eng an den Jerichower Stil angelehnt: Dorfkirche Redekin

Äußerlich zeigt der gesamte Kirchenbau noch sein ursprüngliches, unverputztes Backsteinmauerwerk. Schmuck- bzw. Gliederungsformen wie Lisenen, Deutsches Band, Dreiecks-, Rund- und Kreuzbogenfriese fanden zahlreich Verwendung. Am Schiff gibt es gar einen Spitzbogenfries. Die Chorwände ziert ein vorgelegtes horizontales Band unterhalb der Fenster. Drei breite Rundbogenfenster lassen Licht in die Apsis. Nach Süden hin existiert noch eine rundbogige gestufte Priesterpforte. Im Schiff allerdings sind die Rundbogenportale vermauert.

Romanischer Figurengrabstein in Altenplathow

die Fenster wiederum im original erhalten. Auf das Formengut von Jerichow geht besonders das rundbogige Portal in der Westfront des Turmes zurück. Das dreifach gestufte Gewände bildet einen starken Kontrast zur rechteckigen Wandvorlage. Über dem Eingang befinden sich zwei Rundfenster. Das oberste Geschoß des Turmes - die Glockenstube - weist nach Nord und Süd je eine, nach Ost und West je drei gekuppelte Rundbogenfenster auf.
Im Inneren der Kirche blieb aus der Zeit der Romanik der rundbogige Triumphbogen mit Kämpfern als Wulst und Platte erhalten. Alle Wände sind verputzt und teilweise im 19. Jahrhundert historisierend bemalt.
Mit einem wertvollen kleinen, blockhaften Bronzekruzifixus des Frontaltypus aus der Mitte des 12. Jahrhunderts kann die Dorfkirche aufwarten. Außerdem gehört zum romanischen Inventar das Taufbecken. Die halbkugelförmige Kuppa mit Palmettenfries ruht auf einem kurzen, zylindrischen Schaft, der allerdings erst später hinzukam (vermutlich 16. Jahrhundert). Die sonstige Ausstattung gehört, bis auf den spätgotischen Altarschrein, ins 17./18. Jahrhundert, so die hölzerne Hufeisenempore, die Patronatsloge und die Kanzel.

Altenplathow

Figurengrabstein

Im etwa einen Kilometer weit von Genthin entfernten Altenplathow befindet sich im Seitenschiff der dortigen Kirche (1904) einer der ältesten Figurengrabsteine im Elbe-Havel-Gebiet. Er ist vermutlich dem 1170 verstorbenen Lehensmann Hermann v. Plotho gewidmet. Erst im Jahre 1905 entdeckt, zeigt das hochromanische, durch Ritzungen zurückhaltend gegliederte Flachrelief den Verstorbenen als stehende und starr blickende Frontalgestalt. Sie wird, eingebettet in eine muldenförmige Vertiefung, von einem flachen Inschriftrahmen eng umgeben. Das altertümliche Grabmal stammt aus dem romanischen Vorgängerbau der Altenplathower Dorfkirche. Lediglich Fragmente der Südwand erinnern heute noch an den einstigen

Bau aus Feldstein, der südlich vor der jetzigen Kirche aus Backstein stand.

Burg

Unterkirche St. Nikolai

Als kreuzförmige, dreischiffige Pfeilerbasilika entstand die Unterkirche St. Nikolai in Burg zwischen 1162 und 1186. Kennzeichnend für den Granitquaderbau ist das fast gänzliche Fehlen gliedernder oder schmückender Elemente. Selbst auf Sockel und Gesimse verzichtete man. Allein durch die Beschaffenheit der Materialoberfläche und durch die klare Trennung der einzelnen, zueinander wohl proportionierten Bauteile erlangt das Gotteshaus mit weitausladendem Querschiff, dem Langhaus, den halbkreisförmigen Nebenapsiden, dem Chor mit halbkreisförmiger Hauptapsis sowie dem doppeltürmigen Westbau seine äußere Wirkung. Die mit äußerster Sorgfalt gehauenen Granitquader haben innerhalb einer Mauerschicht etwa die gleiche Größe. Der Westbau erlangt einfach durch die Verwendung ausschließlich dunkelgrauer Steine für einzelne Mauerschichten eine Art Geschoßgliederung.
Im wesentlichen unverändert blieb das monumental wirkenden Innere der Nikolaikirche. Lediglich die Flachdekken im Mittel- und Querschiff erhielten im Laufe der Zeit flache, hölzerne Tonnengewölbe. In den Chor wurde 1556 das Kreuzrippengewölbe gebracht. Ein ebensolches Gewölbe besitzt die an der Südseite des Chores gelegene Sakristei, was ein Anhaltspunkt für deren Entstehungszeit sein könnte.
Das Langhaus zählt sieben Arkadenpaare (das westliche zugesetzt) über schlichten rechteckigen Pfeilern ohne Kämpfer. Die Fenster des Obergadens sowie der Seitenschiffe befinden sich außerhalb der Arkadenachsen. Kämpferlos wie die Pfeiler im Langhaus zeigen sich auch die Vorlagen für den Triumph- und den Chorbogen im Querhaus. Die nördlichen und südlichen Querschiffbögen fehlen völlig. Von den ursprünglichen Öffnungen sind einige bereits vermauert, so die Fenster in den Stirnseiten der Querhausarme und die des Chores. Die Nebenapsiden behielten jeweils ihr eines, die Hauptapsis ihre drei Fen-

Die Burger Unterkirche St. Nikolai

ster. Die Portale nach Nord und Süd in den Querhausarmen existieren noch heute, die des Langhauses sind dagegen ebenfalls vermauert.

Wohl noch im 12. Jahrhundert gemeinsam mit der Kirche entstand der Westbau. Über einem schlichten Sockel erhebt sich in sechs Absätzen das Mauerwerk. Die einzige Auflockerung erfolgt an der Westseite durch gleichmäßig angeordnete Schlitzfenster für die einzelnen Geschosse. Das Westportal wurde erst nachträglich einstufig abge-

Oberkirche Unser Lieben Frauen in Burg

treppt gerahmt. Das Mauerwerk der zwei mit schlanken Helmen besetzten Türme gliedert sich durch drei Absätze. Beide Turmobergeschosse besitzen in jeder Seite zwei gekuppelte Schallöffnungen, teilweise sogar noch mit den ursprünglichen Sandsteinsäulen. Eine Ausnahme bildet allerdings die Westseite des Südturms, wo diesen Platz ein einziges großes Fenster besetzt. Der niedrige Mittelbau zwischen den Türmen weist nach Ost und West jeweils drei rundbogige Fenster auf. Darüber liegen die schieferbesetzte Türmerwohnung sowie der Uhrerker.
Die Ausstattung der Unterkirche St. Nikolai entspringt hauptsächlich dem 17. und 18. Jahrhundert, wobei die sandsteinerne Kanzel mit figürlichen Reliefs aus Alabaster (1610) als ein Werk des Magdeburger Bildhauers Michael Spies hervorhebenswert ist.

Oberkirche Unser Lieben Frauen

Vom erstmals 1186 erwähnten spätromanischen Vorgängerbau bewahrt heute die Oberkirche Unser Lieben Frauen in Burg in erster Linie den querrechteckigen, zweitürmigen Westbau. Er entstand erst Mitte des 13. Jahrhunderts, vermutlich in Anlehnung an das Aussehen des Westbaus der Nikolaikirche. Das sorgfältig gearbeitete Feldsteinmauerwerk steht auf einem Sockel aus Sandstein. Vier Rücksprünge gliedern die Wände bis zu den Doppeltürmen, deren Äußeres wiederum dreiteilige Schallöffnungen in spitzbogigen Blenden prägen. Erst 1585 setzte man dem Südturm den spitzen, achteckigen Helm auf und ein Jahr später dem Nordturm die Türmerwohnung sowie die geschweifte Haube mit offener Laterne. Das Innere des Westbaus teilt sich in drei Räume, wobei der mittlere höher liegt und im Gegensatz zu den mit Quertonnen ausgestatteten Seitenräumen ein Kreuzgratgewölbe besitzt. Die Öffnung zum Mittelschiff ist spitzbogig, das Westportal stumpfspitzbogig.
Aus romanischen Tagen stammt die halbkreisförmige Apsis, die vermutlich einmal zu einem weit ausladenden Querschiff gehörte. Heute befindet sie sich in der Ostwand des nördlichen Seitenschiffs. Ebenfalls Überbleibsel romanischen Bauens enthalten die geraden Chorwände, de-

ren untere Teile offenbar von einer Chorerweiterung im 13. Jahrhundert herrühren.
Das jetzige Gotteshaus geht, von den genannten Bauteilen abgesehen, auf den 1359 geweihten, jedoch erst 1455 im wesentlichen fertiggestellten gotische Erneuerungbau zurück und bildet heute neben dem Markt den Mittelpunkt der Burger Oberstadt.

Loburg

Ruine der Liebfrauenkirche

Geheimnisvolle Idylle verbreitet heute die Ruine der Liebfrauenkirche Loburg, inmitten dieses kleinen Örtchens. Gegen Ende des 12. Jahrhunderts entstand aus sorgfältig gequadertem Feldstein die dreischiffige Basilika mit quadratischem Chor, die jedoch im Laufe der Zeit beide Seitenschiffe einbüßte. Romanisch erhalten und um 1900 restauriert, blieben der Turm mit westlichem Rücksprungportal und mit einer breiten rundbogigen Öffnung zum Langhaus hin. Das Mittelschiff präsentiert noch heute den Wechsel seiner Stützen vom quadratischen, zum achteckigen, dann wieder zum quadratischen und schließlich zum runden Grundriß. Zu sehen sind außerdem rundbogige Obergadenfenster sowie Teile des Triumphbogens. Die Rundbogenfenster mit Backsteingewände stammen unterdessen wohl von Instandsetzungsarbeiten im Jahre 1601.

Leitzkau

Pfarrkirche St. Peter

Eine recht wechselvolle Geschichte erlebte die heute bescheiden anmutende einschiffige Dorfkirche St. Peter in Leitzkau. Aus dem Jahre 1107 weiß man von einer hölzernen Kapelle mit bischöflichem Hof. 1114 entstand an gleicher Stelle dann ein Bau aus Bruchstein, der sogar 1133 ein vom Magdeburger Liebfrauenkloster aus gegründetes Prämonstratenserstift beherbergte. Dies erforderte offensichtlich bauliche Veränderungen, die in einer dreischiffigen Basilika mit ebenfalls dreischiffigem Westbau und mit der Weihe 1140 durch Bischof Wigger ihren Abschluß fanden. Zur gleichen Zeit jedoch entstand ein

Südliche Langhausarkaden der Ruine in Loburg

Stützenwechsel am Langhaus von St. Maria Leitzkau

Stiftsneubau außerhalb des Ortes.
Die Substanz des romanischen Bauwerks findet sich im einzig erhaltenen Schiff, im Turm über dem ehemaligen Nordkreuzarm (die heutige Bekrönung stammt von 1740), in den Vierungsbögen sowie im rechteckigen Chor wieder. Die Ostteile des letztgenannten gehören offenbar sogar zum steinernen Vorgängerbau von 1114, da diese Bauteile noch älter als alles übrige sind. Unter dem Chor bestand einst eine Krypta. Den Platz der barocken Sakristei nahm vermutlich einmal eine romanische Apsis ein. Ebenfalls barock erneuert wurde der südliche Querhausarm, der danach als Herrschaftsloge diente. Die Existenz eines zweiten Turmes über dem südlichen Kreuzarm läßt sich nur vermuten. Der südliche Vierungsbogen allerdings wäre ein Indiz dafür. Die Vierungsbögen erinnern an das schmale Querschiff.
Vereinzelt besitzt die Dorfkirche weitere romanische Reste: So verbirgt sich an der Ostseite des Turms ein Öffnungsbogen einer ungewöhnlich hohen Nebenapsis, während an der Westseite die Öffnung zum ehemaligen nördlichen Seitenschiff erkennbar ist. Ebenfalls auf die einsti-

gen Seitenschiffe verweisen die zugesetzten drei Rundbogenarkaden, die sich am Schiff deutlich abzeichnen. Die Basen der quadratischen Pfeiler stecken im Boden, ihre Schrägkämpfer treten nur auf den Leibungsseiten hervor. Eine dicke Schrankenmauer mit tiefer Rundbogennische ist unter dem nördlichen Vierungsbogen erkennbar.
Die einschneidensten Veränderungen des romanischen Bauwerks gehen auf das 17. und 18. Jahrhundert zurück.

Klosterkirche St. Maria

Große Teile der ehemaligen Prämonstratenser-Stiftskirche St. Maria, Petrus und Eleutherius in Leitzkau sind heute noch zu sehen. Zwischen 1140 und 1155 entstand die kreuzförmige Basilika mit einfachem Stützenwechsel, drei Apsiden und einem doppeltürmigen Westbau. Als Ruine vermitteln das mächtige Querschiff das Langhaus und der Westbau in ihrer fragmentierten Gestalt dem Besucher ein eindrucksvolles Bild von der einstigen Großartigkeit des romanischen Ursprungbaus. Sein Mauerwerk besteht aus Grauwacke-Bruchstein mit Hausteingliedern. Feinkörnigen Sandstein verwendete man hingegen für die Basen, Kämpfer und Kapitelle der Langhausstützen. Im Jahre 1155 fand die Weihe dieses Gotteshauses statt, das sich durch steile Proportionen und zurückhaltend verwendete Schmuckformen auszeichnete.
Durch seine monumentale Fernwirkung besticht der schlichte Westbau noch heute. Er besteht aus einem querrechteckigen und nach Westen vorspringenden hohen Mittelbau, flankiert von zwei quadratischen Türmen mit breiten, gewölbten Treppen zur mittleren Westempore. Vom Nordturm fehlen mittlerweile die Freigeschosse. Dem Südturm blieb ein romanisches Stockwerk mehr erhalten, über welches sich ein Glockengeschoß mit Schweifhaube aus dem Jahre 1572/73 erhebt. Von der klaren tektonischen Gliederung des Westbaus künden zwei Rundfenster über der Mitteltür, Ecklisenen und Rundbogenfriese, die im ersten Obergeschoß einsetzen, sowie ein Rundbogenfenster zur Empore hin. Das Läutgeschoß weist keine Öffnungen auf. Vom mittleren Glockenhaus sind heute leider nur noch Ansätze erkennbar.

Ungewöhnlich dicht stehen die Langhausstützen, denen die übergreifenden Blendbögen fehlen. Der einfache Wechsel beginnt im Osten mit zwei Freipfeilern und endet im Westen mit nur einem. Die Säulen mit gemauerten Schäften erheben sich auf klaren attischen Basen und haben auffallend gedrückte, aber ornamentierte Kapitelle mit Schachbrettkämpfern. Die gesimslose Oberwand des Langhauses erhält eine Gliederung lediglich durch große Rundbogenfenster in den Arkadenachsen. Noch in der Vermauerung sichtbar ist der mit Schachbrettkämpfern versehene westliche Vierungsbogen, der sich auf Konsolen stützt.
Die Marienkirche verlor sowohl den Chor mit Hauptapsis als auch die Nebenapsiden am Querschiff und die Seitenschiffe. Bemerkenswert sind die Reste der ursprünglichen Ausmalung, ganz besonders in einigen Arkadenbögen. Diese Architekurmalerei täuscht farbige Marmorstreifen vor.
Hinzuweisen wäre noch auf einen Gedächtnisstein, dessen spätmittelalterliches Relief einen geistlichen Würdenträger zeigt. Die Grundplatte scheint jedoch wesentlich älter zu sein, da ihre Randleiste typisch romanische Palmettenranken zieren.
Das Prämonstratenserstift selbst wurde 1534 säkularisiert. Die Klausurgebäude wichen ab 1564 dem Renaissanceschloß der Freiherrn v. Münchhausen. Alte Fundamente und Baumaterial wurden lediglich im Ostflügel verwendet, während mehrere romanische Kapitelle einen neuen Platz in der Galerie am Hobeck-Schloß fanden. Die Klosterkirche wurde 1565 zur Schloßkirche umgebaut. Die gesamte Anlage nahm während des Zweiten Weltkrieges großen Schaden. Restauratoren stellten große Teile der romanischen Klosterkirche wieder her.

Pretzien

St.-Thomas-Kirche

Die hochgelegene Pretziener Dorfkirche, ein wohlerhaltener romanischer Saalbau aus einheimischem Quarzitgestein, entstand um 1140 im Auftrag des Markgrafen Albrecht des Bären. Auf einem umlaufenden Sockelprofil erhebt sich der außen fast schmucklose sakrale Bau mit eingezogenem rechteckigen Chor und halbkreisförmiger Apsis, einem flachgedeckten Schiff und einem quergestellten Westbau (der Turmaufsatz mit Haube stammt von 1793). Lediglich die Apsis erfährt durch Rundbogenfries und Lisenen eine Gliederung. Doch was der Kirche äußerlich vielleicht an Verzierung fehlen mag, bietet sie innen reichlich. Wandmalereien in der Apsis, im Chorraum sowie im Schiff, erst 1973 sorgfältig freigelegt, konserviert und farblich nicht ergänzt, stellen heute - gemessen an ihrer Qualität und ihrem ikonographischen Programm - das wertvollste Zeugnis spätromanischer Wandmalerei in Mitteldeutschland dar. Leider ist sie wirklich gut erhalten nur noch in der Apsis, wo Christus mit Maria und Johannes dargestellt sind. Palmetten- und Faltenornamentbänder bilden nach allen Seiten hin einen schmükkenden Abschluß. Darunter erstreckt sich ein Fries von Heiligen, der sich an der östlichen Chorwand fortsetzt. Die Malerei in der Apsis entstand in Freskotechnik, also auf frischem Putz, wurde aber dann auf trockenem Putz vollendet. Kostbare Farben wie Azurit, Malachit und Gold erzielen noch heute besondere Wirkung. Nur noch fragmentarisch erhalten blieb die Ausmalung im Chorraum. Die Wände sind in horizontale Bildstreifen gegliedert, von denen der obere noch drei der ursprünglich fünf klugen und törichten Jungfrauen zeigt. Darunter erscheinen auf einem Bogenfries in ständigem Wechsel Prophetenköpfe und Blumen. Der breite untere Fries erzählt die Geschichte von Isaaks Söhnen Esau und Jacob. Die ebenfalls nicht vollständig erhaltene Malerei am Triumphbogen läßt eine Jesu-Ahnentafel erkennen. Datiert werden diese romanischen Funde in die Jahre 1220/30. Einige Zeit später, nämlich um 1300, entstanden der vier Meter große Christopherus im Westteil der nördlichen Schiffswand sowie die Seelenwaage im Turmbogen. Dahingegen ordnen sich die Putzritzungen zeitlich noch vor der Malerei ein. Die skizzenhaften und keineswegs künstlerisch sicheren Arbeiten wurden mit scharfem Werkzeug in den noch feuchten Putz eingekratzt.

Die Ausmalung der Pretziener Kirche entstammt einer erzbischöflichen Malerwerkstatt in Magdeburg, die in ihre Arbeit sowohl byzantinische als auch italienische und französische Kunstströmungen einfließen ließ. Heute ist schwer zu glauben, daß die Kirche 1971 wegen Baufälligkeit aufgegeben wurde, denn mittlerweile hat man sie liebevoll restauriert. Dabei kamen nicht nur die Wandmalereien, sondern *auch der Originalfußboden mit seinen Stufen sowie das Fundament eines Lettners oder einer Schranke zum Vorschein.

Die beeindruckenden romanischen Wandmalereien in der Dorfkirche St. Thomas in Pretzien

Die Südroute

Seehausen/Börde

Paulskirche

Die Kirche St. Paul taucht in der Geschichtsschreibung erstmals 1148 als Gotteshaus des mittelalterlichen Nordendorfes auf, das heute den Norden der Stadt Seehausen bildet. Die Kirche entstammt einer Zeit, da Seehausen als Sitz einer Gaugrafenschaft (890 bis 1207) besondere Bedeutung besaß. Der relativ gut erhaltene Bau besitzt nur ein Schiff. Es ist von gleicher Breite wie der mit einem Satteldach abgeschlossene Westturm. Seine rundbogigen gekuppelten Schallöffnungen auf Säulchen blieben erhalten. Der eingezogene und niedrige Chor schließt mit einer Apsis, die als einziger Raumteil eine Wölbung aufweist. Aus romanischer Zeit stammen der Rundbogen zwischen Chor und Schiff und das einstufige rundbogige Säulenportal an der Südseite des Schiffs. Das Bogenfeld des Portals zeigt eine erhabene Scheibe, auf der wohl ursprünglich ein Christussymbol zu sehen war. Die Fenster der Kirche erhielten zum größten Teil im 17. Jahrhundert neue Formen und Größen. Auch die Westempore mit ihren verzierten Stützen entstand in jüngerer Zeit, nämlich um 1690.

Hadmersleben

Benediktinerinnenkloster

Die ehemalige Klosterkirche in Hadmersleben stammt im wesentlichen aus der zweiten Hälfte des 12. Jahrhunderts. Äußerlich schlicht und schmucklos wirkend, zeigt sie sich heute als langgestreckter Rechteckbau mit geradem Chorschluß, je einer Seitenkapelle im Norden und Süden sowie einem Westquerturm.Doch schon 961 gründete der Halberstädter Bischof Bernhard das Kloster. Vom Gründungsbau der ehemaligen Klosterkirche bewahrt vermutlich das Südschiff der heutigen Unterkirche einen Kämpfer, einen Bogenanfang, der in keinerlei Verbindung zum

vorhandenen Gewölbe steht, sowie Teile der südlichen Seitenschiffswand.
Bereits in der zweiten Hälfte des 11. Jahrhunderts erfolgten große bauliche Veränderungen, in dessen Folge es zur Weihe einer neuen Klosterkirche kam. Teile des ursprünglichen Schiffs fristeten fortan als Unterkirche, einem dreischiffigen, kreuzgratgewölbten Raum, ein Dasein. Sein südliches Seitenschiff gibt heute noch ein Bild aus jener Zeit: Auf sehr niedriger Platte mit eckblattlosen Basen erheben sich die Säulen in auffallend gedrungener Form und mit Würfel- bzw. Kelchkapitellen. In die Südwand wurden verzierte Konsolen eingefügt, auf denen das Gewölbe ruht. Aus dieser Bauphase stammt auch die sich über der Unterkirche erhebende, weit ins Schiff reichende Nonnenempore.
Ein weiterer Umbau erfolgte dann um 1160/80. Die Unterkirche erhielt im wesentlichen ihr heutiges Aussehen: Ihr mittleres und nördliches Schiff wurden verbreitert. Die nördliche Stützenreihe bilden je eine Säule im West- und im Ostjoch sowie zwei Pfeiler mit je vier eingstellten Ecksäulchen dazwischen. Die Säulen mit attischen Basen haben einfache, glatte Würfelkapitelle, die vom Vorgänger stammen könnten. Auch die südliche Stützenreihe blieb nicht unverändert. Die Säulen wurden roh zurechtgehauen und, ohne die Profile der Säulenbasen zu beachten, die Pfeiler vorgesetzt. Bevor es 1201 zur neuen Kirchenweihe kam, wurde auch die Nonnenempore entsprechend der Unterkirche verbreitert. Desweiteren erhielt der Westbau seine heutige Form mit tonnengewölbtem Erdgeschoß (an der Südseite durch rundbogige Tür erreichbar) und darüberliegendem Raum, der vermutlich einmal zur Nonnenempore geöffnet war.
Etwa in der Mitte des 13. Jahrhunderts erhielten die Seitenwände der Nonnenempore Lanzettfenster. Um 1320 wurden auch die anderen Fenster der Kirche gotisch erneuert, wobei die des Chores durch Maßwerk und wertvolle Glasmalereien aus dem Rahmen fielen. Zur gleichen Zeit etwa wurde die Flachdecke durch eine Holztonne ersetzt, und das Langhaus erhielt die querschiffartig angebauten Kapellen. Zu einem späteren Zeitpunkt des 14. Jahrhunderts nahm dann die nördliche Kapelle noch zwei Joche

Die kleine Paulskirche in Seehausen/Börde

Benediktinerinnenklosterkirche in Hadmersleben

des Kreuzganges für sich in Anspruch. Im Kirchenschiff erhöhte sich das Fußbodenniveau und zwischen Unterkirche und Schiff entstand eine Öffnung mittels Rundbogen. Wegen Baufälligkeit mußte der Turm des Westbaus bis auf die zwei unteren Geschosse abgerissen werden. Doch noch im selben Jahr wurde neu gebaut. Schließlich veränderte sich um 1700 das Aussehen des Inneren durch die qualitätvolle Ausstattung im Stile des Barocks. Aus frühmittelalterlicher Zeit finden Besucher einen spätromanischen Säulenstumpf mit Palmettenkapitell, der als Osterleuchter in der Südkapelle steht, sowie einen Türklopfer am Südeingang in Form eines bronzenen Löwenkopfs mit großem Ring im Maul. Er kommt aus der Magdeburger Bronzegießerei und entstand um 1160.
Das Klostergut wurde 1838 in ein Rittergut umgewandelt. Nach dem Zweiten Weltkrieg befand sich hier bis 1989 eine Forschungsstätte für Saatgut. Von den ehemaligen Klostergebäuden ist an dieser Stelle der Kapitelsaal von besonderem Interesse, da er aus der Umbauphase1160/80 stammt. Der zweischiffige Raum von vier Jochen besitzt Kreuzgratwölbe, die sich auf quadratische Pfeiler stützen. Der Saal ist gut erhalten. Er besitzt, ebenso wie der nördliche Kreuzgangflügel mit spätgotischem Kreuzrippengewölbe, ein barockes Obergeschoß. Auch alle anderen zweigeschossigen Gebäude wurden barock erneuert.

Klostergröningen

Klosterkirche St. Cyriakus

Der mächtige romanische Vierungsturm der ehemaligen Klosterkirche in Klostergröningen beherrscht noch heute alles rings um ihn herum. Der zweigeschossige Turm vom Kirchenneubau Anfang des 12. Jahrhunderts gehört zu den frühesten noch erhaltenen Beispielen seiner Art und stellt mit seinem achteckigen Grundriß etwas Besonderes im Harzgebiet dar. Bereits 936 nahm Graf Siegfried, Bruder des Markgrafen Gero, die Gründung des Klosters vor, das er wenig später dem Kloster Corvey schenkte, von dem es schließlich bis zur Aufhebung 1550 abhängig blieb.
Fundamentzüge des ottonischen Kirchenvorgängers, 940

geweiht und zwischen 1070 und 1100 abgerissen, wurden 1934 freigelegt und lassen auf einen Saalbau mit zellenartigen Flügelbauten schließen. Im heutigen westlichen Kapelleneinbau existiert noch ein korinthisierendes Kapitell aus dem 10./11. Jahrhundert.
Etwa 1110 begannen die Bauarbeiten - vermutlich im Einfluß der Hirsauer Reformbewegung - für die neue dreischiffige, flachgedeckte Basilika mit Querschiff, ausgeschiedener Vierung und dreischiffigem, in drei Apsiden schließendem Chor sowie mit einem wohl nie vollendeten Westbau. Im Laufe der Jahrhunderte erfolgten allerdings starke Veränderungen, vor allem äußerlich. So verschwand im 16. Jahrhundert das südliche Seitenschiff, ihm folgten 1606 beide zum Hauptchor nicht geöffneten Chorseitenschiffe. Zugleich entstand an Chor und südlichem Querhausarm der Sakristeianbau. Im 19. Jahrhundert dann entfernte man auch das nördliche Seitenschiff und verstümmelte den Hauptchor (Abriß der Hauptapsis und Verkürzung des quadratischen Baus). Die Arkadenbögen zwischen den Seitenschiffen und dem Langhaus wurden vermauert und die Vierungspfeiler und -bögen beträchtlich verstärkt.
Die Säulen und Pfeiler, dem niedersächsischen Stützenwechsel entsprechend angeordnet, haben steile attische Basen. Tiergestalten, Flechtbänder und Blattfriese gestalten die Würfelkapitelle der Säulen, die Kämpfer und auch den Schmuckfries, der die Arkadenzone begrenzt. Die Kapitellplastik steht in unmittelbarer Nachfolge der Quedlinburger Oberkirche, doch sind die Formen in Gröningen stärker stilisiert und flacher.
Um 1170 wurde eine Westempore eingebaut, deren Untergeschoß einer tonnengewölbten Kapelle mit einem hervorwölbenden Halbrund Platz bot. Die Brüstung der Empore ("Gröninger Empore") ziert heute eine Nachbildung des romanischen Stuckreliefs (um 1170), Christus und die Apostel darstellend. Die Figuren stehen nicht mehr in einem "Kastenraum", sondern treten vor den Reliefgrund. Die Stuckarbeit entstand in italienischer Stucco-Technik, allerdings wurde der Gips nicht modelliert, sondern nach schichtweisem Auftragen und Erhärten sozusagen geschnitzt. Das Original wird seit 1904 im Staatlichen Mu-

Nachbildung des einzigartigen romanischen Stuckreliefs an der sogenannten "Gröninger Empore" in der Kirche von Klostergröningen

seum von Berlin aufbewahrt. Unter der Emporenbrüstung und am Tonnengewölbe der Kapelle im Emporenuntergeschoß finden sich stark verblaßte Reste von Wandmalerei. Der nordwestliche Vierungspfeiler besitzt ein Relief mit einem stehenden Engel neben Ecksäulchen (1220). Zur Ausstattung der Kirche gehört ein schlichter romanischer Taufstein in gedrückter Kelchform.

Hamersleben

Stiftskirche St. Pankratius

Zu den bedeutendsten hochromanischen Basiliken Deutschlands gehört die ehemalige Stiftskirche St. Pankratius in Hamersleben. Ihre Raumformen, ihre architektonische Gliederung und ihr reicher Bauschmuck überdauerten die Jahrhunderte in nahezu unveränderter Form. Das 1107 in Osterwieck gegründete Augustiner-Chorherrenstift wurde etwa um 1112 nach Hamersleben verlegt, vermutlich weil das Stift mit dem Eintritt der Adligen Dietburc viel Hamerslebener Grundbesitz erlangte. Die Augustiner-Chorherren errichteten die Stiftskirche in sorgfältig ausgeführten schlanken Proportionen und mit entwicklungsge-

schichtlich bedeutsamer Ornamentik von hoher Qualität. Die Arbeiten für den Bau der dreischiffigen Säulenbasilika erfolgten allem Anschein nach zügig (vermutlich schon 1140 vollendet) und nach einem einheitlichen Plan. In wesentlichen Punkten beeinflußte sogar die Hirsauer Reformarchitektur den Bau. So gibt es einen Chorus minor, Nebenkapellen, dafür aber keine Krypta. Außerdem wurden die Säulen im Langhaus mit rechteckigen Arkadenrahmen kombiniert, Flachdecken eingesetzt sowie Sokkelumlaufportale verwendet.
Zuerst entstanden die Ostteile: Hauptchor und Chorseiten-

Reichverziertes Kapitell in der Doppelarkade über der südlichen Chorschranke mit der Darstellung der acht Seligpreisungen

kapellen enden in einer Flucht. Ihre Apsiden sind staffelförmig angeordnet, wodurch die mittlere Apsis weiter nach Osten vorspringt als die halbkreisförmigen Abschlüsse der Nebenchöre. Deren Tonnenwölbung erzeugt einen Kontrast zu den Flachdecken der drei Kirchenschiffe und der Querarme.
Ansonsten zeigt sich das Innere der Chorräume eher schmucklos. Chorschranken teilen das Vierungsquadrat vom nördlichen und südlichen Querarm ab. Über den Schranken erhebt sich jeweils eine Doppelarkade, deren Last wiederum eine Säule mit figuriertem Kapitell trägt. Die auf beiden Seiten gleichgestalteten Kapitelle stellen die acht Seligpreisungen dar, zum Teil in Medaillons gefaßt und aufwendig verziert. Die Schrankenmauern erfuhren eine besondere Gestaltung durch Stuckreliefs (Mitte 13. Jahrhundert), von denen allerdings nur noch drei an der nördlichen erhalten sind: Drei männliche Heilige sitzen jeweils auf einem Thron; oben und unten abgeschlossen durch einen breiten Blattrankenfries. Der Heilige mit dem Schlüssel in der Hand ist Petrus. Die ehemals kräftige Bemalung zeigt sich heute nur noch als Fragment mehrerer über- und nebeneinanderliegender mittelalterlicher Fassungen.
Unmittelbar nach den Ostteilen wurde die Westwand der Kirche hochgezogen, und von dort aus entstanden für das Langhaus Arkade um Arkade gen Osten. Vermutlich nahm man es seinerzeit nicht ganz so genau mit den Messungen, jedenfalls gibt es zwischen Langhaus und den Ostteilen keinen genauen Anschluß. Die Arkadenbögen im Mittelschiff werden beiderseits von sechs Säulen und zwei Pfeilern getragen. Die zwei östlichen Stützenpaare sind Pfeiler, wodurch der Chorus minor entsteht. Von der Schrankenmauer zwischen ihm und dem Mittelschiff existieren nur noch Reste. Die Säulenarkaden des Langhauses bieten mit ihrer Ornamentik an den streng geformten Würfelkapitellen einen unglaublichen Darstellungsreichtum, der sich von West nach Ost voll entfaltet. Er gehört zu den bemerkenswertesten romanischen Bauskulpturen Deutschlands. In Relief außerordentlich qualitätvoll dargestellt sind gegenständige Tiere, Masken und Kampfszenen, jeweils ergänzt von pflanzlichen Motiven. Die Orna-

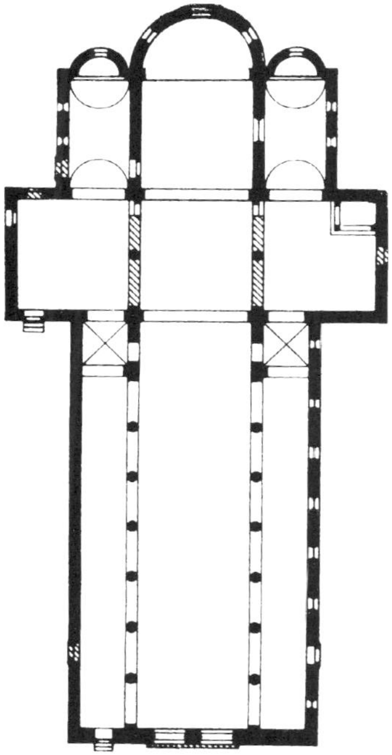

Grundriß der Stiftskirche Hamersleben

mente verkünden die Botschaft, daß der Mensch dem Zugriff des Satans jederzeit schutzlos ausgeliefert ist. Die Kapitellplastik müßte aus der Zeit nach 1120 stammen. Die Säulenschäfte liegen auf klar gegliederten attischen Basen mit Ecklisenen und auf vorquellendem unteren Wulst. Die Arkaden sind rechtwinklig von Schachbrettmustern gerahmt.

Äußerlich besticht die ehemalige Stiftskirche durch die wohldurchdacht versetzt aneinandergefügten großen Steinquader, deren Bearbeitung von Meisterhand zeugen, sowie durch reichlich glatte Flächen. Ein Palmettenfries über einem Rundbogenfries am Dachgesims, ein Flechtbandfries am Traufgesims des südlichen Seitenschiffs und profilierte senkrechte Stäbe am südlichen Querschiffsgiebel schmücken das Bauwerk. An der Ostseite konzentriert sich der Bauschmuck an der im Vergleich zu den Nebenapsiden fast doppelt so großen Hauptapsis. Bis zur Höhe der Nebenapsis bleibt das Mauerwerk glatt. Dort befindet sich dann ein Gurtgesims mit Schachbrettmuster, auf dem sich eine siebenteilige Blendarkatur erhebt. Sie besteht aus kleinen Säulen mit Basis und Kapitell sowie aus einfachen Bögen. Die Arkatur teilt das Mauerwerk der Apsis in zwei Schichten und rahmt zugleich die drei großen Rundbogenfenster. Von den Kapitellen der kleinen Säulen führen zudem noch Leisten mit Schachbrettornament bis zum palmettengeschmückten Dachgesims. Die Nebenapsiden sind dagegen wieder

Altarziborium der Hamerslebener Stiftskirche

bescheiden mit einem Rundbogenfries versehen. Am südlichen Querhausarm befindet sich über dem vermauerten Sockelumlaufportal ein Tympanon, das zwei sich gegenübersitzende Löwen zeigt, die den ehemaligen Eingang zu bewachen scheinen. Das zweite Sockelumlaufportal dient heute als Haupteingang im südlichen Seitenschiff. Erst 1856 gelangte das Tympanon mit feingearbeitetem Relief, in dem zwei Drachen vergeblich Blattranken zu verschlingen versuchen, an diesen Platz. Bis dahin gehörte es zur jetzt vermauerten Außentür der nördlichen Chornebenkapelle. Im Winkel zwischen Mittelschiff und Querhaus stehen wuchtig die Türme, deren quadratische Grundrißform sich in den oberen Geschossen zum Achteck entwikkelt.

Bis zum 15. Jahrhundert veränderte sich an der Kirche fast nichts. Lediglich die Klausurgebäude, die sich an das fensterlose nördliche Seitenschiff anschließen, schienen erneuerungsbedürftig. Diese Erneuerung erfolgte im späten 15. Jahrhundert, weshalb heute nur noch die kreuzgewölbte Sakristei romanisch erhalten ist. Nach 1500 erhielt das Mittelschiff ein hölzernes Rippengewölbe, welches allerdings 1856 wieder einer Flachdecke weichen mußte. Vermutlich 1512 waren die Erneuerungsarbeiten an den beiden Türmen abgeschlossen, die mit Spitzhelmen bekrönt wurden. Etwa zur gleichen Zeit verschwand die sich ursprünglich an die Kirchenwestwand anschließende mittelschiffsbreite und zweigeschossige Vorhalle. Die daraufhin vermauerte Westwand erhielt drei Maßwerkfenster. 1696 wurden die Fenster der zuvor verbreiterten südlichen Seitenschiffswand vergrößert. 1680 erhielt die Kirche eine vollkommen neue Ausstattung, und vermutlich erfolgte auch zu dieser Zeit der Abbruch der westlichen Chorschranke. In den Klausurgebäuden hinterließ der Barock durch Umbauten sogar sehr deutliche Spuren. Erst aus dem Jahre 1887 stammt die heutige südliche Nebenkapelle mit Apsis, allerdings nach deren Vorgängerin original rekonstruiert.

1967 begann in der Stiftskirche Hamersleben eine Restaurierungsphase mit dem Ziel, kunstwissenschaftlich fundiert und baukünstlerisch sensibel die ursprüngliche Raumwirkung wiederherzustellen. Allerdings wollte man dabei keineswegs die barocke Ausstattung schlechthin negieren. Deshalb stammt das Inventar der Kirche noch heute vorwiegend aus dem 17. und 18. Jahrhundert. Zu nennen wären der mehrgeschossige Altar (1687), das Chorgestühl und die westliche Orgelempore aus barocken Tagen. Außerdem finden sich im Gotteshaus spätgotische Wandmalereien, eine Mondsichelmadonna (letztes Viertel des 15. Jahrhunderts) sowie ein spätgotisches Kruzifix. Die zwölf überlebensgroßen Apostel schmückten ursprünglich die glatten Wände des Mittelschiffs, befinden sich seit der jüngsten Restaurierung aber im nördlichen Querhausarm. Ein ganz besonders wertvolles Ausstattungsstück steht im südlichen Querschiffsarm: das romanische, reich ornamentierte Altarziborium. Es stammt aus dem ersten Viertel des 13. Jahrhunderts und ist eines der ältesten seiner Art in ganz Deutschland. Über dem an der Ostwand aufgemauerten Steinaltar erhebt sich ein von Säulen getragener baldachinartiger Aufbau.

Dedeleben

Westerburg

Etwas versteckt in einer Senke des weithin flachen Ackerlandes liegt die in ihrer Gesamtanlage noch gut erhaltene Westerburg. Über ihre ersten Lebensjahrzehnte als Besitz des Bistums Halberstadt lassen sich bisher nur vage Vermutungen anstellen. Wahrscheinlich um 1180 hielten die Regensteiner Grafen als Lehensherren auf der Burg Einzug. Sie bauten die kreisförmige Anlage zu einer ihrer stärksten Burgen aus, worauf nicht zuletzt der doppelte Wassergraben hindeutet. Die erste urkundliche Erwähnung stammt allerdings erst aus dem Jahr 1335. Gegen Ende des 13. und Anfang des 14. Jahrhunderts wurde die Festung zu einer Wohnburg umgestaltet. Mit dem Aussterben der Regensteiner Grafen ging der Besitz wieder an den Halberstädter Bischof zurück. Im 30jährigen Krieg nahmen sowohl die Kaiserlichen als auch die Schweden die Burg ein. 1648 ging die Westerburg schließlich an Kurbrandenburg, um daraufhin von ständig wechselnden Lehnsherren genutzt zu werden. Allerdings weilten die preußischen Markgrafen und Fürsten nur selten auf der

Burg, nutzte sie den Herren doch vor allem als Besitztitel und Einnahmequelle. 1802 bis 1945 diente das Anwesen als preußische Staatsdomäne, mit einer kurzen Unterbrechung zwischen 1807 und 1813, als nämlich Napoleons Schwester Pauline die Westerburg besaß. Ab 1952 dann wieder landwirtschaftlich genutzt, besann man sich 1976 darauf, das Baudenkmal sachgemäßer zu verwenden und zu pflegen. Heute können die barocke Schloßkapelle, der Rittersaal und das Jagdzimmer besichtigt werden, laden der gutgepflegte Park mit den Wassergräben zum Spazierengehen ein, und nicht zuletzt findet man unter romanischem Gewölbe im Keller Speis' und Trank.

Der Bergfried ist wohl der älteste Teil der Anlage. Seine Entstehungszeit fällt vermutlich in die Jahre zwischen 1200 und 1250. Der in überaus schlichten Formen aus Bruchsteinen errichtete Bau hat einen Durchmesser von zehn Metern und eine Höhe bis zur Dachtraufe (die Haube ist wesentlich jünger) von 32 Metern. In etwa 12,5 Meter Höhe befindet sich in Richtung Kernburg der ursprünglich rundbogige Eingang des wehrhaften Turms. Der Eingang zu ebener Erde ist jünger und führte einst zu kleinen Gefängniszellen. Ein dritter Durchbruch in Höhe des dritten Obergeschosses verband den Turm mit dem Dachboden des Südflügels. Das Mauerwerk des Turmes verjüngt sich nach oben hin in fünf Absätzen. Mindestens drei Holzbalkendecken gliederten das Innere in Stockwerke. Das steinere Gewölbe im oberen Geschoß ist jünger, ebenso die Fenster.

Etwa zeitgleich mit dem Bergfried entstanden die ersten Ringmauern, so die Südmauer der Kernburg (mit einer Ecke zum Turm) und die Westmauer. Die Mauern erwuchsen in einer Stärke von 1,8 bis 1,95 Metern. Ob es auch schon Mauern nach Nord und Ost gab, bleibt ungewiß. Ihre heutige Grundgestalt erhielt die Westerburg aber wohl in spätgotischen Tagen. Es ist auch anzunehmen, daß die Entstehungszeit der Vorburg ähnlich der der Kernburg einzuordnen ist. Allerdings finden sich nur noch an wenigen Stellen der Außenmauer Reste des alten Bruchsteinmauerwerks. Fast sämtliche Wände bestehen aus Stein und Fachwerk und stammen vermutlich aus der zweiten Hälfte des 17. Jahrhunderts. Das äußere Vortorhaus wurde wohl in der zweiten Hälfte des 15. Jahrhunderts erbaut, die rundbogige Toreinfahrt hingegen muß noch jünger sein. Die zahlreichen Umbauten im Laufe der Jahrhunderte gaben der Westerburg ihren schloßähnlichen Charakter.

Huysburg

Benediktinerkloster

Auf dem Huy, einem etwa 20 Kilometer langen bewaldeten Höhenzug nördlich von Halberstadt, befindet sich die

Die Westerburg mit romanischem Bergfried

Die Benediktinerklosterkirche der Huysburg

sogenannte Huysburg. Bereits 1038 erbaute Bischof Burkhard I. auf dem Huy eine Kurie mit Marienkapelle, woraus sich unter Domherr Ekkehard ein Kloster entwickelte, welches Bischof Burkhard II. von Halberstadt 1084 zur Abtei erhob. Unmittelbar danach begannen die Arbeiten für den Neubau von Kloster und Kirche. Das Gotteshaus

entstand zwischen 1084 und 1121, dem Jahr der Weihe, und vereint heute noch in sich wirkungsvoll früh- und hochromanische Architektur. Die Klosteranlage hatte jedoch stark unter dem Brand von 1525 zu leiden, und nur sehr wenige Reste entkamen dem Abriß 1825.
Auffallend kurz zeigt sich das Langhaus, dessen Arkaturen dreimal den einfachen Stützenwechsel aufweisen, wobei von Pfeiler zu Pfeiler Blendbögen übergreifen. Die Kapitelle der korinthisierenden Säulen sind mit Pflanzenornamenten versehen. Als romanische Sakristei läßt sich der an der Nordseite des Chores gelegene, langgestreckte Raum deuten. Seine kreuzgrätige Wölbung und auch die Fenster stammen womöglich vom spätgotischen Umbau. Ursprünglich besaßen alle Räume der dreischiffigen und kreuzförmigen Basilika flache Decken, doch im Barock erhielten die Seitenschiffe Kreuzgewölbe, Mittel- und Querschiff sowie der Chor bemalte Holzdecken.
Der apsidial geschlossene Chor wurde vermutlich schon während der Bauarbeiten um die Jahrhundertwende (nach 1107) verlängert. Die Querhausapsiden wurden im 16. Jahrhundert abgerissen, ebenso die Krypta. Außerdem erhielt der Chorraum seine heutige einschiffige Gestalt. Das Äußere des Kirchenbaus wirkt eher schlicht und wird in erster Linie von den relativ großen Fenstern mit fast senkrecht zur Wand eingeschnittenen Leibungen geprägt. Aus jüngerer Zeit kommen auch der zweitürmige Westbau, dessen Inschrift auf das Jahr 1492 verweist, sowie die am Langhaus angrenzende südliche Vorhalle mit schlichter Stuckdecke (Inschrift 1756). Ebenfalls später erfolgte die Erhöhung aller Dächer.
Die Ausstattung muß vorwiegend in das 18. Jahrhundert eingeordnet werden. Ein romanisches Türsturzfragment mit verkündendem Engel hängt an der Wand nahe des Aufganges zur Orgelempore. Im nördlichen Querhaus befindet sich das Grab des Abtes Ekkehard, der 1084 gestorben ist. Die Bronzeplatte entstand 1984 nach einem Abguß der originalen Gipsstuckplatte, die noch unter dem jetzigen Grabaufbau liegt.
Von den im Südosten der Kirche angrenzenden Klostergebäuden blieben nach dem Abriß 1825 lediglich Teile des zweigeschossigen Südflügels mit reichverzierten Kapitel-

len im Inneren sowie Reste des Kreuzganges (acht Joche des Nordflügels mit spätgotischem Kreuzrippengewölbe) erhalten. Im Südflügel befindet sich die Bibliothek, ehemals vermutlich das Refektorium des Klosters. Der zweischiffige Rechteckbau weist an der Nordwand noch romanische Reste auf. Seine Entstehungszeit insgesamt liegt ungefähr im dritten Viertel des 12. Jahrhunderts. Auf dem Klostergelände stehen heute zudem das zweigeschossige Konventsgebäude (16. Jahrhundert), das zweigeschossige Neue Gebäude (1746), das Wirtschaftsgebäude (1748) und das Torhaus (1768).

Halberstadt

Liebfrauenkirche

Bereits 1005 gründete der Halberstädter Bischof Arnulf ein Kollegiatstift, von dessen erster Kirche keine Reste mehr vorhanden sind. Die Annahme, daß die beiden unteren Geschosse des heutigen Westturmriegels bereits von diesem Vorgänger stammen, korrigiert mittlerweile die Angabe der vermutlichen Entstehungszeit mit den Jahren um 1089, als es zu baulichen Veränderungen oder vielleicht auch zum Neubau der Kirche kam. Die heutige hochromanische kreuzförmige und dreischiffige Pfeilerbasilika entstand unter Bischof Rudolph, der sie 1146 weihte. Im nachhinein, etwa 1150, wurden die beiden Osttürme am Ostende der Seitenschiffe angebaut. Herzog Heinrich der Löwe ließ Halberstadt 1179 überfallen und in Flammen aufgehen, wobei auch die Liebfrauenkirche schweren Schaden nahm, der aber weitestgehend behoben werden konnte. Nach der Säkularisierung des Stifts 1810 verfiel das Gotteshaus zusehends. Um 1835 übernahm Ferdinand von Quast die Leitung einer umfassenden Restaurierung. Stark zerstört wurde die Liebfrauenkirche beim Bombenangriff am 8. April 1945.

Der Kirchenbau macht insbesondere durch seine blockhafte Gestalt von klarer Gliederung und durch seine ruhigen ausgewogenen Formen auf sich aufmerksam. Vor allem bei der Grundrißplanung nahmen Hirsauer Gewohnheiten entscheidenden Einfluß. Der quadratische Chor schließt mit einer nur wenig eingezogenen, weiten Apsis ab. Die ebenso langen apsidial geschlossenen Nebenchöre besitzen lediglich zum Querschiff Öffnungen. Der südliche Nebenchor hat im Gegensatz zum nördlichen zwei Geschosse. Äußerlich zeigen sich sowohl die Ostteile als auch das Langhaus auffällig schlicht. Die relativ großen Rundbogenfenster sind fast rechtwinklig in die Wände eingeschnitten. Lediglich die Leibung des Scheitelfensters an der Mittelapsis ist profiliert. Als Schmuck dient eine plastische Deesis-Gruppe (um 1400). Über den beiden Portalen der östlichen Querhauswand befinden sich Rundbogennischen mit einer Reliefdarstellung der Marienkrönung (um 1400) an der Nordseite und mit einem Fresko, das die thronende Maria mit Katharina und Kunigunde zeigt (2. Viertel 13. Jahrhundert) im Süden. Ganz im Gegensatz zu dieser sparsamen Schmuckverwendung steht die Gestaltung der Türme. Die markanten Osttürme über den Ostjochen der Seitenschiffe haben einen oktogonalen Grundriß. Unter den steilen Zeltdächern finden sich je zwei Reihen Biforien, deren Mittelsäulen Würfel- und korinthisierende Kapitelle aufweisen. Der nördliche Turm wurde im 19. Jahrhundert erneuert und erst kürzlich statisch gesichert.

Die Westtürme mit ihren hohen rheinischen Rhombendächern entstanden nach 1200, wie an dem Bauschmuck der Arkadenöffnungen abzulesen ist. Durch sie lösen sich die Turmwände nahezu auf. Zwischen den Türmen befindet sich das Glockenhaus, das sich gen Ost und West in je einer Viererarkade öffnet. In dieser Höhe weisen die Türme jeweils nur ein Biforium nach Nord bzw. nach Süd auf. Im Geschoß darüber kann man dann schon nach allen Seiten je zwei derartige Biforien zählen und darüber wiederum öffnen sich nach allen Seiten Dreierarkaden, gerahmt von Fußgesims, Ecklisenen und Rundbogenfries. Aber damit nicht genug, teilt sich der Dreiecksgiebel abermals in zwei Stockwerke, unten mit einem Triforium und einem Rundbogenfries, oben mit einem Biforium.

An das Langhaus schlossen sich südlich einst Kreuzgang und Klausurgebäude an. Daran erinnern heute jedoch nur noch die beiden rundbogigen Pforten am Ost- und am Westende des Südseitenschiffs, die in die gotische Barbarakapelle (um 1420) bzw. in die sogenannte Taufkapelle

Detail der südlichen Chorschranke der Liebfrauenkirche Halberstadt

führen, sowie der westliche Teil der letztgenannten Kapelle. Dieser um 1170 entstandene kreuzgratgewölbte Raum zeigt an den Halbsäulen qualitätvolle Kapitelle und Basen in der Nachfolge von Königslutter. An den Raum schließt sich ein polygonales, rippengewölbtes Chörchen an (2. Hälfte 14. Jahrhundert). Die Tür in der Westwand führt in den im 14. Jahrhundert an die Westseite der Kirche neu erbauten Kreuzgang nebst Klausur.

Das Innere der Kirche präsentiert sich in schlichter Monumentalität. Die Atmosphäre im Langhaus bestimmen die schnell aufeinanderfolgenden Pfeilerpaare. Quadratische und rechteckige Pfeiler wechseln einander ab. Ihre schweren attischen Basen und die zarten Kämpferprofile wurden wahrscheinlich schon nach 1179 in Stuck erneuert. Die Vermauerung der beiden östlichen Arkaden erfolgte beim Einbau der Osttürme. Das nachträglich ein-gefügte Gewölbe verschwand im 19. Jahrhundert wieder zugunsten einer Flachdecke, die nach 1946 erneuert werden mußte. Auch Chor und Querschiff erhielten ihr Kreuzgratgewölbe erst später, nämlich im 13. Jahrhundert. Aus der Bauzeit stammen lediglich die Tonnengewölbe der Nebenchöre. Ursprünglich war das Innere der Kirche großfigurig und farbig bemalt. Im 19. Jahrhundert wurden die damals bereits übertünchten Kostbarkeiten aus der Zeit um 1240 entdeckt und abermals übermalt. Reste bewahren die Fenster des südlichen Obergadens und die Querhausgewölbe (stukkierte Heiligenscheine und Gestirne). Einigermaßen

Liebfrauenkirche Halberstadt

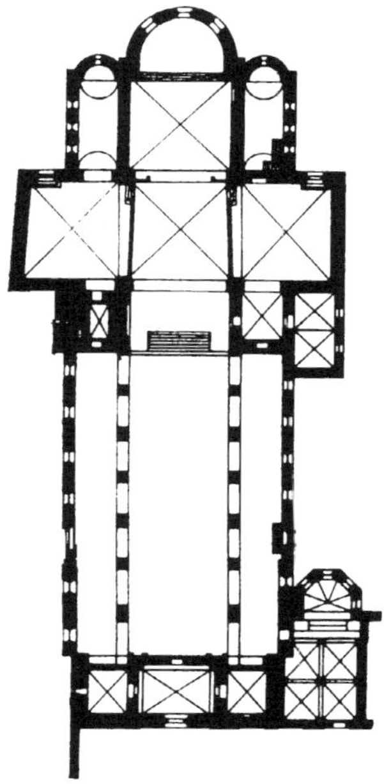

Grundriß der Liebfrauenkirche Halberstadt

überliefert ist das Fresko, das ein Kruzifix zwischen Maria und Petrus sowie Johannes und Paulus zeigt, über ihnen zwei Engel. Den ältesten Teil der Liebfrauenkirche bilden die zwei unteren Geschosse des dreiteiligen Westbaus. Im Untergeschoß öffneten ursprünglich Arkaden sowohl die drei Räume zueinander als auch zum Mittelschiff. Heute trennen Wände die Räume voneinander. Das obere Geschoß besteht hingegen aus nur einem Raum mit durchgehendem Tonnengewölbe. Die kleine Rundbogenöffnung in der Ostwand führte vermutlich einmal zu einer Westempore.

Von der Ausstattung der Halberstädter Liebfrauenkirche auf dem Domplatz seien an erster Stelle die romanischen Chorschranken genannt. Schon die Stiftskirche von Bischof Rudolph besaß an gleicher Stelle steinerne Schranken, denen die Flammen 1179 äußerlich stark zusetzten. Daraufhin (um 1200/1210) erhielten sie eine Stuckierung. Entstanden war die heute noch eindrucksvolle Darstellung von Maria, Christus und den Aposteln. Die mit Reliefs geschmückten 2,15 Meter hohen Mauern zwischen den Querhausarmen und der Vierung zählen zu den bedeutendsten romanischen Plastiken Deutschlands. Beide Chorschranken zeigen sieben Blendarkaden, oben und unten von reichen Ornamentbändern begrenzt. Die Nischen nehmen jeweils eine in Stuck gearbeitete sitzende Figur auf, wobei das mittlere Feld von Maria mit dem Gottessohn (südliche Schranke) bzw. von Christus (nördliche) besetzt wird. Die übrigen Plätze nehmen die Apostel ein. Die Plastik zeichnet sich durch echte Körperlichkeit aus. Harmonische Bewegungen, natürli-

Die Rautendächer der Westtürme verraten rheinischen Einfluß an der Halberstädter Liebfrauenkirche

ches Sitzen, weichfallende Gewänder sowie lebendige Gesichter vermitteln eine heiter-harmonische Stimmung. Farbuntersuchungen ergaben, daß die originale Fassung unverändert (!) mehrfach übermalt worden ist. Über den Chorschranken erheben sich schlanke Säulenarkaden aus Holz.
Im westlichen Vierungsbogen hängt ein spätromanisches Triumphkreuz. Es gehörte einst zu einer Triumphkreuzgruppe, die wiederum Teil eines Westlettners war. Dieser stand anstelle des heutigen eisernen Chorgitters der Reformationszeit und hatte selbst einen Vorgänger in einer 1179 abgebrochenen westlichen Chorschranke. Das Triumphkreuz ist eines der bedeutendsten in der Gruppe sächsischer Monumentalkreuze des 13. Jahrhunderts. Christus ist mit drei Nägeln an das Kreuz geheftet, das wiederum auf einem breiteren Kreuz liegt. Dessen kleeblättrige Enden schmückten Figuren, von denen nur noch der Engel am oberen Kreuzende zu sehen ist. Vom Inventar der Kirche sei an dieser Stelle noch auf die Steinmedaillons mit Löwenkopf und Traube (offenbar zweites Viertel des 13. Jahrhunderts) über den Durchgängen von den Seitenschiffen in die Räume der Osttürme hingewiesen. Außerdem befinden sich zwei Stücke aus dem ehemaligen Besitz der Liebfrauenkirche im Domschatz: die sogenannte Sitzmadonna und der bemalte Stollenschrank, beide aus der Zeit um 1230.

Dom St. Stephanus

Was hat eine hochgotische Kathedrale, wie sie ohne Zweifel der Halberstädter Dom St. Stephanus verkörpert, in der Straße der Romanik verloren? Sicher auf den ersten Blick keine ganz unberechtigte Frage, wenn da nicht mindestens drei Dinge wären, die den Dom auch aus romanischer Sicht interessant werden lassen: der Vorgänger des gotischen Bauwerks, die Baugeschichte (besonders die erste Bauetappe) und schließlich der weltberühmte Domschatz.
Die Vorgeschichte des Doms St. Stephanus beginnt um 800, als bereits von einem karolingischen Dom die Rede ist. Wohl eine Erweiterung dieses Baus verbirgt sich hinter dem 859 geweihten Gotteshaus. Allerdings sollte ihm kein

langes Leben beschert sein, denn es stürzte 100 Jahre später, genauer im Jahre 965, wieder ein. Kurze Zeit später (992) erfolgte die Weihe des ottonischen Baus. Die Eroberungsschlacht 1179 durch Heinrich den Löwen hinterließ auch am Dom große Schäden. Die folgende Restaurierung brachte einige Veränderungen mit sich, und 1220 kam es erneut zur Weihe der zweichörigen Basilika. Sie wich schließlich ab dem 13. Jahrhundert allmählich dem prächtigen gotischen Bauwerk, geweiht 1491.

Die heute noch zu sehende kreuzförmige Basilika mit Chorumgang und Scheitelkapelle besitzt eine zweitürmige Westfassade, die im folgenden etwas näher betrachtet werden soll. Die etwa 250 Jahre währenden Bauarbeiten für die Entstehung des Halberstädter Doms begannen 1239. Westlich vor der ottonischen Anlage entstand der neue Westbau mit einer rechteckigen Eingangshalle und zwei quadratischen Seitentürmen. Zwei Bauabschnitte kennzeichnen das äußere Erscheinungsbild:Der Unterbau bis zum kräftigen Gesims gilt als Werk des "Übergangsstils", darüber das Turmpaar mit frei gestalteten rheinischen Giebeln und Fenstern wurde hingegen zwischen 1882 und 1896 erneuert. Selbst das mächtige Hauptportal und die große Fensterrose darüber können über die Geschlossenheit der romanischen sächsischen Doppelturmfassade, wie sie uns im unteren Teil begegnet, nicht hinwegtäuschen. Romanische und gotische Bauelemente ringen förmlich miteinander: Rund- und Spitzbogen stehen nebeneinander, alles schmückende Beiwerk (Lisenen, Ecksäulchen mit Schaftringen) formt sich im spätromanischen Stil. Rundbogenfriese begleiten das Hauptgesims, umziehen selbst die Fensterrose und lösen sich im Bogenfeld des Portals auf. Kleeblattbögen über kleinen Blendarkaden bemühen sich, die wuchtig und sparsam gegliederten Mauerflächen zu beleben. Und überall dort, wo das Konstruktive überwiegt, nämlich am Rosettenfenster und am dreistufigen Säulenportal, trumpft bereits mit großer Macht die Gotik mit ihren Spitzbögen auf.

Ursprünglich gab es auch eine dreischiffige Vorhalle, wie eine Reparaturrechnung von 1366 belegt und einige Reste an der Westfassade zeigen. So trugen früher die Säulenbündel am Portal und an den beiden großen Blendarkaden

Die schlanken Westtürme des Halberstädter Doms

Der romanische Westbau der Stephanikirche in Osterwieck

die Rippen des Gewölbes der Halle.
Mit der zweiten Bauetappe (nach Mitte des 13. Jahrhunderts bis 1317) begann der Abriß des ottonischen Doms und die Herrschaft der hohen Gotik in französischer Manier. Als erstes wich der Westbau den neuen drei westlichen Jochen des Langhauses unter weitestgehender Beibehaltung der ottonischen Maße, nur die Höhen wurden verändert. Dadurch erhielt der Raum seine steile, schluchtartige Wirkung. Mit der Vollendung des gotischen Neubaus zwischen 1401 und 1491 fielen schließlich die Mauern des letzten ottonischen Bauteils, des romanischen Langhauses.
An den spätromanischen Vorgängerbau erinnert in eindrucksvoller Weise die hölzerne Triumphkreuzgruppe (um 1220), die im gotischen Bau über dem Lettner Platz gefunden hat. Engel heben das monumentale Kreuz empor. Der Gekreuzigte zeigt sich ohne Dornenkrone und damit als der über den Tod Triumphierende. Zu beiden Seiten neben dem Kreuz stehen Maria bzw. Johannes und jeweils noch eine Engelsfigur mit dreifachem Flügelpaar. Drachen und König unter den Füßen von Maria und Johannes symbolisieren die Mächte der Finsternis.Die fünf Hauptfiguren zeugen von ausgewogener Komposition. Christus mit geneigtem Kopf bildet den Mittelpunkt. Der Tragbalken der Figurengruppe vereint die Büsten der Apostel (Vorderansicht), prophetische Gestalten (zum Hohen Chor) und die Frauen am Grabe (unterm Kreuz).
Ein gleichsam bedeutendes Ausstattungsstück ist der romanische Taufstein. Ihn stiftete 1195 der Bischof Gardolf. Vier ruhende Löwen tragen den in Form eines Kelches gestalteten Taufstein aus Rübeländer Marmor.
Von den im Dom aufbewahrten Grabmälern seien zwei genannt: der monumentale Kalksteinsarkophag mit Vortragekreuz in flachem Relief und Inschrift auf gewölbtem Deckel für Bischof Bernhard (gestorben 968) und das Kenotaph (lebensgroße Liegefigur und kleine Weihrauchengel) für Dompropst Semeca (gestorben 1245),
Der Dom zu Halberstadt besitzt eine der bedeutendsten sakralen Kunstsammlungen Deutschlands. Seit 1936 präsentiert sich der Schatz für jedermann. Kapitelsaal, Remter und Schatzkammer - ehemalige Klausurgebäude süd-

lich des Doms - bewahren die kostbaren Teppiche, liturgischen Gewänder, Kirchengeräte, Möbel, Altäre, Tafelbilder und Reliquiare. Ältestes Stück der Sammlung ist das Diptychon des römischen Konsuls Constantinus aus dem Jahre 416. Es wurde einst als Buchdeckel verwendet. Aus der reichen Sammlung sei hier nur noch auf die vergoldete byzantinische Weihbrotschale (11. Jahrhundert), den neun Meter langen Abrahamteppich (ca. 1160), den bemalten Stollenschrank sowie die Halberstädter Madonna (beides um 1230) hingewiesen.

Osterwieck

Stephanikirche

Hochromanisch erhebt sich in wehrhaft strenger Form die Doppelturmfassade der Osterwiecker Stephanikirche. Einzig der Westbau blieb vom romanischen Vorgänger erhalten. Schon 781 könnte es eine Pfarrkirche St. Stephani gegeben haben. Diesen Holzbau löste dann vermutlich 913 ein Steinbau ab. Die ältesten Teile der heutigen Kirche aber stammen bestenfalls aus der Gründungszeit des Augustinerklosters 1108 durch Bischof Reinhard von Halberstadt. Allerdings wurde dieses Kloster schon 1112 nach Hamersleben verlegt. Nach einem Brand 1511 entstanden Langhaus und Chor der Kirche vollkommen neu. Die Weihe der dreischiffigen Hallenkirche mit Kreuzrippengewölbe, Achteckpfeilern und reliefierten Arkadenbögen fand erst 1562 statt.
Der spätromanische Westbau mit seinen markanten Türmen stammt aus der Mitte des 12. Jahrhunderts und weist im Grundriß die Maße 16,20 m x 16,42 m auf. Das Mauerwerk des hohen Unterbaus wird durch halbrunde Dienste in regelmäßigen Abständen gestaltet. Zwei breite Lisenen, die bis zum Hauptgesims emporsteigen, betonen die Ecken. Die quadratischen Türme niedersächsischer Bauart sind unterschiedlich hoch (Nordturm 54, Südturm 53 Meter). Ihre Spitzhelme und die Turmbrücke erhielten sie im 19. Jahrhundert. Im jeweiligen obersten Turmgeschoß befinden sich je zwei gekuppelte Rundbogenfenster in alle vier Himmelsrichtungen. Die Glockenstube zwischen den

Türmen besitzt zwei rundbogige dreiteilige Klangarkaden, die von Säulchen mit Würfelkapitellen getragen werden. Das breite rundbogige Westportal mit dreifach abgetrepptem Gewände und den kräftigen Wülsten in den Archivolten entstand höchstwahrscheinlich erst während der Arbeiten für das spätgotische Hallenlanghaus.
Der Westbau beherbergt drei Räume mit Kreuzgratgewölbe. Der mittlere Raum stellt durch rundbogige Öffnungen die Verbindung zu den Turmhallen her. Die Wandpfeiler besitzen attische Basen mit Eckblättern und teils schachbrettgemusterte Wulstkämpfer. Anstelle von Kapitellen finden sich allerdings teilweise nur rohe Masken. Die Kanten der Pfeiler sind als halbrunde Säulchen gearbeitet.
Von der Ausstattung des romanischen Vorgängerbaus blieb der Stephanikirche lediglich ein Bronzetaufkessel aus dem 13. Jahrhundert erhalten. Der äußerlich mit drei horizontalen Ornamentbändern verzierte konische Kessel erhebt sich über vier hockenden Trägern. Die Öse am 40 cm hohen Taufbecken weist daraufhin, daß ein Deckel mit Verschluß ursprünglich das Weihwasser schützte.

Klosterkirche in Ilsenburg mit Südturm-Stumpf

Ilsenburg

Klosterkirche

Teil des romanischen Fußbodens in der Klosterkirche Ilsenburg

Etwa im Jahr 1003 begann Bischof Arnulf von Halberstadt das Benediktinerkloster einzurichten, das 1018 eine Weihe erhielt. Ungefähr 50 Jahre danach veranlaßte Bischof Burchard II. von Halberstadt eine Reform des Klosters. Dazu berief er seinen Neffen Herrand nach Ilsenburg, der die Reformgedanken (Besinnung auf die ursprünglichen Benediktinerregeln) aus dem Kloster Gorze bei Metz mitbrachte. Zudem besetzte der Bischof das Kloster mit Mönchen aus Cluny.

In diese Zeit fällt die Errichtung der heutigen Klosterkirche (1078 bis 1087), in deren Chor Bischof Burchard II. 1088 beigesetzt wurde. Bei einem Brand 1120 blieb die Kirche unversehrt, während das Feuer den völligen Neubau der Klostergebäude erforderlich machte, was ab 1138 geschah. Bis in die Mitte des 13. Jahrhunderts konnte sich das Kloster seine ökonomische und geistige Bedeutung - Herrand gilt als Begründer der Ilsenburger Klosterbibliothek nebst Schreibstuben - bewahren. Im 16. Jahrhundert verlor es seine Selbständigkeit und gelangte in den Besitz der Grafen Stolberg-Wernigerode, die es schließlich zu Beginn des 17. Jahrhunderts zu einem herrschaftlichen Wohnsitz umgestalten ließen. Von der einst dreischiffigen, flachgedeckten Basilika mit dreischiffigem Chor, Querhaus sowie sächsischer Westturmfront blieben nur wenige Reste erhalten, die kein eindeutiges Bild mehr von der einstigen Anlage geben können.

Klosterkirche Ilsenburg

Noch vor Hirsau entstand in Ilsenburg ein Reformbau, in dem Bauauffassungen aus Cluny auf eigene Art und Weise - etwas reduziert - umgesetzt wurden. Für Deutschland zu der Zeit einmalig war die Gestaltung des Ostabschlusses: ein Chor mit drei Schiffen, deren Apsiden ungleich in einer Flucht enden. Die Nebenchöre öffneten sich zum Hauptchor in zwei Arkaden auf mittleren achteckigen Pfeilern. Eine Krypta fehlte. Infolge des Bauernaufstandes 1525 ging die gesamte Nordseite der Kirche verloren, darunter auch das Chorseitenschiff und der Querhausarm. Dieser hinterließ Spuren an der jetzigen Nordwand der Vierung. Die einst von den Vierungspfeilern getragenen Bögen fehlen. Eine bemalte, barocke Holztonne schließt nicht nur den Chor, sondern auch die Vierung nach oben hin ab. Die ursprüngliche Höhe markieren zwei Kämpfer.

Den nördlichen Abschluß des Langhauses bildet nach Verlust des Seitenschiffes eine Wand, gestaltet mit einem gemalten Christophorus. Die südlichen Arkaden mit einfachem Stützenwechsel unterteilen dasHauptschiff in vier quadratische Doppeljoche. Die quadratischen Pfeiler in schlichter Ausführung zeigen an Basen und Kämpfern lediglich Platte und Schmiege. Die gemauerten Säulen haben Wulstbasen ohne Eckblätter und gedrückte Würfelkapitelle mit zart aufgelegten, unverzierten Schilden. Während einer Umbauphase um 1200 erhielten die Basen Stuckverkleidungen. Sie wurden erst 1932/33 freigelegt und bis auf die beiden westlichen entfernt. Ebenfalls um 1200 erhielt die Kirche ein Kreuzgratgewölbe, wodurch teilweise der Obergaden erneuert und mit paarig angeordneten Fenstern versehen wurde. Vermutlich in die gleiche Zeit gehört der Fußbodenestrich, von dem noch Reste im Westteil des Langhauses bestehen. Auch sie wurden erst 1932/33 unter ein Meter hohen Schuttmassen (vorwiegend das im 16. Jahrhundert herabgestürzte Gewölbe) entdeckt. Mittelalterliche Kunsthandwerksmeister furchten die Zeichnungen - Tiere und Fabelwesen - in den frisch gegossenen Estrich ein und gossen das ganze anschließend mit Farbpaste aus. In schwarz und rot erwächst so der Baum des Lebens mit Blättern, Blüten und Ranken. Derartiger Gipsestrich mit romanischen Reliefs bedeckte ursprünglich das gesamte Mittelschiff, einschließlich der

Flächen unter den Arkadenbögen. Bis heute erhalten blieb das sonderbare System von Abtreppungen, das den Fußboden vom Westabschluß des Langhauses bis zur Ostwand des Chores um 1,40 Meter erhöht.
In der Westwand des Langhauses befinden sich heute drei Zwillingsblendarkaden. Sie könnten von den Türmen des Westbaus stammen.
Vom Westbau, der in seinem Kern zur Kirche des 11. Jahrhunderts gehört, existieren lediglich der Stumpf des südlichen Turms und ein Teil des Turmzwischenbaus. Alles andere, also das gesamte Obergeschoß, große Teile des Zwischenbaus und des Nordturms sowie die Vorhalle wurde während des Bauernaufstandes zerstört. Zum Teil ergraben sind die Grundmauern derVorhalle. Durch sie gelangte man in den tonnengewölbten Turmzwischenbau und weiter ins Langhaus. Zu Beginn des 13. Jahrhunderts erhielt der Westbau ein großes sechsstufiges Säulenportal mit Tympanon, das den segnenden Christus, umgeben von Johannes dem Täufer und von Johannes dem Evangelisten, zeigt.
Von den Klostergebäuden an der Südseite der Kirche blieben die im 12. Jahrhundert erbauten Flügel im Osten und im Süden relativ gut erhalten. Neben der Kirche liegt die zweigeschossige Sakristei. Ihr folgen zwei niedrige dreischiffige Räume mit von Säulen getragenen Gratgewölben, dann der Ostdurchgang und schließlich ein dreijochiger quadratischer Eckraum. An die nach Osten vorspringende dreischiffige Marienkapelle erinnert lediglich noch das Fundament. Der Südflügel bewahrt das Refektorium, dessen zwölf Säulenschäfte teils gedreht und teils reichgemustert sind. Die attischen Basen besitzen Eckzehen, die Kapitelle Palmettenschmuck. Unter dem Südflügel befinden sich gewölbte Kellerräume. Die Wirtschaftsgebäude im Norden und Westen der Klausur wurden 1862 zum Teil zu einem historistischen Schloß ausgebaut.

Westbau der Klosterkirche in Drübeck mit der kleinen Westapsis

Drübeck

Klosterkirche

Das Alter des Benediktinerinnenklosters St. Viti (auch St. Veit) ist bei Fachleuten umstritten. Die Urkunde vom 26. Januar 877 gilt als Fälschung. Erste verläßliche Überlieferungen stammen aus dem 10. Jahrhundert, wo beispielsweise Otto III. 995 dem Kloster als königliches Stift eine ausgezeichnete Rechtsstellung bestätigt. Vermutlich erfolgte um 960 die Gründung. Dennoch hielt die Drübecker 1877 nichts davon ab, das 1000jährige Bestehen ihrer Klosterkirche zu feiern. Aus dem Jahre 1004 ist bekannt, daß König Heinrich II. die Privilegien des Klosters bekräftigte. Vermutlich kam es sogar um 1000 zu baulichen Veränderungen, sei es Erweiterung oder Neubau. Seit 1058 gehörte das Kloster zum Halberstädter Bistum. Zwischen 1108 und 1110 setzte Bischof Reinhard eine Reform durch, die Drübeck zum Vorzeigestück klösterlicher Disziplin werden ließ. Diese Entwicklung bedingte aufwendige Um- und Ausbauten der Klosterkirche, die sich wahrscheinlich über die Jahre 1135 bis 1200 erstreckten. Den schweren Verwüstungen, Plünderungen und Zerstörungen während des Bauernkrieges folgten 1599 ein Brand und der Abriß nicht mehr benötigter Bauteile der Kirche. Nach der Reformation diente die Anlage als Fräuleinstift bis sie schließlich in den Besitz der Grafen Stolberg-Wernigerode überging. Diese ließen die Hof- und Gartenanlagen herrichten und neue Wirtschafts- sowie Wohngebäude, einschließlich Amtshaus bauen. Die Kirche erhielt 1867 bis 1883 unter C. Frühling und C.W. Hase eine umfassende Restaurierung. Weitere erfolgten 1953 bis 1956 sowie 1992 mit dem Ziel, das Gerüst der romanischen Architektur samt ihrer dominanten Gliederungs- und Dekorationselementen herauszuschälen.

Zwei große Bauabschnitte vereint die ursprünglich dreischiffige und zweichörige Basilika: Entstehung der Ostteile und des Langhauses im 10./11. Jahrhundert und Errichtung des Westbaus im 12. Jahrhundert; erstere in Bruchstein, letzterer in fugendichter Quaderbauweise.

Das Langhaus zeigt sich äußerlich ohne Schmuck und Gliederung, innen flachgedeckt und mit dreifachem Stüt-

zenwechsel, betont durch hohe Überfangbögen. In Kontrast zu den gedrungenen blockartigen Pfeilern stehen die schlanken und stark verjüngten Säulen mit attischen Basen und korinthisierenden Kapitellen. Die westliche Säule der südlichen Seite bildet eine Ausnahme: Sie wurde im 12. Jahrhundert erneuert und besitzt ein fein gekerbtes Würfelkapitell. Wann die anderen fünf Kapitelle genau geschaffen wurden, läßt sich nicht mit Bestimmtheit sagen. Parallelen bestehen zur Kapitellplastik in Gernrode (spätes 10. Jahrhundert), zur Bartholomäuskapelle der Kaiserpfalz Paderborn (1017) sowie zu Helmstedt und Werden (Mitte 11. Jahrhundert). Bis ins 19. Jahrhundert blieben die Kapitelle unter prächtigen Stuckkapseln verborgen. Reste solcher Stuckmasken gibt es noch im ehemaligen Kreuzgang, in der nordwestlichen Eingangshalle und in der südlichen Seitenapsis. Im Westchor wurde ein Stuckkapitell mit der Gestalt des Auferstandenen angebracht.
Zeitgleich zum Langhaus erwuchsen Querhaus, Chor und Krypta. Vor allem durch den Brand 1599 verursacht, fehlen heute Querschiffarm und Seitenschiff an der Nordseite. Der Hauptchor erhielt damals (vielleicht auch schon um 1300) den geraden Abschluß mit den beiden spitzbogigen Fenstern. Über die einstige reichgestaltete Ostpartie der Kirche fehlen bisher genaue Erkenntnisse. Das Querhaus mit ausgeschiedener Vierung besaß an den Armen jeweils eine Apsis. Der Chor von drei Schiffen schloß ebenfalls in drei Apsiden. Die ergrabenen Teile der Nebenräume warfen neue Fragen auf. Ihrer Größe nach schienen sie jedenfalls eher unbedeutend gewesen zu sein, was auch die Tatsache bekräftigt, daß sie zwischen Haupt- und Nebenapsiden förmlich gequetscht worden sind.
Die ursprünglich weiträumige, fünfschiffige Krypta beschränkt sich jetzt auf zweieinhalb Joche, die Südseite ist verschüttet. Von den ehemals zwei Zugängen vom Querschiff aus, ist der nördliche jetzt wieder geöffnet. Das Kryptagewölbe ruht auf schlichten breiten Pfeilern zwischen Mittelteil und äußeren Schiffen. Auffallend ist die teils ungewöhnliche Ornamentik, beispielsweise ein Pferd mit Rankenschweif auf einem Würfelkapitell. Der kleine Grabstein (12. Jahrhundert) könnte einer Äbtissin des Klosters gedenken.

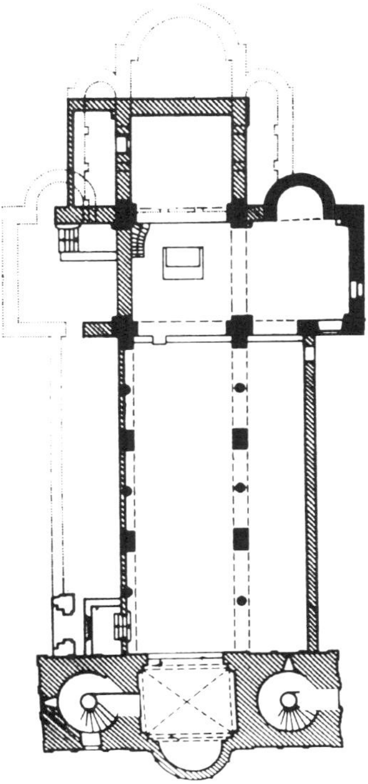

Grundriß der Drübecker Klosterkirche

Ihre zweite bedeutende Bauphase erlebte die Klosterkirche im 12. Jahrhundert. Im Ergebnis entstand eine aufwendig dekorierte Gewölbebasilika. Die Hochschiffwände erhielten direkt über den Pfeilern Vorlagen mit spätromanischem Dekor (Palmetten, Blatt- und Rankenwerk, Flechtbänder). Die Stelle des alten unbekannten Westabschlusses der Kirche nahm ein neuer hochromanischer Westbau ein, der bis heute seine Grundform bewahrt. Der Unterbau mutet durch seine sparsame Gliederung wie ein Sockel an. Die durch Rundstäbe gegliederte Westapsis tritt hervor. Über dem Geschoß erheben sich die beiden oktogonalen schlanken Türme und dazwischen das Glockenhaus. Schwache Lisenen grenzen optisch die Türme vom Glockenhaus ab. Die Betonung der Turmecken übernehmen jeweils drei Viertelkreisstäbe. Einige Zwillings- und Drillingsarkaden unterbrechen das auffallend geschlossene Mauerwerk. Das Innere des Westriegels öffnet sich zum Langhaus in einem steilen Rundbogen. Auch innen werden die Turmecken durch Runddienstbündel besonders markiert. Beide Türme besitzen ungewöhnlich breite Treppenspindeln. Die südlichen sind durch ein Sockelumlaufportal von außen erreichbar, während die nördlichen nur mit dem Inneren verbunden sind und direkt in den Westchor führen.

Unter den Ausstattungsstücken der Kirche befindet sich noch ein spätromanischer Taufstein aus Kalkstein. Er steht

im Querhausarm.
Das mittelalterliche Gewölbe ist verschwunden. Es stürzte um 1700 ein. Der Schutt blieb damals liegen und erhöhte den Fußboden. Eine hölzerne Tonnendecke wurde eingezogen. Zugleich erfolgte der Einbau von Emporen.
Während der jüngsten Restaurierung senkte man den Fußboden wieder auf Originalniveau, erneuerte die Flachdekke, mauerte die Zwischenarkaden neu auf und stellte in vereinfachter Form auch das südliche Seitenschiff wieder her.
In weiten Teilen erhalten blieb die Klostermauer. Dafür läßt sich der südlich der Kirche gelegene, einst zweischiffige Kreuzgang nur noch in seinen Grundzügen erkennen. Die Stelle des Fachwerkbaus südlich des Chores besetzte einstmals der Ostflügel mit Kapitelsaal und Dormitorium.

Blankenburg

Kloster Michaelstein

Das ehemalige Zisterzienserkloster Michaelstein gründete die Quedlinburger Äbtissin Beatrix II. Schon um 1139 begannen ihre Bemühungen, hier, auf ihrem Besitz, Mönche unter einer Kongregation zu vereinen und diese ihrem Stift zu unterstellen. Doch erst im Jahr 1147 bezeichnet sie sich selbst als Gründerin des Klosters, das zunächst benediktinischen Regeln gehorchte. Für das Jahr 1152 sind erstmals Aktivitäten der Zisterzienser bekannt.
Schon um 950 soll es eine beeindruckende Anlage gegeben haben, der sogenannte Volkmarskeller, eine Kalkstein-Felsgrotte etwa 3,5 Kilometer entfernt im Wald. Bereits in der Naturhöhle gab es eine dem Erzengel Michael geweihte Kirche. Ein derartiger Bau taucht in der Geschichtsschreibung noch bis 1413 auf. Nur Vermutungen bestehen über einen Zusammenhang beider Anlagen.
Das Kloster Michaelstein blieb zwar von den Stürmen des Bauernkrieges nicht verschont, aber die eigentliche Zerstörung wird Wilhelm von Haugwitz zugeschrieben, der in seinem Streit mit Herzog Georg von Sachsen 1533 die romanischen Gebäude und besonders die Klosterkirche verwüstete. 1544, dem Jahr der Säkularisierung, wurde

Freistehende Säule mit reich verziertem Kapitell im Kapitelsaal des Klosters Michaelstein

eine Klosterschule gegründet, die bis ins Jahr 1807 bestand. Nach dem Zweiten Weltkrieg richtete man die Klausurgebäude als Wohnungen und die gewölbten Räume als Stallungen und Lager ein. Erst mit dem Telemann-Kammerorchester begannen bessere Zeiten für die geschichtsträchtigen Räume. 1968 spielte das Orchester zum ersten mal im Refektorium zu einem Konzert auf. Mittlerweile dient die gesamte Anlage als Kultur- und Forschungsstätte, in der auch das Institut für Aufführungspraxis der Musik des 18. Jahrhunderts sowie ein Instrumentenmuseum beheimat sind.

Kloster Michaelstein Blankenburg

Die wahrscheinlich Mitte des 12. Jahrhunderts erbaute Klosterkirche ist heute nur noch Fragment. Es besteht aus Teilen des südlichen Seitenschiffs (nördlicher Abschluß der Klausur) und aus Teilen des südlichen Querhausarmes. In beiden befinden sich noch jeweils eine rundbogige Tür. Die des Schiffs führt in den nördlichen Kreuzgang und hat ein durch zwei Rundstäbe zwischen schmalen Kehlen gegliedertes Gewände. Das andere Portal mit geradem Gewände und doppeltem Bogen öffnet sich zur Sakristei. Östlich neben der Tür blieb eine Gurtbogen-Vorlage mit attischer Basis und mit Schachbrettkämpfer als einzige Bauplastik der Kirche erhalten. Diese war wohl eine flachgedeckte, dreischiffige Basilika mit Querschiff und Hauptchor, den wiederum jeweils zwei apsidial endende Nebenchöre flankierten.

Die Klausur im Erdgeschoß ist relativ gut erhalten. Im Ostflügel befindet sich der dreijochige Kapitelsaal mit Kreuzgratgewölbe. Es ruht auf zwei ornamentierten Sandsteinsäulen mit Resten der ursprünglichen blaugrünen bzw. gelben Bemalung. Die kräftigen attischen Basen der Stützen sind mit Eckhülsen versehen, die Kapitelle und Kämpfer mit Pflanzenornamenten (nördliches) bzw. Palmettendekor (südliches nach dem Vorbild von Königslutter). Die Ostwand besitzt drei romanische Fenster, deren oberer Abschluß erneuert wurde. In der Nordwand erinnern zwei aufgemalte Weihekreuze an die Zeit zwischen 1525 und 1720, als der Kapitelsaal als Kirche diente. Das Portal der Westwand wurde zwar im 16. Jahrhundert erneuert, aber ein gegitterter Holztürflügel aus dem frühen 13. Jahrhundert überlebte. Er befindet sich heute im Blankenburger Museum Kleines Schloß. An den Kapitelsaal schließt sich ein Raum von einem Joch an, der aufgrund seines Gewölbes durchaus Teil des Kapitelsaals gewesen sein könnte. Die jetzige Trennwand jedenfalls entstand erst um 1870. Nördlich von hier aus liegen ein schmaler tonnengewölbter Raum sowie die kreuzgratgewölbte Sakristei und südlich der Aufgang zum einstigen Dormitorium sowie ein weiterer kreuzgratgewölbter Raum mit Renaissanceportal zum Kreuzgang und neuzeitlichem Durchgang nach außen. Der Südflügel beherbergt das dreischiffige Refektorium, der größte erhaltene Raum des Klosters überhaupt. Er besteht aus fünf Jochen, ein sechstes wird von der Wand abgetrennt. Das Kreuzgratgewölbe stützt sich in der Mitte auf drei Säulen und zwei Pfeiler in einfachem Stützenwechsel und mit restaurierter Farbgestaltung. Alle Basen haben attische Profile, und die der Säulen außerdem noch Eckhülsen. Die Kapitelle, meist in Würfelform, tragen zum Teil Pflanzenornamente. Die anderen, etwas flacheren Würfelflächen stellen sich als schwarz, rot und gelb bemalte übereinanderliegende Scheiben dar. Die Türen des Refektoriums stammen aus dem 16., die Fenster aus dem 18. Jahrhundert. Heute dient der Raum als Konzerthalle. Der Westflügel ist ein Neubau von 1718 bis 1720. Hier befindet sich das Instrumentenmuseum. Der Kreuzgang blieb in seinem fast einheitlich frühgotischen Aussehen im wesentlichen gut erhalten. Im nördlichen Kreuzgang befindet sich ein monolithischer Sandsteinsarkophag von 2,30 Meter Länge. Dieses romanische Stück fanden Bauleute erst 1982, und zwar nördlich der sogenannten Abtskapelle.

Quedlinburg

Stiftskirche St. Servatii

Die große und weithin sichtbare Stiftskirche St. Servatii in Quedlinburg ist einer der bedeutendsten erhaltenen Bauten hochromanischer Architektur in Deutschland. Zwar kam es über die Jahrhunderte, nicht zuletzt auch bei Restaurationen, zu empfindlichen Einschnitten in den Stil, besonders in der Ausschmückung und Ausstattung, doch trotzdem vermittelt der Bau noch heute einen tiefen Eindruck vom monumentalen Ernst romanischer deutscher Kirchen dieser Zeit.

Bereits um 850 stand auf dem Burgberg eine kleine Kapelle, die sogenannte Heinrichskirche. Heinrich I. ließ während seiner Regierungszeit die Anlage auf dem Burgberg zur bedeutendsten Pfalz des Reiches ausbauen. Er, der erste König des Heiligen römischen Reiches deutscher Nation, weilte besonders gern hier und wünschte sich daher, in der kleinen Kapelle begraben zu sein. Noch in seinem Todesjahr 936 erfüllte man ihm diesen Wunsch.

Stiftskirche Quedlinburg von Südosten

Stiftskirche Quedlinburg

Nach Heinrichs Tod diente der Burgberg zwar weiter als Kaiserpfalz, gleichzeitig aber richtete Königinwitwe Mathilde auf dem Burgberg ein Frauenstift für die Töchter des Hochadels ein. Die Kanoniker räumten das Feld und zogen an den Fuß des Berges auf das Gelände des Königshofes (Wiperti). Der Sohn des Königspaares Otto I. stattete das Stift reich aus und stellte es unter kaiserlichen Schutz. Ottos Tochter Mathilde stand seit 966 dem Stift als erste Äbtissin vor.

Nach bisherigen Erkenntnissen besitzt der heutige Kirchenbau drei Vorgänger: um 850 die Heinrichskapelle, nach 936 die erste Damenstiftskirche und die 1021 geweihte Basilika. Die kleine dreischiffige Pfalzkapelle zu Zeiten Heinrichs I. bot dem König vor ihrem Hauptaltar die letzte Ruhestätte. Königinwitwe Mathilde benötigte für ihr Stift einen wesentlich größeren Kirchenbau. Vermutlich genügte es nicht, die erste Kapelle nach Westen zu verlängern, denn der neue Saal hatte wohl die Größe des dreischiffigen Mittelraumes der heutigen Krypta. Von dieser Kirche stammt die Confessio im Ostteil gleich hinter der Grabstätte des Königs. Der hufeisenförmige Raum wurde spätestens 968, dem Todesjahr der Königin Mathilde, in den Sandsteinfelsen eingetieft. Die Arbeiten für den dritten Kirchenbau begannen unter der Äbtissin Mathilde (968-999). Es entstand eine kreuzförmige Basilika mit dreischiffigem Langhaus und der eingebauten Wegekapelle St. Nicolai in vinculis. Allerdings erlebte Mathilde die Weihe des Gotteshauses 1021 nicht mehr. Ihre Grabstätte wurde bei den Gräbern ihrer Großeltern vor dem Hauptaltar der Vorgängerkirche eingerichtet. Äbtissin Adelheid (999-1045) führte das Werk Mathildes weiter und ließ in die alte Stiftskirche (in voller Länge) eine Krypta einbringen. Von ihr künden in der jetzigen Krypta die zwei westlichen tonnengewölbten Joche samt Pfeiler und Säulen mit Pilzkapitellen. Über dem Raum erhob sich der Hohe Chor mit dem Hauptaltar. Vermutlich wurde schon um 1021 die Confessio zugeschüttet. Kaum 50 Jahre später fiel der Kirchenbau einem Großbrand zum Opfer. Wohl unmittelbar danach begannen die Arbeiten für den nunmehr vierten sakralen Bau auf bestehenden Grundmauern. Seine Weihe erhielt er zwar erst 1129, aber

Stiftskirche Quedlinburg

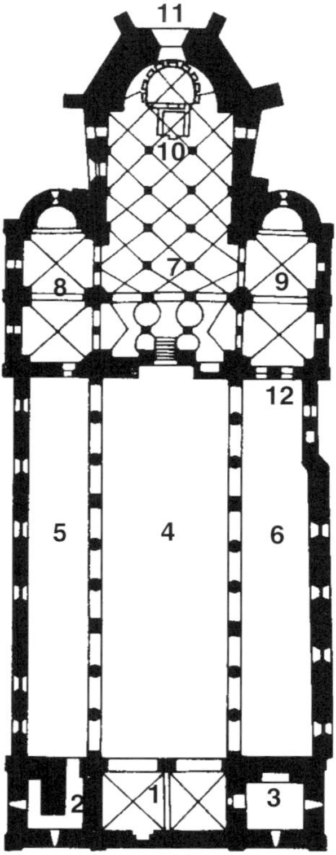

Grundriß der Stiftskirche St. Servatii

1) Westbau mit Nonnenempore
2) Nordturm
3) Südturm
4) Langhaus
5) nördliches Seitenschiff
6) südliches Seitenschiff
7) ausgeschiedene Vierung
8) nördlicher Querhausarm mit romanischer Apsis, Zitter
9) südlicher Querhausarm mit romanischer Apsis
10) Chor, darunter romanische Krypta mit Confessio und den Königsgräbern von Heinrich I. und Gemahlin Mathilde
11) gotisches Chorhaupt
12) unterirdische Kapelle St. Nikolai in vinculis

fertig war er eventuell schon zum Ende des 11. Jahrhunderts. In seinen wesentlichen Formen blieb dieses Bauwerk bis heute erhalten.

St. Servatius ist eine kreuzförmige, flachgedeckte Basilika mit einem Querhaus, das nur wenig über das Langhaus hinausragt. Unter Querhaus und Chor erstreckt sich die Krypta mit den Königsgräbern. Seit 1170 befindet sich im nördlichen Querhaus der Zitter (Schatzkammer). Das Kreuzgratgewölbe des neunjochigen Raumes tragen vier Säulen. Den westlichen Abschluß der Kirche bildet eine Zweiturmanlage. Die Außenwände sind klar gegliedert und mit Ecklisenen sowie einem zweischichtigen Rundbogenfries tierischer und pflanzlicher Motive verziert. Nur kleine Fenster- und Türöffnungen unterbrechen das Mauerwerk. Das Hauptportal in der Nordwand des Lang-

hauses ist möglicherweise das älteste deutsche Säulenportal überhaupt.
Am prägnantesten veränderte der gotische Chor von 1320 das romanische Bauwerk. Im Inneren versuchte man in den 30er Jahren des 20. Jahrhunderts den romanischen Charakter durch Vermauerung der Apsis wiederherzustellen. Durch die neue geschlossene Wand verloren die hohen spitzbogigen Fenster des Chores ihre eigentliche Funktion.
Am häufigsten verwandelten sich die Türme. Bis zur Mitte des 19. Jahrhunderts trugen sie Helme mit Barockhauben. Unter Quast entstand 1863 bis 1882 ein Turmpaar mit hohen und steilen Helmen. Seit 1947 besteht nach der starken Zerstörung zwei Jahre zuvor die verkürzte Fassung der Türme mit den niedrigen Zeltdächern. Nicht mehr original sind die Südwand des südlichen Querschiffs (neu 1571) und die Südwand des Langhauses (neu 1708).
Die romanische Krypta liegt kaum tiefer als das Langhaus. Die dreischiffige Anlage schließt im Osten in einer Apsis. Das Mittelschiff teilt sich von den Seitenschiffen in jeweils zwei Doppelarkaden ab. Bis auf die bereits erwähnten Westjoche überspannen den Raum Kreuzgratgewölbe. Die Ornamente der Stützen darunter ähneln denen der Stützen im Langhaus, nur zeigen sie sich in der Krypta plastischer. An der Südseite taucht einmalig das Adlerkapitell auf, das wiederum im Langhaus mehrmals zu finden ist. Die Kreuzgratgewölbe bewahren großflächige Reste einer Ausmalung in Fresko-Technik mit biblischen Szenen. Die Malereien stammen vermutlich aus der Zeit um 1200 und wurden wohl schon 1320 während des Chorumbaus stark beschädigt. Völlig übertüncht hat man die Fresken dann 1539 im Zuge der Reformation. Zu Beginn des 20. Jahrhunderts legten Fachleute die erhaltenen Reste wieder frei. Von den vielen Einzelfiguren läßt sich nur Kaiser Otto I. durch eine Inschrift eindeutig bestimmen. Die Grabsteine an der Südwand der Krypta erinnern an die ersten Äbtissinnen. Wertvolle romanische Skulpturen aus Stuck sind zweifelsohne die Grabplatten von Adelheid I., Beatrix I. und Adelheid II., die zwischen 999 und 1095 dem Stift vorstanden. Ohne individuelle Gesichtszüge sind die lebensgroßen Figuren reliefartig gestaltet.

Langhaus mit Blick zur Nonnenempore

Im Ostteil der Krypta befindet sich die Confessio. Der ursprünglich kuppelgewölbte Raum ist heute nach oben offen. 1869 wurde er freigelegt. Zahlreiche Nischen gliedern die Wandung. Dabei gesellen sich zu den größeren Mittelsäulen jeweils zwei kleinere mit überaus reichem Dekor. Sie tragen die blattwerkgeschmückten Segmentbögen der Nischen. Vor der Confessio sieht man durch zwei in den Fußboden eingelassene Gitter in die Gruft Heinrichs I. Südlich daneben steht der Steinsarg der Königin. Der monumentale Sarg entstand aus zwei Muschelkalkblöcken. Der gewölbte Deckel trägt ein eingemeißeltes Kreuz und eine Inschrift. Während unter der schweren Grabplatte der Königin auch noch verbürgt deren Gebeine liegen, sind die sterblichen Überreste Heinrichs seit langem verschollen. Von dem Steinsarg existieren nur noch Fragmente.

Unter dem Ostteil des südlichen Seitenschiffs mündet die Treppe des ursprünglichen Burgaufgangs direkt in die unterirdische Kapelle St. Nikolai in vinculis. Der kleine tonnengewölbte rechteckige Raum stand vermutlich anfangs frei auf dem Berg. Die Kapelle besitzt eine Apsis mit dreifacher seitlicher Rundbogenöffnung. Die Säulen enden mit Stuckkapitellen und weitausladenden Kämpfern.

Das Langhaus von St. Servatius ist in neun Arkaden mit niedersächsischem Stützenwechsel (Pfeiler-Säule-Säule-Pfeiler) gegliedert. Die Pfeiler befinden sich jeweils an den Ecken der drei Mittelschiffsquadrate, denen wiederum je zwei Obergadenfenster zugeordnet sind. Die Säulen erheben sich über attischen Basen und tragen Würfelkapitelle mit Reliefs. Vorrangig verwendet wurde bei den Tiergestalten das Adlermotiv. Außerdem finden sich Rosetten, Blattwerk und Palmetten, ebenso wie menschliche Masken, Fabelwesen und Dämonen. Die reichgeschmückte Westwand öffnet sich unten in zwei Rundbögen zum zweijochigen, kreuzgewölbten Vorraum und oben in zwei Doppelarkaden zur ehemaligen Äbtissinnenloge. Zum Hohen Chor und ins Querhaus führen breite Steintreppen, zwischen denen der Zugang zum Hauptschiff der Krypta liegt. Vermutlich waren ursprünglich die Wände des Langhauses teilweise mit biblischen Szenen bemalt. Jedenfalls deuten darauf Spuren über dem nördlichen Kryptenzugang.

Die Nebenapsiden des Querhauses mit ausgeschiedener Vierung sind reichverziert mit Relieffriesen. In der südlichen Nebenapsis finden sich Ranken mit Tiermedaillons.

Die Schatzkammer von St. Servatius bewahrt den berühmten Quedlinburger Domschatz. Nach dem Zweiten Weltkrieg fehlten allerdings wertvolle Einzelstükke. Der amerikanische Offizier John T. Maedor entwendete sie im April 1945 während der Besetzung der Altenburg-Höhlen bei Quedlinburg durch seine Truppe. In den Höhlen waren zahlreiche

Krypta von St. Servatii

Kunstschätze der Stadt für die Zeit der Kriegswirren untergebracht worden. Erst 1991 wurde die Aktion des amerikanischen Offiziers in Deutschland bekannt, worauf sofort Verhandlungen zur Rückführung des kostbaren Kulturguts begannen. Seit Herbst 1993 kann der fast vollständige Schatz wieder besichtigt werden. Zu den Kostbarkeiten gehören u.a. das Servatiusreliquiar der Äbtissin Agnes (gest. zwischen 1201 und 1204), das ein Kästchen mit Elfenbeinreliefs (Apostel zwischen Pfeilern und Säulen) und mit einer Silberätzung auf der Bodenplatte (eine Christusdarstellung und Brustbilder von Heiligen) verkörpert, das Katharinenreliquiar mit getriebenen Silberreliefs (um 1230), das Adelheidevangeliar mit byzantinischem Elfenbeinrelief (vier Szenen aus dem Leben Christi) aus dem 10. Jahrhundert sowie ein Filigran aus dem 12. Jahrhundert, der Servatiusstab - auch Äbtissinnenstab genannt - mit Goldblech, Goldfiligran und Resten von Purpurseide (um 1000), eine syrische Amphora aus bunt geädertem Alabaster (vermutlich schon 6. Jahrhundert), ein Reliquienschrein Heinrichs I., ein mit Gold, Silber und Elfenbein geschmücktes Holzkästchen (9. oder 10. Jahrhundert), ein Prunkkamm sowie ein Flakon aus Bergkristall in Silber gefaßt (Byzanz/10.Jahrhundert). Ebenfalls bedeutsam und kostbar sind die Reste eines riesigen Knüpfteppichs, der ursprünglich 7,50 x 6,00 Meter maß und vermutlich im Stift selbst auf Geheiß der Äbtissin Agnes gefertigt wurde. Das Werk stammt aus der Zeit um 1200 und ist somit der älteste bekannte Bildteppich europäischer Knüpftechnik.

Wipertikrypta

Eine Besonderheit der Wipertikrypta ist, daß man sie lange Zeit viel älter schätzte, als sie höchstwahrscheinlich wirklich ist. Viele Wissenschaftler datierten den Bau der Krypta mindestens ins 10. oder sogar ins 9. Jahrhundert. Heute setzt sich die Expertenmeinung durch, daß der Bau erst um 1020 entstand. Leiten ließen sich die meisten Fachleute von der tatsächlich für das 11. Jahrhundert eigentlich viel zu plumpen Bauweise, die geradezu unbeholfen wirkt. Man erklärt dies heute mit einem akuten Mangel an Baufachleuten - Maurer, Steinmetzen und Maler - die

vermutlich alle auf der bedeutenderen Baustelle der benachbarten Stiftskirche arbeiteten, so daß sich die Chorherren am Königshof mit unqualifizierten Kräften begnügen mußten.
Die Krypta wurde in die vorhandene kreuzförmige Basilika St. Wiperti zu Füßen des Burgbergs eingebaut. Die Umwandlung des Stifts in ein Prämonstratenserkloster 1148 zog den Neubau der Kirche nach sich. Sie behielt jedoch die Krypta und den Chor der Vorgängerin. Umbau- und Erweiterungsarbeiten veränderten Mitte des 13. Jahrhunderts die Anlage. Die ab Mitte des 16. Jahrhunderts der evangelischen Pfarrgemeinde dienende Kirche wurde allerdings ab 1812 nur noch als Scheune genutzt, bis schließlich 1955/56 eine Instandsetzung des Gebäudes erfolgte. Die unter dem Chor liegende romanische Krypta ist mit acht Meter Länge und sechs Meter Breite eher klein. Sie entstand unter Verwendung alter Grabsteine, die teilweise Ritzzeichnungen aufweisen. Die schmalen Seitenschiffe legen sich wie ein Umgang um das Mittelschiff. Zwischen den Schiffen wechseln schmucklose Säulen und Pfeiler mit attischen Basen und Pilzkapitellen. Das Mittelschiff schließt gen Osten in einer Apsis. Auf ihrem niedrigen Mauersockel erheben sich vier Säulen mit Kelchblockkapitellen und attischen Basen, während die Mitte ein Pfeiler mit ionisierendem Kapitell und vielgliedrigem Basisprofil bildet. Auf einem sich aus Einzelstücken zusammensetzenden Architrav ruhen die Tonnengewölbe der Krypta. In den Längswänden sind je zwei größere, in der Apsiswand sieben kleinere Rundbogennischen angeordnet.
Das Sanktuarium über der Krypta bewahrt bis in Höhe des heutigen Chorfußbodens Wände und Chorvorlagen aus dem 10. Jahrhundert. Etwas mehr blieb aus dem 11. Jahrhundert übrig, so Teile der Nord- und der Südwand in voller und der Ostwand in einem Meter Höhe. Vom einstigen Kreuzgang, der sich nach Norden und Osten erstreckte, künden nur noch Reste östlich der Kirche.
Das Langhaus entstammt hauptsächlich dem Neubau nach 1148. Auf gedrungenen Pfeilern bilden sich jeweils sechs Rundbogenarkaden aus, abgesehen von der barocken breiteren an der Nordseite. Im 13. Jahrhundert wurde das Mittelschiff nach Westen verlängert. Die Seitenschiffe

Blick in das tonnengewölbte Langhaus der dreischiffigen Umgangskrypta der Wipertikirche

entstanden im gotischen Stil neu. An die Nordseite des Langhauses schließt sich noch ein Chornebenraum aus dem 12. Jahrhundert an, während die Südwand ein romanisches Portal bewahrt. Es befindet sich allerdings erst seit 1956 hier und gehörte ursprünglich in die ehemalige Klosterkirche St. Maria auf dem Quedlinburger Münzenberg. Das zweistufige Rundbogenportal besitzt schwere Archivolten, die mit blattgeschmückten Schiffskehlen enden. Das Tympanon zeigt die thronende Maria mit Kind und seitlich je eine weibliche Person. Reich an Dekor präsentieren sich zudem die Kelchblockkapitelle der tragenden Säulen.

Zur Ausstattung der Wipertikirche gehören eine Sandsteintaufe (um 1300), ein Schnitzaltar (1485) und eine Pietà (um 1400).

Gernrode

Stiftskirche St. Cyriakus

Markgraf Gero gründete 961 auf dem Gelände seiner nach ihm benannten Burg Geronisroth (Gernrode) ein freies weltliches Damenstift, das 963 nach dem Namen des hl. Cyriakus benannt wurde. Schon wenige Jahre später erhielt es die Reichsunmittelbarkeit und zählte neben Quedlinburg und Gandersheim zu den vornehmsten Stiften im Reich. 965 wurde Gero in der noch im Bau befindlichen

Westbau mit großer Apsis an der Stiftskirche Gernrode

Klosterkirche (Querhaus) beigesetzt. In der Mitte des 12. Jahrhunderts wurde der Kirchenbau verändert und erweitert. Im Jahre 1521 wandelte man das Kloster schließlich in ein freiweltliches evangelisches Damenstift um und nutzte fortan die Kirche als Pfarrkirche des Ortes Gernrode.

Die Stiftskirche im kleinen Harzort Gernrode zählt zu den bedeutendsten erhaltenen Zeugen ottonischer Architektur und ist in ihrem äußeren Gesamterscheinungsbild vergleichsweise sehr gut erhalten. Dieser Umstand ist jedoch nicht dem Zufall, sondern der Tatsache geschuldet, daß man hier in der zweiten Hälfte des 19. Jahrhunderts zum ersten Mal in Deutschland in aufwendiger Weise versucht hat, einen wertvollen sakralen Bau unter den strengen Gesichtspunkten der Denkmalpflege zu restaurieren und zu rekonstruieren. Unter Leitung von Ferdinand von Quast wurde so während der Bauzeit von 1858 bis 1872 aus dem verwahrlosten und zum Kartoffellager und Stall vergewaltigten Sakralbau wieder ein ehrwürdiges Gotteshaus, dem sein ottonischer Ursprung weiterhin anzusehen ist.

Die Arbeiten am Gründungsbau begannen wahrscheinlich schon 959 und waren wohl zur Jahrhundertwende bereits abgeschlossen. Auffallend ist die besonders starke Achsverschiebung, die eine enorme Unregelmäßigkeit im Grundriß der dreischiffigen und kreuzförmigen Basilika bewirkt. Woraus diese Verschiebungen resultieren, läßt sich nicht mit Sicherheit sagen, vielleicht lag es am Gelände, am unqualifizierten Arbeiten oder an der Unkenntnis vom gebundenen System.

Zunächst entstanden die Ostteile mit dem stark angehobenen Chor, der darunterliegenden Krypta und dem Querschiff, das bei Geros Beisetzung vermutlich schon ein Dach besaß.

Die Krypta gilt als eine der ältesten original bestehenden Hallenkrypten. Die niedrige Decke des tonnengewölbten Raumes ruht auf vier Freipfeilern, von denen die zwei östlichen schlanker und feiner profiliert sind. Basen und Kämpfer besitzen flache Kehlen und zarte Plättchen. Am Scheitel der Apsis befindet sich eine tiefe rechteckige Altarnische mit einem Fenster in der Mitte. Die Fensternischen der Krypta liegen auffallend tief. Über der Pfeiler-

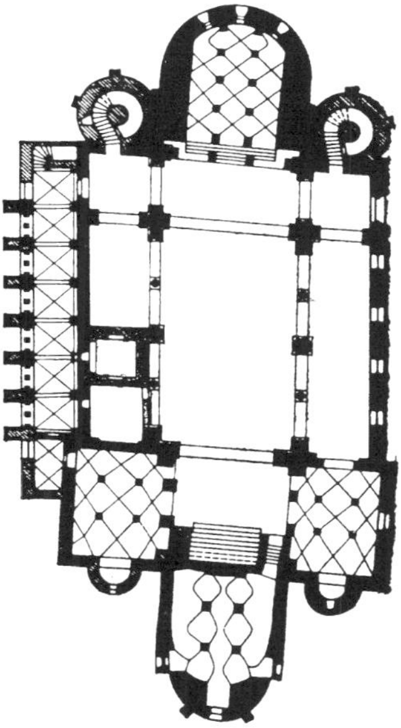

Grundriß Stiftskirche Gernrode

krypta erhebt sich der Ostchor. Er ist schmaler als das Schiff. Seine hohe Apsis trägt Malereien. Reste aus dem 13. Jahrhundert - der thronende Christus mit dem Buch des Lebens in der Hand - wurden erst während der Restaurierung unter Quast freigelegt. Die Fresken darunter zu diesem späteren Zeitpunkt frei ergänzt. Die obere Reihe zeigt die Heiligen der Kirche, die untere die Stifterfamilie. Ebenfalls im 19. Jahrhundert entstand die breite Treppe von neun Stufen zum Hauptaltar. Vorher gab es höchstwahrscheinlich zwei schmale Aufgänge an den Seiten.

Erst seit der Mitte des 12. Jahrhunderts bestehen die Querhausemporen, getragen von je vier Säulen mit kämpferlosen Würfelkapitellen. Durch diesen Einbau verloren die Langhausemporen ihre Bedeutung. Sie wurden kurzerhand vermauert, und erst Quast entdeckte sie wieder. Durch diese Emporen nach byzantinischem Vorbild, gepaart mit dem Wechsel von Pfeiler und Säule geht die Gernröder Stiftskirche als "ältestes Beispiel einer Emporenbasilika mit einfachem Stüzenwechsel" in die Geschichte ein. Die Stützen sind so verteilt, daß ein Pfeiler jeweils die Mitte des Raumes bezeichnet. Höher als die massiven Pfeiler ragen die Säulen. Diese erheben sich auf eckblattlosen Basen und tragen korinthisierende Kapitelle. Drei der Kapitelle schmücken sich mit dicken und ungezackten Akanthusblättern, während das südwestliche Masken abbildet. Über den einfachen Kämpferplatten dann erzeugen die Aussparungen in Dreiecksform den Eindruck, als könnten sie die Last der Arkadenbögen abgefangen. Die Emporen gliedern sich in zweimal je sechs

Arkaden, von denen stets zwei mittels Blendbogen vereint sind. Der Obergaden besitzt sieben Fenster ohne Bezug zur Gliederung des darunterliegenden Bereichs. Der byzantinische Einfluß, der in den Langhausarkaden sichtbar wird, könnte u.a. von Kaiserin Theophanu, Gemahlin Kaiser Ottos II., stammen, die mehrere Jahre im benachbarten Quedlinburg lebte.
Der heutige Westbau erhielt seine Gestalt hauptsächlich in der Mitte des 12. Jahrhunderts. Zuvor stand vermutlich zwischen den beiden runden Treppentürmen noch ein größerer viereckiger Mittelbau mit Empore und Glockengeschoß. Den ersetzte dann um 1130 das hohe Glockenhaus mit Quersatteldach und drei Doppelfenstern. Komplett neu entstand gleichzeitig die Apsis darunter. Auch die Rundtürme blieben nicht unverändert. Sie wurden jeweils um zwei Stockwerke erhöht und mit einem spitzen Dachkegel geschlossen. Die Schallöffnungen sind als Zwillingsarkaden mit ungewöhnlichen Kapitellen gestaltet. Die Pfeilervorlagen und Lisenen nehmen den Türmen ihre Trutzigkeit. Der südliche besitzt zudem einen Rundbogenfries, der nördliche einen Fries von Sparrenwerk. Beide Türme mußten allerdings 1907 bis 1910 neu errichtet

Teil des Kreuzgangs am südlichen Seitenschiff in Gernrode

werden. Die romanische Westkrypta, erstmals 1149 erwähnt, besteht aus drei Schiffen. Ihr Kreuzgratgewölbe ist voll ausgebildet. Acht hohe Säulen mit teilweise erneuerten Würfelkapitellen (zwei davon Trapezkapitelle mit Kämpfern) tragen es. Drei Rundbogenfenster in der westlichen Außenwand erhellen den Raum. Über der Krypta erhebt sich der Westchor mit Apsis. Quast veranlaßte die Ausmalung der Apsis analog den Malereien im Osten.
Das Heilige Grab wurde nachträglich zwischen den beiden östlichen Jochen des südlichen Seitenschiffs eingebaut. Es ist die für Deutschland älteste erhaltene Nachbildung des Grabes Christi in Jerusalem. Allerdings fehlt bis heute eine exakte Datierung; die Entstehung könnte schon in die Jahre 1060 bis 1080 fallen, spätestens aber um 1130. Restaurierungen erfolgten 1926 - 1929 sowie 1954. Das Heilige Grab besteht aus einer Vor- und einer Hauptkammer, mittels niedriger Türöffnung miteinander verbunden. Der ursprüngliche Zugang vom Querhaus in die Grabkapelle existiert nicht mehr, dafür gelangt man heute vom Mittelschiff aus in die Vorkammer. Zahlreiche Stuckreliefs von hoher Qualität formen sich zu biblischen Szenen, die sich allesamt auf die Auferstehung beziehen. Die frühromanischen Kunstwerke sind zum Teil sehr beschädigt. Die Westwand des Grabes wartet mit reicher Symbolik auf: Einem Fries gleich umrahmen Tiere, Ranken, Früchte und Blätter ein Mittelfeld mit drei Nischen. Die beiden seitlichen füllen jeweils eine Säule aus, während in der Mitte eine Frau, vielleicht Maria, steht. Die Nordwand teilt sich in neun Felder. In zwei von ihnen stellt sich das zentrale Thema - Christus begegnet Maria Magdalena - dar. Über beiden wacht die Halbfigur des Salvator, dessen Kopf zerstört ist. Der Innenraum, ursprünglich achtseitig eingewölbt, hütet die überlebensgroße Stuckfigur von Christus mit vollplastisch hervorragendem Kopf. Auf dem Sockel des Sarges steht die Gruppe der drei Marien mit Salbgefäßen.
Zur Ausstattung der Kirche gehört jetzt auch der Taufstein von Alsleben (Saale). Den Stein gliedern acht Rundbogennischen, in denen das Leben Christi dargestellt ist. Noch heute finden hier mit einer eingehängten Schale Taufen statt.

Vom einstigen Kreuzgang aus der Zeit um 1170 blieb nur der doppelgeschossige Teil an der Südseite der Kirche erhalten.
Der Gang von sieben Jochen öffnet sich in fünf Rundbogenfenstern. Ornamente, Blätter und Tiermotive dekorieren die Säulen. Über der Sakristeitür befinden sich bemerkenswerte "Sonnenzeichen".

Ballenstedt

Klosterkirche mit Grab Albrechts des Bären

Dort, wo sich heute das barocke Schloß in Ballenstedt erhebt, stand im 11. Jahrhundert ein Kollegiatstift. Graf Esiko von Ballenstedt, Mitglied des als Askanier in die Geschichte eingegangenen Geschlechts, gründete das Stift um 1043. Zum Ende des 12. Jahrhunderts wurde die Stiftskirche zu einem Benediktinerkloster erweitert und umgewandelt. Zu ihm gehörte der Neubau der Klosterkirche St. Pankratius und Abundus, eine vermutlich dreischiffige, kreuzförmige Säulenbasilika. Die 500 Jahre währende Geschichte des Klosters endete schließlich mit Plünderung und Zerstörung im Jahre 1525. Auf der Ruine erwuchs in der ersten Hälfte des 18. Jahrhunderts für die Fürsten von Anhalt-Bernburg das dreiflüglig angelegte Barockschloß. Seine Mauern und Gewölbe bewahren bis heute wenige Reste aus romanischen Tagen. Dazu gehören in erster Linie das Überbleibsel des romanischen Westbaus und Teile der Krypta im Nordflügel des Schlosses. Im Westflügel sind zudem noch Reste der romanischen Klausur (Refektorium) auffindbar.
Der querrechteckige Westbau von ungegliedertem Mauerwerk präsentierte sich ursprünglich mit einer mächtigen Zweiturmfront. Allerdings mußten die oberen Teile der Türme 1609 für schlichte Zwerchhäuser den Platz räumen. Im Erdgeschoß flankieren die quadratischen Türme einen größeren, ebenfalls quadratischen Kapellenraum mit Kreuzgratgewölbe. Er veränderte mehrfach sein Aussehen. Ursprünglich ragte sein östlicher Teil bis ins Mittelschiff der Kirche hinein und war in zwei Arkaden nach Osten und je

einer nach Süden und Norden geöffnet. Bis auf die südliche zeigen sich heute alle anderen Öffnungen nur noch in der Vermauerung.
Zwischen den Arkaden in der Ostwand blieb noch eine flache Altarnische erkennbar. Die Kämpfer der rundbogigen Durchgänge weisen noch teilweise derb plastisch ausgebildete Palmettenranken und Eckköpfe auf. Über dem Kapellenraum befand sich früher eine gleichgroße kreuzgratgewölbte Empore. Ihr großes Rundfenster in der Westwand ist inzwischen vermauert.
An die ehemals fünfschiffige Krypta mit drei Apsiden erinnern heute nur noch die Mittelapsis, Teile der nördlichen Schiffe sowie die Westwand. Alle anderen Bauteile wurden 1748 abgebrochen bzw. für die neue Schloßkirche verbaut. Säulen gliederten das mittlere Schiff in drei Teile, während Bündelpfeiler die Abgrenzung zu den Seitenschiffen übernahmen. Das Kreuzgratgewölbe stützte sich auf Gurten und Schildbögen. Das Säulenpaar vor der Mittelapsis und die Kantensäulchen des nordwestlichen Bündelpfeilers tragen noch ihre Würfelkapitelle. Zwei weitere erhalten gebliebene Kapitelle zeichnen sich durch reichen Palmettendekor aus.
Der Zerstörung des romanischen Langhauses entkamen lediglich zwei Fragmente: ein großes Würfelkapitell mit einfachem Schilddekor und ein dazugehöriger prächtiger Kämpfer mit Palmettenschmuck.
Vermutlich auch aus der Zeit um 1200 stammen mehrere tiefliegende ehemalige Klausurräume westlich der Kirche. Zu ihnen zählt der zweischiffige Raum von zwei Jochen, dessen Kreuzgratgewölbe auf Mittel- und Wandpfeilern ruhen. Allerdings übernimmt an einer Stelle der Ostseite eine eingearbeitete Nische mit profilierter Rahmung und Kalotte (Kuppelart) die Funk-tion des Wandpfeilers. Die Ostwand besitzt ein hochsitzendes Biforium und eine Tür, die ursprünglich in den einstigen Kreuzgang führte.
Die 1938 als Weihestätte gestaltete Nikolai-Kapelle des Schlosses beherbergt das Grab Albrecht des Bären und seiner Gemahlin Sophie. Albrecht der Bär (1100-1170), Sohn des Grafen Otto von Ballenstedt, gilt als Begründer des Hauses Askanien oder Anhalt und war der erste Mark-

graf von Brandenburg und der Ostmark (Lausitz). Ihm verdanken außerdem viele deutsche Städte ihre Gründung. Albrecht starb 1170 und wurde auf seiner Burg Ballenstedt beigesetzt, wo er noch heute ruhen soll.

Pansfelde
Burg Falkenstein

Die Burg Falkenstein liegt etwa acht Kilometer von Ballenstedt entfernt zwischen Meisdorf und Pansfelde. Auf dieser Straße kommt rechter Hand, schnell übersehbar ein Parkplatzhinweis. Hier beginnt ein längerer Fußmarsch. Schilder weisen die Richtung: erst ein Stück auf befestigter Straße und dann ziemlich steil bergan auf einem Waldweg. Von Meisdorf aus kann man auch mit der Pferdekutsche auf die Burg gelangen.
Mit der Burg Falkenstein erhebt sich über dem Selketal auf einer 134 Meter hohen felsigen Bergzunge eine der eindrucksvollsten und besterhaltenen Harz-Burgen. Die Entstehungsgeschichte dieser relativ kleinen Höhenburg geht bis in die Zeit zwischen 1120 und 1150 zurück. Ein Burchard von Konradsburg ließ vermutlich die Burg als neuen Sitz des Geschlechts errichten, da die bisherige Burg in Ermsleben den Benediktinern übergeben wurde. Erstmals 1155 taucht in der Geschichtsschreibung ein Graf von Valkenstein auf. 1332 dann vermachte der letzte Graf von Falkenstein die Burg dem Halberstädter Stift. Unter seiner Herrschaft verfiel jedoch das Anwesen. 1437 bis 1945 gehörte es schließlich den Herren von Asseburg. Sie erhielten die Anlage unter der Bedingung, innerhalb der folgenden zehn Jahre mit 2000 rheinischen Gulden aus der Ruine wieder eine Burg zu machen. Vor allem zwischen 1550 und 1604 ließen sie die Feste zum Wohnschloß umbauen.
Noch heute kündet die gewaltige Schildmauer trotz aller Veränderungen von der Wehrhaftigkeit der einstigen Festung. Und gerade in Bezug auf ihre Wehrfunktion gilt die Burg Falkenstein als eine der am besten geplanten Anlagen der Spätromanik. Dafür sprechen sowohl der Berg-

Burg Falkenstein im Selketal

fried mit seiner geschoßablenkenden Form einschließlich der stabilen keilförmigen Verbindung zwischen ihm und der Schildmauer, als auch die Torkrümmungen, wodurch Rammböcke nichts mehr anrichten konnten. Über 200 Jahre währten die Arbeiten für den Bau der überaus wohl proportionierten ursprünglichen Anlage. Die sich im Osten,

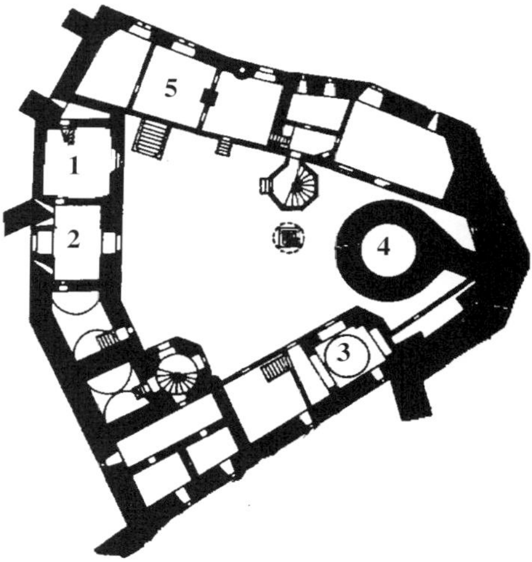

Grundriß der Falkensteiner Kernburg

1	**Kapelle**	**4**	**Bergfried**
2	**Tor**	**5**	**ehemaliger Palas**
3	**Küchenkamin**		

der Hauptangriffsseite, schützend erhebende 17 Meter hohe (ursprünglich niedriger) und fast vier Meter starke Mauer mit zwei Schießscharten und dem hervorkragenden Wehrgang schreckte in früheren Tagen so manch unliebsamen Besucher ab. Schutz sollten den Burgherren zugleich die insgesamt sieben Tore sowie ein System von fünf Zwingern bieten, abgesehen von den drei tiefen Halsgräben, die die Burg vom Hinterland trennten. Gleich an die Schildmauer schließt sich die Ringmauer an. Der Bergfried war ursprünglich nur 23 Meter hoch, wurde dann 1592 aber auf 30 Meter (ohne Haube gerechnet) aufgestockt. Er besitzt etwa einen Durchmesser von zehn

Metern und diente den Burgherren vor allem als Zufluchtstätte. Die dreiseitige Kernburg verbindet ein breiter, in sich quergeteilter Abschnittszwinger mit der westlichen Vorburg, die als Wirtschaftshof fungierte. Im 12. Jahrhundert standen die Gebäude der Kernburg einzeln an der Hofseite der Ringmauer und bildeten somit noch keinen geschlossenen Ring. Das repräsentativste Gebäude war der zweigeschossige Palas, der allerdings später durch einen schlichten Fachwerkbau ersetzt wurde. Reste der Ursprungsform blieben mit den zwei aufeinandergestockten Tonnengewölben unter dem östlichen Gebäudeteil und der hofseitigen Mauer erhalten. Auch ein schön ornamentierter Entlüftungsstein und ein Kamin sind noch zu sehen. Drei Würfelkapitelle, vermutlich aus den Jahren 1140 bis 1180, und jüngere Palmetten- und Volutenkapitelle lassen eine bescheidene und konservative Bauornamentik des Palas' vermuten. Das Kellerportal im Innenhof stammt aus der zweiten Hälfte des 12. Jahrhunderts. In der Südwestekke steht die Dirnitz, ein rechteckiger, dreigeschossiger Wohnturm. In jedem Stockwerk gibt es nur einen Raum mit Balkendecke. Unten befand sich zur damaligen Zeit der Pferdestall der Reisigen, und darüber lag die Große Hofstube für die Burgbesatzung. Die an die südliche Ringmauer gelehnte ehemalige Küche - ein kleiner Rechteckbau aus wuchtigen Rundbögen mit Füllmauern - dient heute als Eingangs- und Kassenraum. Auf dem Hof steht ein 20 Meter tiefer Brunnen, den ein Holzhäuschen des 19. Jahrhunderts überdeckt.
Zwischen 1220 und 1250 erfuhr die Burg frühgotische Veränderungen. Der Palas erhielt eine Erweiterung nach Südosten hin; im 16. Jahrhundert in Alte Hofstube umbenannt. Es entstand die Burgkapelle als beinahe quadratischer Raum mit gotischem Kreuzgratgewölbe. Unter der Kapelle lag ursprünglich das Verlies. Zugleich wurden die Befestigungen durch Zwinger und Tore verstärkt und erweitert. In dieser Zeit veranlaßte Graf Hoyer von Falkenstein auch den ritterlichen Schöffen Eike von Repkow, dessen um 1230 in lateinischer Sprache verfaßten "Sachsenspiegel" in die damalige Volkssprache Niederdeutsch zu übertragen. Das Werk gilt als das bedeutendste deutsche Gesetzbuch des Mittelalters, nach dem noch im 19.

Jahrhundert Recht gesprochen wurde. Eine Ausgabe von 1569 liegt heute auf der Burg aus.
Die Herren von Asseburg ließen über sechs Generationen hinweg die Burg zu größerer Wohnlichkeit umbauen. Zudem erforderten die mittlerweile entwickelten Schußwaffen Änderungen in den Befestigungsanlagen. 1491 entstand als reiner Fachwerkbau das Wirtschaftsgebäude über der bereits bestehenden romanischen Burgküche. Die beiden durch Andreaskreuze verstrebten Obergeschosse beherbergten Lagerräume, Rüstkammer und Amtsstube sowie darüber den "Neuen Saal", heute Rittersaal. Nach Osten verlängerte das schmale Fleischhaus mit Vorratsräumen, einer Mägdekammer und der Kleinen Hofstube das Wirtschaftsgebäude.
1536 wurde das erste Burgtor an die Nordostseite verlegt und damit die Burgzufahrt erheblich verkürzt. 1557 erfolgte die Verbindung der Gebäude an der Westmauer der Kernburg (jetzige Kemenate). Das Erdgeschoß prägen die als "Molkenkeller" benannten Längs- und Quertonnen. Im ersten Obergeschoß befindet sich der stumpfwinklige Schiefe Saal mit teils stuckierter Balkendecke. Ein eindrucksvolles Zeugnis niedersächsischer Fachwerkkunst bildet das zweite Obergeschoß. Hier unterteilen Fachwerkwände das Innere in zwei Stuben und zwei Kammern. Als Korridor diente der ehemalige Wehrgang an der Westseite, dessen Schießscharten man 1826 zu kleinen Fenstern mit Sitznischen erweiterte.
Ab 1575 begann der intensive Umbau zu einem repräsentativen Wohnschloß und Verwaltungssitz. Es entstand an der Nordmauer das Amtshaus mit Amtsstube, Gesindekammer und Kornboden. Wenig später krönte man Rittersaal und Dirnitz mit je zwei Zwerchhäusern, von denen allerdings zwei im Jahre 1782 wegen Baufälligkeit abgerissen werden mußten. Die Dirnitz erhielt profilierte Renaissance-Fenster und zwei Aborterker am Westgiebel. Ebenfalls aus dem Jahr 1575 stammen die Stukkaturen im Schiefen Saal, an den Stirnwänden des Rittersaales und in der Grünen Stube der Dirnitz. Diese Arbeiten zählen zu den frühesten und besten Stukkaturen Mitteldeutschlands.
1592 erhielt der Bergfried seine Erhöhung, zwei Jahre darauf die Burgkapelle ihre vollkommen aus Holz gefer-

Stiftskirche in Frose

tigte Ausstattung. Aus dieser Zeit stammen auch die Gemälde an den Brüstungen der Empore und der Kanzel sowie die Bemalung des Gewölbes. Den Abschluß dieser bedeutsamen Bauphase bildete der Neubau des Treppenturmes 1601 mit dem reichverzierten Portal.
1676 ersetzte man die Alte Hofstube durch einen Fachwerkneubau. Das Schlafzimmer wurde vergoldet und erhielt ein frühbarockes Aussehen. Die Kapelle bekam eine üppig geschnitzte Loge, und der Fachwerktreppenturm vor dem Nordtrakt entstand. Ein knappes Jahrhundert später wurden alle unnütz und baufällig gewordenen Gebäude der Burg Falkenstein abgerissen. Dies betraf die Wirtschaftsbauten der Vorburg und des Mittelhofes, das Amtshaus, die Wehrgänge auf den Mauern und auf dem Bergfried sowie fast alle Zwerchhäuser.
Ab 1826 erfolgten nochmals Veränderungen im Sinne romanischer Traditionen. Dabei wurde die Holzdecke des Rittersaales freigelegt und mit einer Stuckimitation bemalt. Im Obergeschoß des Nordtraktes richtete man romantische Wohngemächer ein: Das Herrenzimmer, nunmehr ein Juwel des Biedermeiers, verkörpert den Stil der "Babelsberger Gotik", bereichert durch mittelalterliche Bildscheiben. Ebenso das Schlafzimmer. Im Erdgeschoß wurde der Alte Saal in die drei, für höchsten Besuch vorbehaltene "Königszimmer" mit neugotischen Holzgewölben aufgeteilt. Das dritte Tor erhielt während dieser

Zeit einen zweigeschossigen Oberbau für weitere Zimmer und einen Jagdsaal.
Bereits 1946 öffnete das Museum in der Burg mit der aus mehreren Jahrhunderten stammenden Sammlung von Gemälden, Möbeln, Porzellan, Zinn, Waffen u. ä.

Frose

Stiftskirche

Anstelle einer schon um 950 bekannten ottonischen Klosterkirche erhebt sich in Frose heute der im wesentlichen erhalten gebliebene spätromanische Neubau des Gotteshauses. Markgraf Gero gründete hier im 10. Jahrhundert ein Mönchskloster, das aber kurz darauf bereits als Kanonissenstift zu Gernrode gehörte. Die Damen kamen aus niedrigen Adelshäusern, später aus bürgerlichen Familien. Dem Streit zwischen den Askaniern fiel die Anlage zum Opfer.
Die spätromanische Klosterkirche entstand etwa in der Zeit um 1170 als flachgedeckte, kreuzförmige Basilika mit zweitürmigem Westbau und halbkreisförmigen Apsiden an Chor und Querschiffsarmen. Wie erfolgreiche Ausgrabungen im 19. Jahrhundert ans Licht brachten, fiel dieser Bau allerdings in seiner Größe etwas bescheidener aus als sein Vorgänger. Dennoch beherrscht der strenge, blockhafte Westbau mit den beiden Türmen noch heute das Umfeld. Er wirkt durch seine wuchtige und klobige Gestalt beinahe so, als würde er mit den übrigen Teilen gar nicht verbunden sein und vielmehr ein selbständiges Gebäude verkörpern. Die quadratischen Türme bilden sich erst in der Höhe aus, ihr Aufbau stammt wohl aus späteren Tagen. Das Glockengeschoß des Zwischenbaus besitzt jeweils nach Osten und nach Westen drei zweigeteilte, rundbogige Schallöffnungen, deren eingestellte Säulchen jedoch bereits frühgotischer Natur sind, ebenso wie die Klangarkaden der Turmobergeschosse. Die zweischiffige Halle des Zwischenbaus hat Kreuzgratgewölbe. Ursprünglich bestand durch Doppelarkaden eine Öffnung zwischen Halle und Schiff. Noch heute durch Arkaden zum Langhaus geöffnet, ist die über der Halle liegende Empore. Durch eingestellte Säulchen und Blendbögen reichgeglie-

derte Öffnungen wechseln mit kleineren ungeteilten Öffnungen zwischen seitlichen Biforien. Allerdings verdeckt die Orgel größtenteils diese Anordnung.
Vor allem nachmittelalterliche Schäden führten letzten Endes dazu, im 18. Jahrhundert die Querhausarme zu Seitenschiffsteilen zu verstümmeln und gleichzeitig die Nebenapsiden abzureißen. Die halbrunde Apsis verlor ihr Gewölbe, und die Obergadenfenster bekamen neue rechteckige Formen. Lediglich ein rundbogiges Fenster an der Südseite blieb davon verschont. Ende des 19. Jahrhunderts entstanden während umfangreicher Restaurationsarbeiten die Seitenschiffe neu, und auch die Nebenapsiden wurden wieder ergänzt.
Sächsischer Stützenwechsel prägt das Innere des dreischiffigen Langhauses. Die gedrungenen acht Säulen erheben sich einerseits auf hohen attischen Basen ohne Eckblätter (älter) und andererseits auf gedrungenen Basen mit Eckblättern. Die Kämpfer weisen Kehlprofile oder Wülste (teils mit Schachbrettmustern) auf. Sechs Säulen besitzen Würfelkapitelle, die südlichen mit profilierten Schilden, die nördlichen mit Palmetten geziert. In der nördlichen Reihe finden sich dann auch die beiden Palmettenkapitelle mit starren und blockhaften Einzelformen. Außerdem besitzen hier die östlichste Säule sowie die folgenden Pfeilervorlagen Palmettenfriese. Den Abschluß der Arkadenzone bildet eine profilierte Leiste aus Rundstab und Platte.
Die heutige Ausstattung der ehemaligen Klosterkirche stammt in erster Linie von der Erneuerung im Jahre 1892.

Ermsleben

Kloster Konradsburg

Südlich der Stadt Ermsleben erheben sich auf einem Bergsporn noch Teile eines ehemaligen Benediktiner-Klosters aus der Zeit um 1200. An gleicher Stelle befand sich bereits im frühen 11. Jahrhundert der Stammsitz der Herren von Konradsburg. Sie gaben allerdings 1120 die Burg auf und zogen auf die Burg Falkenstein, deren Namen sich die Herren dann auch gaben. 1142 tauchen letztmalig die Herren von Konradsburg auf. Wohl noch unter ihrer Regie

Kloster Konradsburg Ermsleben

Reich verzierte Säulen in der Krypta Konradsburg

- bereits 1133 wird ein Abt genannt - verwandelte sich die Konradsburg in ein Kollegiatstift. Die zwischen 1963 und 1970 sowie 1990 ergrabenen Reste der Ummauerung und Teile des Grundrisses eines Kirchenbaus gehen auf die Burg- und frühe Klosterzeit zurück.

Etwas mehr blieb vom völligen Neubau des Klosters um 1200 erhalten. Von ihm stammen alle heute noch sichtbaren mittelalterlichen Teile. Von der Klosterkirche - einer großen kreuzförmigen Basilika, die mindestens in ihren Ostteilen Gewölbe besaß - stehen noch Chor mit Krypta sowie ein Stück der nördlichen Querschiffswand. 1525 plünderten aufständische Bauern zwar das Kloster, verschonten aber die Bauten weitestgehend. Erst zwischen 1536 und 1541 wurden das Querhaus mit Vierung, das Langhaus sowie die westliche Turmgruppe dem Erdboden gleichgemacht. Der Rest fristete lange Zeit als Lehngut kein beneidenswertes Dasein. Schließlich diente ab 1712 die Krypta als Schweinestall und das Sanktuarium als Scheune der Domäne Ermsleben. Bei Reparaturarbeiten 1844 wurden ein Säulenschaft und ein Kapitell ausgewechselt. 1953 wurden die bis dahin verbliebenen Teile restauriert und bis 1967 von der katholischen Gemeinde Aschersleben genutzt. Sei 1982 laufen Bemühungen um die Instandsetzung und Erschließung der Bauten und Freiflächen der gesamten Klosteranlage.

Der dreischiffige Chor schließt mit drei halbkreisförmigen Apsiden, die sich äußerlich durch Lisenengliederung und geradem Abschlußgesims gegenüber dem schlichten Chor hervortun. Letztgenanntes Bauteil besticht dafür durch sein vorzüglich in Stein gehauenes Mauerwerk über ho-

Nur der Chor und die darunterliegende Krypta sind von der ehemaligen Klosterkirche Konradsburg erhalten

hem, ungegliedertem Sockel. Das Hauptgeschoß darüber zeigt eingetiefte Wandfelder, Lisenen und schlichte Profile. Auch das Innere des Chores zeichnet sich durch zurückhaltende Verwendung von Schmuckformen aus. Beide Seitenschiffe besitzen Kreuzgratgewölbe. Ihre Verbindung zum Altarraum stellen große Doppelarkaden her. Diese erheben sich über stark profilierten Pfeilern. Insgesamt sind die Kämpfer- und Basenprofile der Wand- und Freipfeiler sowie der Kämpfer und der eingestellten Säulen in den Raumecken sehr reich profiliert, obgleich wiederum einfacher in der Ornamentik im Vergleich zur Krypta. In die Nordwand des Chores wurde 1931 ein eigentümliches, eventuell noch aus dem 12. Jahrhundert stammendes Steinrelief eingelassen. Es befand sich zuvor in der Nordscheune und zeigt ein Paar (vielleicht Königspaar) in Gebetshaltung. Die ursprünglichen Öffnungen zum Querhaus und der Triumphbogen bestehen nur noch in der Vermauerung.

Unter dem Chor liegt die Hallenkrypta. Sie besitzt fünf Schiffe und gilt durch ihre reiche Ausgestaltung und die dafür verwendeten Schmuckformen als bedeutendes Denk-

mal spätromanischer Architektur im Harzgebiet. Vor der Hauptapsis teilt sich der mittlere Bereich der Krypta in drei Schiffe. Dies geschieht durch Säulen und zwei schlanke Pfeiler mit eingestellten Säulchen. Die Trennung von den Seitenschiffen übernehmen Pfeiler mit Kantensäulchen. Die Krypta ist durchgehend kreuzgrätig gewölbt. Die Gewölbe erheben sich über Gurten bzw. an den Wänden und in der Hauptapsis auf flachen Pfeilern. Die leider zum Teil beschädigten Kapitelle und Kämpfer der mittleren Stützen zeigen außerordentlichen Formenreichtum, der für die Gegend ungewöhnlich ist. Offenbar verdanken die üppigen, teils flachen und teils tief hinterschnittenen Ranken- und Blattstengelornamente ihre Existenz in der Krypta einem starken französisch-rheinischen Einfluß.
Nicht zuletzt Ausgrabungen halfen, das Bild von der einstigen Klosteranlage zu präzisieren. An den ehemaligen Nordflügel erinnert der Kellerbereich des heutigen Herrenhauses mit Tonnengewölben und verschiedenen Öffnungen (mehrere Schlitzfenster und Türen). Von den beiden Flügeln im Osten und Westen existiert über der Erde nichts mehr, gezielte Grabungen kamen lediglich dem östlichen Flügel auf die Spur.

Klostermansfeld

Klosterkirche

Wohl schon um 1040 wurde in Klostermansfeld eine Ordensniederlassung gegründet. Albrecht der Bär von Brandenburg führte bereits 1158 in dem Benediktinerkloster Reformen ein. Er siedelte hier Mönche aus dem Tale Josaphat, östlich von Jerusalem gelegen, an. Graf Hoier IV. von Mansfeld überhäufte förmlich 1173 das Kloster mit Ländereien und Geld. Beide, sowohl der Mansfelder als auch der Brandenburger, gelten als Begründer des neuen Klosters um 1170.
Aus dieser Zeit stammt die ursprünglich dreischiffige Klosterkirche, die von ihrer romanischen Ursprungsgestalt allerdings im Laufe der Jahrhunderte mehrere Teile einbüßte. Vor allem in Folge der Zerstörungen während des Bauernkrieg wurden noch im 16. Jahrhundert die Seiten-

schiffe sowie der Querhausgiebel abgetragen und die Langhausarkaden vermauert. Dank der umfangreichen Restaurierung zwischen 1960 und 1970 kommt das Aussehen der heutigen Kirche dem aus romanischen Tagen etwas näher. Alle Einbauten des 18. und 19. Jahrhunderts verschwanden, die Seitenschiffswände entstanden neu nach altem Maß, die Langhausarkaden sowie die Bögen zu Querhaus und Turm öffneten sich wieder, die Holzdecken in Mittelschiff, Vierung und Chor kamen zum Vorschein und auch die Obergadenfenster des Langhauses erhielten ihre ursprünglichen Abmessungen.
Die Arbeiten für den romanischen Kirchenbau begannen im Osten. Zunächst standen die Mauern vom apsidial geschlossenen, relativ kurzen Chor. Der Rest des romanischen Chores, der etwa die erste Hälfte des heutigen rechteckigen Altarraumes beherrscht, ist mit seinen rundbogigen Fenstern und den altertümlichen Kämpferprofilen im Chorbogen der älteste Bauteil der Kirche. Die Stelle der halbrunden Apsis nimmt seit Ende 13./Anfang 14. Jahrhundert der gotische Rechteckchor ein. Ein Mauervorsprung außen und eine Baufuge innen markieren deutlich die Ansätze für die Erweiterung, deren drei Maßwerkfenster das nötige Licht bringen. Der romanische Teil besitzt noch den zarten Rundbogenfries mit geradem Fuß. Ein entsprechender Bogenfries wurde sogar über die gotische Verlängerung gezogen. Unmittelbar nach dem Chor entstand das durchlaufende Querhaus, also mit einer Vierung, die zwar Bögen zu Chor und Langhaus, aber keine zu den Querhausarmen besitzt. Die Höhe des Querhauses entsprach der des Chores. Dies zeigt sich heute lediglich in der Flucht des Mittelschiffs, während die Kreuzarme abgeschrägt und mit einem Pultdach versehen wurden. Dieses schließt nun zum Mittelschiffsdach ab. Ursprünglich bildete ein quer zum Langhaus angelegtes Giebeldach den oberen Abschluß. Das Querhaus verlor seine Nebenapsiden, sie hinterließen nur noch einige Ansatzspuren am Mauerwerk und die vermauerten Bögen.
Für die spätere Entstehung des Langhauses sprechen die wesentlich steiler geschrägten Chorfenster im Vergleich zu den Obergadenfenstern, der Wellenfries als Pendant zum bereits erwähnten Rundbogenfries der Ostteile sowie

Klosterkirche in Klostermansfeld

deren altertümliche Kämpferprofile der Pfeiler.
Das relativ kurze Langhaus präsentiert sich in nur zwei quadratischen Doppeljochen mit Stützenwechsel. Die gedrungenen Säulen haben hohe attische Basen, gebildet aus einem kräftig überquellenden unteren Wulst mit Eckspornen, aus einer Kehle darüber und aus einem weiteren Wulst. Ecknasen und tief herabgezogene Polster kennzeichnen die Würfelkapitelle. Einzige Ausnahme bildet hier das Kapitell der westlichen Säule in der nördlichen Reihe: Es trägt Palmettenschmuck und Eckmasken. Die Kämpfer der Pfeiler sind alle gleichmäßig als umgekehrte attische Basen gestaltet. Nicht mittig befinden sich über den Arkaden die vier Obergadenfenster.
Den Westabschluß bildete, abgeleitet von den noch vorhandenen starken Fundamenten, eine Doppelturmanlage. Von ihr kündet heute nur noch das Untergeschoß des mittleren Teils mit je einem großen Rundbogen in Richtung Norden und Süden. Sie öffneten sich ursprünglich den Türmen, die den Seitenschiffen vorgelagert waren, wodurch eine große Vorhalle entstand. Die Türme büßte der Westabschluß wohl erst im 16. Jahrhundert ein, vom Nordturm bestehen noch Teile der westlichen Mauer. Der mittlere Teil blieb bis zur Höhe der Empore romanisch erhalten, außen abgegrenzt durch das umlaufende Gesims.

Die Empore öffnet sich in einem großen Bogen zum Langhaus und hat Kämpfer mit kräftigem Wulstprofil. Die Seitenwände sind allerdings schon teilweise barock ergänzt, ebenso wie der gesamte quadratische Aufsatz mit der geschweiften Haube.
Die ehemalige Klosterkirche bewahrt vorwiegend ihr Inventar aus dem 15. und 16. Jahrhundert.

Sangerhausen

Ulrichskirche

Über die Vorgeschichte der etwa zwischen 1135 und 1140 einschließlich Vierungsturm vollendeten "Kirche in Sangerhausen" gibt es nur wenig gesicherte Daten. Fest steht wohl, daß eine Sangenhausener Kirche mehreren Familienangehörigen des Thüringer Landgrafen Ludwig der Springer als Grablege diente, und fest steht wohl auch, daß dieser Ludwig gemeinsam mit seinem Bruder Berenger ein Sangerhausener Gotteshaus dem Kloster Reinhardsbrunnen schenkte. Wie Chroniken zu berichten wissen, gelobte einst Ludwig der Springer während einer Gefangenschaft, eine Kirche zu errichten. Welche Gefangenschaft da gemeint ist, die im Jahr 1074 oder die in den Jahren 1114/16, bleibt unklar. Eine lateinische Inschrift, die noch heute in Resten auf einem Tympanon im nördlichen Kreuzarm erkennbar ist, ließe sich in Verbindung mit anderen Überlieferungen wie folgt deuten: "Nimm, Heiliger, das Haus, das ich zu bauen gelobte, als ich gefangen lag."
Die Mitte 12. Jahrhunderts fertiggestellte Kirche in Sangerhausen steht jedenfalls mit dem 1122 genannten Nonnenkloster - dem Kloster Reinhardsbrunnen angeschlossen - in Beziehung.
Um 1265 allerdings veränderte die Pfeilerbasilika, nunmehr als Kirche eines Zisterzienserinnenklosters, ihr Aussehen. Die Nonnen bekamen an der westlichen Seite einen Emporenraum. Langhaus, Chor, Vierung und die äußeren Querhausarme wurden eingewölbt. Zudem entstand ein neuer hoher achteckiger Vierungsturm. Er brachte allerdings im nachhinein sehr große statische Probleme mit sich, die auch die 1583 eingefügten Strebepfeiler nicht

lösen konnten. Nach einem Brand 1389, der das Kloster vernichtete und die Kirche am Turm und am Nordquerhaus beschädigte, wurde der Vierungsturm abermals erneuert. Das Nordquerschiff blieb ab dieser Zeit bis zur Rekonstruktion 1892/93 nur in verkürzter Form bestehen. Zugleich erhielten das Südquerhaus und die Mittelapsis gotische Fenster. Vor den umfassenden Restaurierungsarbeiten 1892/93 wurde 1625 das Gewölbe des Nordseitenschiffs und 1809 das der Vierung erneuert. Die heutige Ausmalung stammt von 1947/48.
Die dreischiffige Pfeilerbasilika zeichnet sich vor allem durch die reiche Ausbildung ihrer Ostteile aus. So schließt der ebenfalls dreischiffige Chor von zwei Jochen mit drei Parallelapsiden. Je eine Apsis weisen die beiden Kreuzarme des Querschiffs auf. Das Querschiff entstand nach einem für Deutschland außerordentlich seltenen Bauschema: Die stark betonten Querhausflügel nehmen die Dreischiffigkeit von Chor und Langhaus auf. Die Zwischenjoche im Querschiff entsprechen der Breite der Seitenschiffe von Langhaus und Chor, und lassen die quadratischen Hauptjoche voll über die Flucht des Baukörpers vortreten. Vom ursprünglichen Westabschluß gibt es bislang keine genauen Informationen. Schon dem späten 13. Jahrhundert entstammt der zweigeschossige Rechteckbau von der Breite und Höhe des Mittelschiffs. Die schlichte Westfassade besitzt keinen Eingang.
Äußerlich wurde stark restauriert und ergänzt, und es wurden Strebepfeiler eingefügt. Die Friese unter den Dächern, die Portale und der größte Teil des nördlichen Kreuzarmes sind Ergebnis der Restauration im 19. Jahrhundert. Einige Obergadenfenster blieben original erhalten. Weitgehend in ursprünglicher Form bestehen auch die Apsiden (außer am nördlichen Querschiff) mit ihrem noch gut erkennbaren Bruchsteinmauerwerk. Besonders auffällig, weil ungewöhnlich, ist die Höhe der Querschiffapsiden. Sie entspricht etwa der Höhe der Hauptapsis.
Steile und strenge Proportionen im Inneren verraten den zeitgenössischen französisch-burgundischen Einfluß. Schluchtartig wirken die Kirchenschiffe. Die Pfeiler sind, bedingt durch kräftige Vorlagen für schwere Arkadenunterzüge, kreuzförmig. Schlichte Kämpfer aus Schräge und

Platte überwiegen. Mit Bauplastik (Flechtband, Weintrauben und Tieren verzieren die Kämpfer) können nur der Chor und an zwei Stellen auch das Langhaus aufwarten. Hier ließen sich durchaus Parallelen zur Quedlinburger Stiftskirche ziehen. Die übrige Ornamentik ist aufgemalt in Form von Palmetten, Flechtbändern, Blättern, Tieren und allegorischen Szenen. Die Arkadenzone findet ihren oberen Abschluß in einem Schachbrettfries. Diesen durchbrechen die kräftigen, mit Schachbrettkämpfern versehenen Vorlagen für die leicht spitzbogigen Gurtbögen des Mittelschiffgewölbes. Die Vorlagen beginnen bereits in den Zwickeln zwischen den Arkadenbögen und liegen auf viertelkreisförmigen Konsolen. Die Vorlagen für die Gewölbe der Seitenschiffe (südliches: Tonne mit Dreiviertelstichkappen, nördliches: Kreuzgratgewölbe) beginnen dagegen bereits an den Pfeilern und durchbrechen deren Kämpfer. Die Vorlagen an den Seitenwänden gestalten sich unterschiedlich. Ungewöhnlich ist die Tonnenwölbung der Zwischenjoche des Querschiffs, während die Hauptjoche der Querschiffsarme wieder Kreuzgewölbe besitzen. Mit gekehlten Kreuzrippen und Schlußring zeigt sich das Gewölbe der Vierung, deren östlicher und westlicher Bogen im Zuge der Errichtung des gotischen Vierungsturms erneuert und verbreitert wurden.
Gehört die Ulrichskirche ihrem Typ nach ganz zur Reform-Architektur des 11. Jahrhunderts, verweisen die Details, beispielsweise die Profile der Pfeilerbasen und die viertelrunden Abkragungen der Gewölbevorlagen, ins 12. Jahrhundert. Die Ausstattung der Kirche ist jünger, die Grabdenkmäler entstammen dem 16. und 17., die Bildwerke dem 16. bis 19. Jahrhundert.
Das bereits eingangs erwähnte Tympanon, heute im nördlichen Querschiffsarm eingemauert, befand sich bis 1892 über dem Nordportal. Das sandsteinerne Bogenfeld zeigt in feinteiligem Flachrelief links eine Gestalt auf einem Faltstuhl (vermutlich der Stifter Ludwig) und rechts, zwischen zwei Säulen, eine zweite Gestalt (vermutlich der Schutzpatron der Kirche St. Ulrich), alles gerahmt von einer Wellenranke und den Resten der Inschrift. In der nördlichen Querschiffstirnwand existieren noch Reste einer in Holz und Stuck gearbeiteten Schrankenbekrönung

Ulrichskirche Sangerhausen

(2. Hälfte 12. Jahrhundert). Über reichgeschmückten Säulenschäften erheben sich Rundbögen, die ihrerseits von einem Gesims bekrönt werden.

Eingewölbtes Langhaus der Ulrichskirche Sangerhausen

Reste des Tores, das zur Kernburg der Königspfalz in Tilleda führte

Tilleda

Königspfalz

Große Fundamentreste künden heute von der einstigen Königspfalz auf dem Pfingstberg, südlich über dem Ort Tilleda. Erstmals 972 urkundlich erwähnt, diente sie als solche bis zum 13. Jahrhundert. Anschließend verwalteten die Ritter Barth das Lehngut. Doch schon zum Ende des Mittelalters kam auch das Ende der Pfalzgebäude.

Erste Ausgrabungen erfolgten zwischen 1935 und 1939. Dann, in den Jahren 1958 bis 1976 gelang es sogar, den gesamten Bau - und Funktionsorganismus der Pfalz freizulegen und aufzuklären. Die Ausgrabungen lassen nun den Schluß zu, daß die dreiteilige Anlage aus zwei Vorburgen und einer Hauptburg bestand, deren Grundrisse teilweise zu sehen sind. Zwischen der großen oberen Vorburg und der trapezförmigen wesentlich kleineren Kernburg erstreckte sich eine aus Gräben und Wällen dreigestaffelte Abschnittsbefestigung. Die gleiche Staffelung besaß die untere Vorburg. Weitere archäologische Funde verweisen auf Wehrmauern, auf die ottonische Pfalzkirche, auf Wach-

und Wohnhäuser, auf den Palas und auf Wirtschaftsgebäude.
Zum Haupttor der Anlage an der Nordspitze der oberen Vorburg führte ein 30 Meter langer, schlauchartiger und von Mauerwangen eingefaßter, sich verengender Torweg. Überwiegend Grubenhäuser standen auf der oberen Vorburg. Sie befanden sich 0,15 bis 1,40 Meter tief im Erdboden und besaßen eine längsrechteckige oder eine quadratische Grundfläche, zurückführbar auf germanische und slawische Gewohnheiten beim Häuserbau. Die Grubenhäuser bewohnte das unfreie, hörige Hofgesinde. Zu ihren Wohnhäusern (bestehend aus einem Raum mit offener Herd- und Feuerstelle oder mit abzuglosem Steinofen) gesellten sich die Grubenvorratshäuser (kleiner und ohne Feuerstellen), die Wachhäuser als Unterkunft für die Wachmannschaft (auch ohne Feuerstelle, mit massivem Fundament aus Stein), der Verhüttungsplatz für Eisen und zwei Langhäuser als Tuchmanufakturen (Hinweis auf stehende Webstühle).
Auf der unteren Vorburg standen ebenfalls Grubenhäuser. Vier von ihnen geben Anhaltspunkte für die Tucherzeugung. Neben den Grubenhäusern gab es hier allerdings 13 Pfostenhäuser, zu ebener Erde und meist von rechteckigem Grundriß. Ausnahme bilden das vieleckige Haus und das zweischiffige Hallenhaus. Sieben der Pfostenhäuser stammen bereits aus dem 10./11. Jahrhundert. Beide Vorburgen zusammengenommen boten 235 Häusern Platz.
Gleich hinter dem Hauptwall erhob sich auf der Kernburg das Ensemble von Wohnturm und Kapelle. Wohl schon in der zweiten Hälfte des 10. Jahrhunderts fungierte ein Rechtecksaal als Gotteshaus, der um 1000 einem größeren Neubau weichen mußte. Dieser Rechtecksaal mit Apsis besaß einen extra abgetrennten Westteil, vermutlich eine Empore. Die Abgrenzung übernahm eine dreiteilige Arkade. In der nördlichen Hälfte der Westwand befand sich ein drei Meter breites Portal. Südlich an den Westteil der Kirche schloß sich direkt ein quadratischer Bau (wohl der Wohnturm) an, von dem aus ein Zugang zur Kirchenempore bestand. Der Turm wurde im 12. Jahrhundert vergrößert und mit einer massiven Außentreppe zum Obergeschoß versehen. Die Kapelle aus der Gründungszeit der

Pfalz war offenbar schon im späten Mittelalter nur noch eine Ruine, denn aus dem 15. Jahrhundert gibt es Nachrichten über einen Nachfolgebau, eine kleine rechteckige Friedhofskapelle. Östlich der Kapelle standen zwei Wohngebäude (Palas) mit Heißluft-Fußbodenheizung. Das westliche der beiden formierte sich aus vier kleinen eingetieften Häusern. Den Ostabschluß der Kernburg bildete ein rechteckiger Saalbau, der Festen und Versammlungen vorbehalten war. Zudem gab es auch auf der Kernburg Gruben- und Pfostenhäuser.
Die heutige Anlage in Tilleda bewahrt auf eigene Weise die bauliche und wirtschaftliche Struktur einer Königspfalz. Auf der oberen Vorburg wurden zum Zwecke der besseren Anschauung einzelne Gebäude über den originalen Grundrissen rekonstruiert, der östliche Hauptwall erhielt durch Aufschüttung seine anzunehmende Originalhöhe wieder, und das Kammertor mit Originalfundament aus dem 12. Jahrhundert gleicht nunmehr einem Turmstumpf.

Allstedt

Burg

Noch immer beherrscht die ausgedehnte Höhenburg von Allstedt weithin die Landschaft ringsum, obgleich die einstige Feste längst ihren ursprünglich starken Verteidigungscharakter aufgeben mußte. Bereits im 9. Jahrhundert gehörte sie zum Besitz der Liudolfinger und eine Urkunde Heinrichs I. bezeugt erstmals die Existenz der Anlage. Lange Zeit galt die Pfalz als beliebter Aufenthalts- und Urkundeort der deutschen Herrscher. Ab 933 breiteten sich die Pfalzgrafen von Sachsen auf der Burg aus, bis sie im Jahre 1180 von den Landgrafen von Thüringen abgelöst wurden. Nach dem 12. Jahrhundert wechselte die Burg laufend ihren Besitzer und schließlich bauten die Herzöge von Sachsen-Weimar-Eisenach Mitte des 18. Jahrhunderts die Anlage zu einem Sommerschloß aus.
Die an drei Seiten vom Rohnebach umflossene, nordöstlich der Stadt Allstedt auf einer Bergkuppe gelegene Burg besteht aus der spätmittelalterlichen und barocken Kernburg und aus der Vorburg mit dem Südschloß (18. Jahr-

Weithin sichtbar: Burg Allstedt

hundert), dem hohen Torturm (14./15. Jahrhundert), den Stall- und Wirtschaftsgebäuden, dem barocken ehemaligen Gasthof, dem Schloßgasthof (19. Jahrhundert) und den Gestütsbauten (Ende 19. Jahrhundert). Kern- und Vorburg umgibt ein tiefer Graben, ein weiterer nochmals die Kernburg allein. Sogar ein dritter Graben ist noch erkennbar. Der vermutlich älteste Bauteil der Burg steht mit dem acht Meter hohen Turmstumpf im Nordosten der Kernburg. Das Mauerwerk der noch bestehenden drei

Geschosse deutet auf eine Bauzeit frühestens in der Spätromanik hin. Das gewölbte Untergeschoß hat einen Eingang nach Westen, eine Tür nach Norden und ein Fenster nach Süden. Das ebenfalls gewölbte Erdgeschoß besitzt in der Westwand eine Tür und zwei Schlitzfenster und in der Ostwand eine später vergrößerte Öffnung. Das Obergeschoß hat nur eine Tür nach Westen.
Den Eingang zur Vorburg bildet der gotische Torturm mit einer Giebelbekrönung im Renaissance-Stil. Dahinter offenbart sich ein fünfeckiger Hof, gebildet von Wohnhäusern aus der Zeit um 1740. Die Häuser an der Nordseite sind älter, so beispielsweise das Brauhaus (1548/50). In die Kernburg führt in Richtung Westen eine heute steinerne Brücke (früher die Zugbrücke). Zunächst betritt man durch eine Schlupfpforte, gleich neben der Toreinfahrt, die Eingangshalle und von hier aus die Torkammer. Sie besticht durch die raffiniert angeordnete Schießschartengruppe mit originellem Verschlußmechanismus. Den Hof der mehrfach umgebauten Kernburg begrenzen an drei Seiten Wohnbauten, während an der Südseite ursprünglich eine im oberen Bereich 3,5 Meter starke Wehrmauer den nötigen Schutz gab. Ein hölzerner Wehrgang führte zu ihr. Der jetzt an der Hofseite zu sehende Fachwerkgang stammt aus der zweiten Hälfte des 19. Jahrhunderts und wurde 1983 restauriert. Die Galerie dient heute Kunstausstellungen. Vom 1536 zerstörten Bergfried blieb nicht mal ein Rest. Der Westflügel, seit 1986 ebenfalls wieder hergerichtet, besteht als barock überformter, spätgotischer Wehrbau, der im Erdgeschoß die spätgotische Burgküche (1460-80) und die Hofstube bewahrt. Im barocken Obergeschoß befinden sich heute mit alten bzw. nachgebildeten Möbeln ausgestattete Ausstellungsräume. Der 1974/75 restaurierte Ostflügel beherbergt seitdem eine Thomas-Müntzer-Gedenkstätte. Sie dokumentiert die Hintergründe des Bauernkrieges sowie das Leben des Reformators, speziell sein Wirken als Pfarrer in Allstedt (1523/24). Müntzer hielt hier im Schloß am 3. Juli 1524 seine bekannte "Fürstenpredigt", mit der er versuchte, den Hochadel für den Kampf um eine wahre Reformation zu gewinnen.
Die ehemalige Schloßkapelle, als dritte nachweisbare Kapelle an diesem Ort (abgesehen von der mittelalterlichen

Pfalzkapelle), entstand im 18. Jahrhundert mit einfachen Bandelwerk-Stukkaturen. Sie blieben bis heute erhalten, ebenso die Emporen, die Herzoginloge und die Kanzel.

Querfurt

Burg

Mag zwar die erste urkundliche Bezeugung einer "Curnfurdeburg" erst mit dem Hersfelder Zehntverzeichnis (881/889) vorliegen, soll doch schon mindestens 780 hier eine Feste gestanden haben. Im genannten Verzeichnis jedenfalls steht sie als bedeutendste der 18 aufgeführten Burgen. Auch heute gehört die noch weitgehend mittelalterliche Burg Querfurt zu den größten und ältesten ihresgleichen im östlichen Deutschland.
Der militärische Stützpunkt in karolingischer Zeit, zu dem die Wallanlagen südlich der Burg gehört haben könnten, entwickelte sich im Mittelalter zu einer "Volks- und Fluchtburg". Seit Ende des 10. Jahrhunderts war die Burg Sitz der Grafen zu Querfurt, deren Geschlecht jedoch 1496 ausstarb. Der Besitz ging an das Erzbistum Magdeburg, und die Burgherren wechselten mehrmals. Im 30jährigen Krieg war die Feste ein heftig umkämpfter Ort. Von 1663 bis 1746 residierten hier die Herzöge von Sachsen-Weißenfels-Querfurt. 1815 fiel die Burg Querfurt in preußische Hände. Noch bevor 1936 die preußische Domäne aufgelöst wurde, entstand in der Nordostbastion ein Heimatmuseum, das später einen neuen Platz im Kornhaus fand und seither kontinuierlich erweitert wird. Das Fürstenhaus beherbergte zwischen 1950 und 1983 die Poliklinik, vier Jahre danach öffnete hier das Hotel.
Aus dem 10. Jahrhundert blieb ein Stück Burgringmauer nördlich des Kornhauses. Unter der Westhälfte dieses Hauses mußte die Mauer schon gegen 1000 einem querrechteckigen Bau weichen. Östlich dieses Wohnhauses und mit ihm verbunden entstand Mitte des 11. Jahrhunderts ein aufwendig gewölbtes Torgebäude. Auf den beiden Bauten wurde dann 1220/1230 ein Palas errichtet. Das Untergeschoß zeichnete sich durch eine steinerne Arkadenreihe in der Mitte aus, das Erdgeschoß durch eine

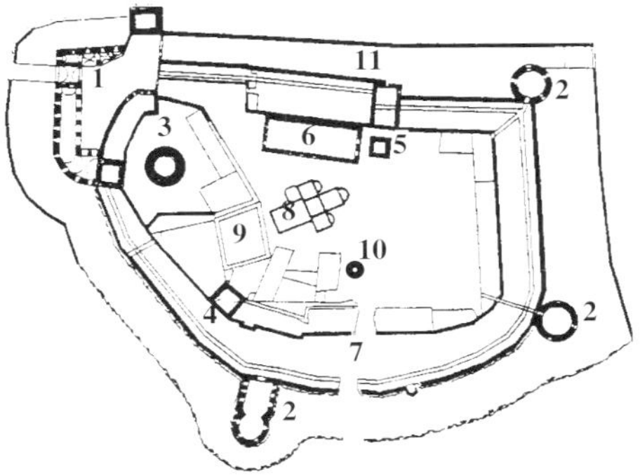

Grundriß der Burg Querfurt

1	Westbastion mit Haupttor	6	Korn- und Rüsthaus
		7	Burgzugang (19. Jh.)
2	Rondelle	8	Burgkirche
3	"Dicker Heinrich"	9	Fürstenhaus
4	Marterturm	10	Brunnen
5	Pariser Turm	11	romanische Mauer

Dreiteilung. Darüber erhob sich der große Festsaal, in dessen Nordwand ein Fenster mit Teilungssäulchen original erhalten ist. Das 1535 neu errichtete Korn- und Rüsthaus spart den Ostgiebel des alten Torgebäudes aus.
Der "Dicke Heinrich" bewahrt, ähnlich wie das Kornhaus, unter sich einen querrechteckigen Bau, der wohl nicht - wie bisher vermutet - aus karolingischer Zeit stammt, sondern ebenfalls erst aus der Zeit um 1000. Die großen Quader, aus denen der Rundturm entstand, deuten auf eine Bauzeit Mitte/Ende 12. Jahrhundert. Der 27,5 Meter hohe Turm hatte ausschließlich Wehrfunktion. Es fehlten ihm Fenster, Kamin, Abort, Mauertreppen und Gewölbe. Unten hat die Mauer eine Stärke von 4,35 Meter. Im 14. Jahrhundert bekam der "Dicke Heinrich" einen neuen Abschluß in Form eines Mauerkranzes mit Schlitzscharten.
Auch von einer Kirche ist bereits in der zweiten Hälfte des 10. Jahrhunderts die Rede. Der kleine Saalbau sollte etwa Anfang 11. Jahrhundert einen größeren Nachfolger bekommen. Der brachte es jedoch bloß bis zum Altarraum nebst Apsis, so daß beide Bauten gemeinsam die Kirche

bildeten, die mehrere Annexe und im Westen einen Anbau erhielt. Im dritten Viertel des 12. Jahrhunderts entstand schließlich eine neue Burgkirche als "Memorialbau" für den heiligen Brun. Die kreuzförmige Kirche schließt nach Osten in drei Apsiden. Das kurze Schiff ist breiter als die Vierung, über der sich ein oktogonaler Turm erhebt. Sein Fenstergeschoß ist mit einem Rundbogenfries auf Ecklisenen, die Fenster selbst sind mit Säulchen versehen, deren Kapitelle Palmetten und Schachbrettmuster zieren. Breiter als die Vierung ist das kurze Schiff. Es hat nach Norden und Süden jeweils ein gestuftes Portal. Im Westteil der Kirche befindet sich die Herrschaftsempore. Sie ruht auf einer dreiteiligen Pfeilerarkade. Ende des 14. Jahrhunderts erfolgte zwischen Querhaus und Schiff der Anbau der Grabkapelle für Gebhard XIV. von Querfurt (gest. 1383). Auf der Deckplatte der Tumba ist der Verstorbene in voller Rüstung dargestellt, und die Seiten zeigen den Zug der Trauernden. Dieses Relief gilt als bedeutsames Werk der neuen, vom Realismus und nicht mehr von biblischen Themen geprägten Kunstströmung. Der Schöpfer gehörte zur berühmten Parlerschule. Peter Parler leitete die Bauhütte des Prager Veitsdoms bis zu seinem Tod.
Zwischen 1698 und 1717 erhielt die Kirche die Malereien und Stukkaturen, ganz im Sinne des Barocks.
Zeitgleich mit der romanischen Burgkirche entstand westlich von ihr ein zweiter Palas. Dessen Erdgeschoß und erstes Obergeschoß faßte seit der Spätromanik ein Kreuzgratgewölbe zu Kellern zusammen. Nach einer Erweiterung 1528 Richtung Westen gestaltete man das Gebäude 1660/68 zum "Fürstenhaus" um. Es ist ein zweigeschossiges Haus, das die vorhandenen romanischen Kellergewölbe in sich einschließt.
Südlich des "Fürstenhauses" steht der seit 1840 sogenannte "Marterturm". Der zum Wohnen bestimmte quadratische Turm wurde im ersten Drittel des 13. Jahrhunderts errichtet, in der Zeit des Übergangs von der Romanik zur Gotik. Dies drückt sich beispielsweise darin aus, daß bereits leicht spitzbogige Außentüren und Fenstergewände, aber immer noch Rundbogenfenster Verwendung fanden. Nach 1450 hat man auf den Zinnen einfach weiter gemauert und so den ganzen Turm aufgestockt. Die alten

Burg Querfurt mit südlichem Rondell, Marterturm und "Dickem Heinrich"

Zinnen gehören seitdem zum Mauerwerk. Ein zweiter romanischer Wohnturm erhob sich in querrechteckiger Form südlich der Kirche (Brauhaus).
Von den älteren Grabensystemen blieb nichts übrig, dafür aber Mauerzüge - obgleich stark verschüttet und zugewachsen - beim "Dicken Heinrich". Die Ringmauer umschloß das heutige Burgareal. Zur Zeit der Burgbewehrung (14. Jahrhundert) baute man um die romanischen Mauern einen weiteren Ring mit tiefen Gräben.
Die Geschichte der anderen Bauteile der Burg Querfurt beginnt erst nach der Zeit der Romanik. Dazu gehören der "Pariser Turm" nebst Mauer mit Wehrgang, die Bastionen, die monumentale Westtoranlage, das Pächterwohnhaus, das zweigeschossige Amtshaus, das Wohngebäude an der Nordbastion und das "Käsehäuschen".

Memleben

Klosterruine

In die große Geschichte eingestiegen ist Memleben, als Deutschlands erster König Heinrich I. hier eine Pfalz errichten ließ, die später bei dessen Jagdausflügen zu seinen bevorzugten Aufenthaltsorten zählte. Auf dieser Pfalz starb er dann auch 936. Um das Jahr 942 ließ sein Sohn König Otto I. neben der Pfalz eine für das 10. Jahrhundert geradezu riesige Kirche errichten, die heute mit ihren Maßen nur noch wenige ihresgleichen finden würde. Nachdem Otto I. 973 ebenfalls in Memleben gestorben war, gründete wenig später dessen Sohn Otto II. in Memleben ein reichsunmittelbares Benediktinerkloster und stattete es ungewöhnlich reich mit Rechten und Besitz aus. Ottos Wunsch gemäß stellte der Papst das Kloster Memleben gleich mit den beiden mächtigsten Klöstern des Reiches, dem in Fulda und dem auf der Bodensee-Insel Reichenau. Doch schon 1015 verblaßte der Glanz, denn Heinrich II. tauschte das reiche Kloster Memleben gegen entsprechenden Besitz. Memleben wurde dem Kloster in Hersfeld unterstellt. In der ersten Hälfte des 13. Jahrhunderts veranlaßten die Hersfelder den Neubau von Kirche und Klostergebäude. Nach der Aufhebung des Klosters zur Reformationszeit befand sich hier die Verwaltung der

Fürstenschule Schulpforte, die Kirche bestand weiter, wenngleich zuletzt ohne Westtürme. Ein Feuer im 18. Jahrhundert setzte der Anlage arg zu, die daraufhin zur Ruine verfiel.
Selbst von der ursprünglich monumentalen Marienkirche des 10. Jahrhunderts bestehen nicht nur in Form von Fundamentresten noch steinerne Zeugen, obgleich der Laie zu deren Deutung sicher einige Phantasie benötigt. Die dreischiffige Basilika war 82 Meter lang und 39,5 Meter breit. Sie bestand aus einem Langhaus, zwei Querhäusern und zwei Chören mit jeweils stark gestelzter Apsis. Das Querhaus im Osten schloß in zwei Nebenapsiden, das im Westen in zwei Nebenräumen. Der Platz unter den Chören war für jeweils eine Krypta bestimmt, allerdings blieb die westliche unvollendet und ungenutzt.
Die Aufmerksamkeit richtet sich zunächst auf die alte Mauer an der Straße. Der etwas zurückgesetzte Teil gehörte zur Außenwand des südlichen Seitenschiffs, der Ostabschluß der Mauer zur östlichen Querhaus-Westwand. Vom Querhaus-Pendant im Westen blieb etwas mehr: Das hohe Mauerstück mit dem sogenannten "Kaisertor" diente im 10. Jahrhundert als Teil der Südwand mit Eingang. Auch der südliche Teil der Ostwand steht noch. Außer der alten Mauer an der Straße gibt der Mauerklotz im Hof Auskunft über den Kirchenbau. So lassen sich hier Spuren der westlichen ausgeschiedenen Vierung erkennen. Memleben besaß eines der ersten Beispiele dieser Architekturform und vielleicht sogar einen Vierungsturm. Eine Besonderheit wies die Vierung durch den "quadratischen Schematismus" ihrer Bauweise auf. Der Mauerklotz erzählt auch von der westlichen Chorapsis, deren südlicher Ansatz 6 Meter hoch mit dem Westteil des Mauerklotzes steht. Wo einst die berühmte Pfalz gestanden hat, ist bisher nicht bekannt.
Ein Stück weiter östlich befindet sich heute die Ruine der einstigen spätromanischen Klosterkirche aus dem 13. Jahrhundert. Die neue kleinere, kreuzförmige Pfeilerbasilika bestand aus dreischiffigem Langhaus, einem Querhaus mit polygonalen Nebenapsiden, einem Chor mit eingezogener und ebenfalls polygonaler Apsis, einer Chorkrypta und einer zweitürmigen Westanlage. Ins Innere führte im

Mystisch: die Krypta in Memleben

Westen ein doppelt abgetrepptes Stufenportal, von dessen eingestellten Säulen lediglich die beiden inneren Kapitelle sowie ein Stück vom Kämpfergesims die Zeiten überdauert haben. Gut erkennbar ist heute auch der nach oben abschließende stark profilierte Spitzbogen, der zugleich ein Tympanon einfaßt. Von der ursprünglichen Westwand steht nur noch ein Rest, südlich vom Portal, von den beiden Türmen blieben nur die Unterteile der inneren und der östlichen Wände. Als deren Zugänge dienten kleine Pforten im Inneren, das südliche mit einem Tympanon aus großem monolithen, rundbogigen Stein, das nördliche mit rundbogigem Türsturz.
Ursprünglich trennten Arkaden den einst gewölbten Westraum vom Mittelschiff. Dessen Wände stehen heute noch bis zu den Sohlbänken der ehemaligen Obergadenfenster. Das Ringen zwischen Romanik und Gotik verdeutlichen sehr anschaulich die schlichten, monumentalen Arkaden: Auf kräftigen Sandsteinquader-Pfeilern ruhen weite Spitzbögen. Sie sind unterlegt mit jeweils noch einem etwas eingezogenen Bogen, der von dreiviertelrunden Säulenvorlagen der Pfeiler getragen wird. Bei den umlaufenden Sockel- und Kämpfergesimsen in attischer Form sowie bei den schmucklosen Kelchwürfelkapitellen der Säulen siegte das Romanische. Die Arkaden trennten das Mittelschiff von den Seitenschiffen. Ihre Außenwände stehen nicht mehr in voller Höhe. Das südliche Seitenschiff hatte oberhalb Fenster. Erkennbar ist im vorhandenen unteren Mauerwerk die Lisenengliederung in fünf Teile, ohne Bezug zur Arkadenfolge des Mittelschiffs. Das nördliche Seitenschiff besaß gar keine Fenster, denn der Kreuzgang schloß sich unmittelbar an. Darum befinden sich in der Wand zwei Pforten, einst doppelt abgetreppte Stufenportale, deren Gewände noch teilweise original bestehen. Von den Seitenschiffen führte je ein Rundbogen aus Werkstein ins Querhaus. Die Bögen sind erhalten, während der dritte - zwischen Mittelschiff und Vierung - nur noch in Resten besteht. Überbleibsel der rechteckigen Vorlagen, gearbeitet ähnlich der Mittelschiffsarkaden, bezeichnen die einst ausgeschiedene Vierung. An die früher reichgeschmückten Nebenapsiden erinnert noch der untere Teil der südlichen, wobei deren Außenwand auch bereits erneuert wur-

de. Die Apsiden unterteilten sich in zwei Geschosse, das untere war sehr niedrig.
Den Chor umgibt außen ein kräftiges Sockelprofil. Fehlen den Seitenwänden Gliederungselemente völlig, konzentriert sich alles auf die Ostwand. Lisenen begrenzen sie zu beiden Seiten, vom Profil bis ursprünglich zum Dachgesims. Zwischen den Lisenen hebt sich dann die polygonale Apsis ab. Sie gliederte sich wie die Nebenapsiden in zwei Geschosse mit reichem Schmuck. Im Untergeschoß begleiten Lisenen jede der Wandflächen bis zum Rundbogenfries, der sich aus einem breiten Bogen mit zwei eingestellten kleineren Bögen bildet, getragen von verschieden gestaltete Konsolen. Das wesentlich niedrigere Obergeschoß fehlt heute. Im Inneren markieren einfache Abtreppungen, ursprünglich mit eingestellten Säulen, die Ecken des Polygons.
Der einzige erhaltene Raum der Kirche ist die dreischiffige Hallenkrypta, bestehend aus Vorraum, Hauptraum und dem Ostteil unter der Chorapsis, dazwischen jeweils drei Rundbogenöffnungen. Der fensterlose Vorraum besitzt drei Kreuzgratgewölbe auf zwei tragenden Säulen mit unbearbeitetem Kapitell bzw. mit Würfelkapitell. Das Kreuzgratgewölbe mit Gurt- und Schildbögen ruht im dreischiffigen Hauptraum auf jeweils vier hohen Säulen in zwei Reihen. Drei ihrer Kapitelle blieben wieder unbearbeitet, die anderen tragen Dekor von hoher Qualität (korinthisierende Formen bzw. pflanzliche und tierische Motive). Auf Konsolen liegen die Gewölbe an den Wänden. Sechs kleine spitzbogige Fenster erhellen den Raum ein wenig. Drei weitere Fenster besitzt der kleine Ostteil der Krypta, dafür aber keinen Schmuck.
Nördlich des Langhauses schloß sich der Klausurhof des 13. Jahrhunderts an. Die Klausurgebäude gibt es zwar heute noch, aber mittlerweile kaum mehr in ursprünglicher Gestalt. Den Nord- und Westflügel markieren die Gutsgebäude. Die Ostseite nimmt das Mönchshaus für sich in Anspruch. Sein Untergeschoß beherbergte den Kapitelsaal. Die Ostwand weist eine Reihe von Rundbogenfenstern mit zum Teil originalen Sandsteingewänden auf. Die Westwand öffnet sich zum östlichen Kreuzgangflügel. Fragmente verweisen auf das Eingangsportal und den es

flankierenden beiden doppelten Rundbogenöffnungen. Im oberen Geschoß des Mönchshauses befand sich das Dormitorium mit schmalen Schlitzfenstern.

Eckartsberga

Eckartsburg

Bereits 998 soll Eckart I. an der Stelle der heutigen Ruine eine Burg errichtet haben, allerdings fehlen über sie genaue Erkenntnisse. Dahingegen existieren noch Teile von der Anlage, die sich hier seit dem späten 12./frühen 13. Jahrhundert erhob und den Landgrafen von Thüringen als Sitz diente. Nach ihnen wechselten häufig die Besitzer, und seit Ende des 15. Jahrhunderts wohnten Amtsleute auf der Burg. In den folgenden Jahrhunderten "regierte" der Verfall. Bereits 1560 bis 1575 wurden die Burgkapelle, 1562 das Backhaus rechts vom Tor abgerissen. Genauso erging es einer großen Feuermauer, einer Küche stadtwärts, einem Saal und Stuben sowie weiteren Türmen und Fenstern.

Die Anlage umgab ein sicheres Wall-Grabensystem, wobei der Graben vor dem Wall eine Breite von 14 bis 20 Metern und eine Tiefe bis zu fünf Metern aufwies. Heute sind die Gräben teilweise aufgefüllt.

Die Kernburg bewahrt ihre ursprünglichen Außenmauern, einschließlich dem Wohnturm, den Wohnbauten und dem großen Torhaus samt Nebengebäuden. Das romanische Torhaus erstreckte sich früher etwas mehr nach Westen und kommt jetzt auf die Maße 9,5 mal 13 Meter. Wahrscheinlich besaß es noch mindestens ein Obergeschoß. Im Nordwesten der Kernburg erhebt sich der mächtige quadratische Wohnturm mit einer Seitenlänge von 10,3 Metern und einer Mauerstärke von 2,7 Metern. Eine Höhe von 15 Metern ist original erhalten. Der einzig ursprüngliche Eingang ist der im Süden, wobei allerdings das Gewände schon gotischen Veränderungen unterlag. Über dem ersten Geschoß von 3,80 Metern Höhe lag das Wohngeschoß. Seine Mauern haben an der Nord- und Westseite nur schmale Lichtschlitze. Reste eines Kamins mit profilierten Kämpfern und ein Zwillingsfenster nach Westen stammen größtenteils aus dem letzten Drittel des 12.

Jahrhunderts. Das dritte Geschoß hat nur noch 1,50 Meter hohe Wände original bewahrt. Vermutlich bestand noch ein weiteres Geschoß mit Plattform und Zinnenkranz darüber. Nach 1247 trug man den Wohnturm teilweise ab und stockte ihn etwa 13 Meter hoch zum Bergfried auf. Dicht am Wohnturm schließt sich südlich der Wohnbau (Palas) an. Eine Innentreppe führte direkt zum Wohnturmzugang. Der Bau besaß mindestens zwei Geschosse. Bei Ausgrabungen trat das tiefgelegene Erdgeschoß mit rundbogiger Tür, einer größeren Fensternische sowie zwei Schlitzfenstern (östliches erhalten) zutage. Das Geschoß wurde nach 1247 eingewölbt und damit zum Keller umfunktioniert. Kaminreste finden sich im ersten Obergeschoß. Hier bewahrt zudem die Ostwand eine rundbogige Öffnung. Freigelegte Wandstücke mit Tür befinden sich östlich des Wohnturms, allerdings fehlt bisher eine genaue Deutung. Erst 1992 fand man östlich der heutigen Gaststätte Reste einer romanischen Mauer von Ost nach West. Von den beiden ursprünglichen Vorburgen im Osten bzw. im Westen blieb lediglich von der östlichen Romanisches erhalten. Die Toranlage stammt mit Sicherheit aus dieser Zeit. Das Torhaus mit einer überwölbten Durchfahrt von 3,10 Meter Höhe besitzt eine Nische (1718/56 Gefängnis), die zwar schon original bestanden hat, aber später verändert wurde. Die einstigen Aufbauten fehlen. Die sichtbaren Teile der Ringmauer stammen aus der Gotik oder erst aus dem 19. Jahrhundert. Ebenfalls in gotischer Zeit entstanden der Bergfried der Vorburg und ein weiterer Mauerturm am Südflügel. Dieser wurde im 15. Jahrhundert modernisiert, der Turm verschwand wieder.

Eckartsburg

Bad Kösen

Rudelsburg

Die Rudelsburg und die benachbarte Burg Saaleck standen wohl Modell, als die Zeilen vom hellen Saalestrand mit den „Burgen stolz und kühn“ geboren wurden. Malerisch liegt die heutige Ruine der Rudelsburg hoch über der Saale auf einem Kalkfelsen und erinnert an Zeiten, als die Handelsstraßen Frankfurt - Leipzig oder Nürnberg - Leipzig noch mit Argusaugen bewacht und geschützt werden mußten.

Erstmals erwähnt wurde die Rudelsburg 1171. 1238 taucht das Bauwerk erneut urkundlich in der Geschichtsschreibung auf, als man amtlich den weiteren Ausbau der Befestigungsanlage genehmigte. Die Burg durchlebte etliche Höhen und Tiefen, sie wurde belagert, erobert, beschädigt. Schließlich ist sie im 30jährigen Krieg endgültig zerstört worden. Die heute noch als Ruine vorhandene Anlage stammt im wesentlichen aus dem 12. und 13. Jahrhundert, wurde jedoch Mitte des 15. Jahrhunderts einschneidend verändert und zu allem Unglück im 19. Jahrhundert dem Zeitgeist entsprechend romantisierend und historisierend restauriert. Dabei baute man auch die Gasträume ein.

Die Rudelsburg war ein sogenannter Herrensitz, der sich durch strikte Trennung von Bediensteten und Burgherren auszeichnete. Die Vorburg war dem „Fußvolk“, die Kernburg den Markgrafen von Meißen vorbehalten. Von der einst sehr weiträumigen Vorburg sind heute noch Reste der südlichen und östlichen Ringmauer sowie Mauerwerk vom Tor an der Ostseite vorhanden. Westlich der Vorburg liegt tief in den Fels gehauen ein Halsgraben, die Abtrennung zur Kernburg. Die Bauteile der sehr kleinen Kernburg, im Süden und Westen ebenfalls von Gräben umzogen, ordneten sich hufeisenförmig um einen langen und schmalen Innenhof: im Osten die stärkere Schildmauer, im Südosten der Bergfried, im Westen vermutlich der Palas sowie Wohnbauten im Norden und Süden.

Etwa ins letzte Drittel des 12. Jahrhunderts fällt die Errichtung des Bergfrieds, der bis zu den Zinnen ca. 20 Meter mißt. Der ursprüngliche Eingang auf der Westseite lag in neun Meter Höhe. Das gleiche Geschoß hatte auch einen

Abort in der Südwand. Unter dem Geschoß reicht ein Raumschacht mit spitzbogig überwölbten Wandnischen nach Ost und West bis zum Burghof. Der Westeingang hier unten ist jünger. Über dem ursprünglichen Eingangsgeschoß gliedern lediglich kleine Lichtschlitze das Mauerwerk. Der steinerne Turmhelm als oberer Bergfried-Abschluß stammt wohl aus gotischer Zeit. Ursprünglich frei stand der querrechteckige Palas. Etwa um 1200 entstanden das heutige Keller- und das Ergeschoß. Das Kellergeschoß bewahrt noch die originale rundbogige Tür, zu der eine Treppe vom Burghof aus führte. Im Erdgeschoß blieben drei Fensteröffnungen in der Westwand und eine in der Nordwand im Original erhalten. Von den ursprünglichen Fenstern überstand allerdings nur das in der Nordwestecke die Jahrhunderte. Das Drillingsfenster schmückt sich mit Würfelkapitellen und einem Kapitell von Rankenornamenten. Noch in romanischen Tagen erfolgte die Aufstockung des Palas. Dieses Geschoß bewahrt bis heute zwei Fenster nach Westen und eines nach Süden original mit geradem Sturz. Erst seit dem 19. Jahrhundert beherbergt das Obergeschoß den „Rittersaal" mit Kamin. Gleichzeitig mit dem Palas erhielten auch die Nord- und die Südwand neue Höhen. Im Nordosten befindet sich noch ein romanisches Doppelfenster mit geradem Sturz. Der Südflügel der Kernburg entstand zwar nachträglich, aber noch zur Zeit der Romanik. Das Erdgeschoß ist zum Burggraben hin fensterlos. Im Obergeschoß sitzen drei Fenster, das westliche mit eingestellten Säulen (um 1200). Lediglich eine rundbogige Tür und Schießscharten gliedern die trutzige Schildmauer gen Osten. Der nordöstliche Mauerwinkel im Erdgeschoß kann noch auf zwei originale Fenster mit eingestellten Säulen verweisen. Angreifer hatten mit der Rudelsburg schon wegen der äußerst ungünstigen Geländebeschaffenheit kein leichtes Spiel. Die einzige Chance, die Feste einzunehmen, bestand in einem Angriff von Osten her, doch diese Schwachstelle beseitigten die Markgrafen bald mit dem Bau eines 2,60 Meter breiten Zwingers aus Bruchsteinmauerwerk vor der Kernburg im Osten und Nordosten, eines zweiten - gotisch dann - mit Schalenturm und Rondell im Osten und Süden.

Trutzig und schön: die Rudelsburg

Märchenhaft wie Rapunzels Turm: Burg Saaleck

Burg Saaleck

Gemeinsam mit der benachbarten Rudelsburg bildete die bescheidenere Burg Saaleck eine sogenannte Sperrburg im verengten Saaletal zum Schutz der Handelsstraßen. Die erstmals 1140 genannte Burg Saaleck gehörte ab 1344 dem Naumburger Bischof. Nach 1396 dann verwalteten Naumburger Amtsleute den Sitz. Der akute Verfall der Burg begann 1658, nachdem Saaleck seine Selbständigkeit verlor. In die Geschichte ging die Burg nochmals 1819 ein, als hier der "Thüringisch-sächsische Verein für Erforschung des vaterländischen Alterthums" gegründet wurde. Jeweils zum Beginn und zum Ende des 19. Jahrhunderts, und ein weiteres Mal zwischen 1925 und 1930 wurde die Feste restauriert.

Die Anlage besaß keine eindeutige Vorburg, vielmehr zwingerartige Mauern. Die Kernburg in den Maßen 50 mal 13 Meter bildet sich aus zwei runden Burgtürmen, eingefaßt von einer Ringmauer. Dazwischen gab es kleinere Wohn-, vielleicht auch Wirtschaftsbauten, an die allerdings heute nur noch geringfügige Reste erinnern: ein Sockelgesims mit Platte und Schräge am Westturm sowie mehrere Anschlagspuren von Dächern an beiden Türmen (im Osten von einem Gebäude in Hofbreite, im Westen nur in einer Ausdehnung nach Norden).

Etwas mehr läßt sich von den Türmen sagen. Der Westturm steht seit dem späten 12. Jahrhundert mit einem Durchmesser von fast zehn Metern. Das Mauerwerk aus Quadern hat eine Stärke von zwei Metern. Von den 23 Metern Höhe stammen etwa die obersten zwei Meter aus jüngerer Zeit. Jünger ist auch der östliche Eingang zu ebener Erde. Der ursprüngliche lag üblicherweise einige Meter über dem Burghof. In diesem Geschoß führte zudem noch eine Tür zu einem schmalen Gang, und der wiederum zu einem Aborterker. Auch Reste eines Kamins in dem Eingangsgeschoß deuten auf die Wohnfunktion des Turms. Alle Geschosse besitzen Schlitzfenster.

Der Ostturm ist heute nur noch in seinem Kern romanisch erhalten, während äußerlich bereits die Gotik ihre Spuren hinterließ. Sowohl in Größe, als auch in Ausstattung (ebenfalls Kamin und Aborterker) stand der östliche dem westlichen Turm nicht nach. Heute dominiert hier jedoch das Moderne, und die Wände sind verputzt. Der hochliegende Eingang stammt ebenso wie der steinerne Kegelhelm vom gotischen Umbau. Im Hof befindet sich ein ehemaliger Brunnen von 70 Metern Tiefe, der 1930 ausgegraben wurde und zu der Zeit einen neuen Mauerkranz erhielt.

Romanisches Haus

Die Geschichte des alten Hauses in Bad Kösen beginnt vermutlich im späten 12. Jahrhundert. Über die frühere Nutzung fehlen genaue Hinweise, bekannt ist lediglich, daß der Wirtschaftsbau (grangia) zum nahegelegenen Kloster Pforta gehörte. Dies blieb auch so nach dessen Reformation und Auflösung sowie Umwandlung in eine Fürstenschule. Das Kösener Haus beherbergte einen Schäfereibetrieb, ab 1920 diente es als Scheune. Die Zeiten änderten sich, als 1951 das Haus der Stadt Kösen zugesprochen wurde. Die nutzte es zwar noch kurzzeitig als Kohlenlager, aber noch im gleichen Jahr begannen die Arbeiten im Erdgeschoß zur Einrichtung eines Museums, zu dem ab 1957 auch das Obergeschoß ausgebaut wurde. Es dokumentiert die Geschichte des Klosters Pforta, u. a. mit romanischen Kapitellen, Grabstätten und einem sehr wertvollen spätromanischen Schrank.

Der langgestreckte rechteckige Bau am Saaleufer besteht aus hammerrecht bearbeiteten Kalksteinquadern. Die Geschosse unterteilten sich höchstwahrscheinlich in je zwei Räume, dem nördlichen und dem südlichen. Unterschiedliche Mauerstärken wären ein Indiz dafür. Der kleinere nördliche Teil bewahrt unter sich einen Keller mit originalem Eingang in der Nordwand. Zugleich war es wohl der Teil, der zuerst ein Obergeschoß erhielt. Die drei Fenster nach Westen und das eine nach Osten liegen auffallend tief in den Wänden. Das Obergeschoß des Südteils entstand aber trotzdem noch in romanischer Zeit, ohne Fenster in den Längsseiten und mit rundbogiger Tür (eventuell Speicherzugang) im Südgiebel.

Die Aufteilung der vielen Fenster im Erdgeschoß des Hauses markiert die anzunehmenden beiden Räume. So befinden sich gen Ost und gen West im nördlichen je vier, im südlichen je sieben, niedriger angeordnete Fenster.

Romanisches Haus Bad Kösen

Sowohl die Rundbogenfenster der Längsseiten als auch die vier in der südlichen Wand bestehen weitestgehend im Originalzustand. Lediglich einige Fenster der Ostwand entstanden anstelle eines Scheunentores erst nach 1951, ebenso der Osteingang und die Fachwerkwände. Ursprünglich dagegen ist das nordöstliche Eingangsportal mit monolithem Tympanon und Kreuzrelief sowie mit Balkenlöchern für die Verriegelung. Über der südwestlichen Eingangstür befand sich einst ein romanischer Zierstein mit Kreuzmotiv. Er gehört nunmehr zu den Ausstellungsstükken des Museums.

Romanisches Haus in Bad Kösen

Schulpforte

Klosterkirche und Kloster

Die Geschichte des Klosters Porta, wie es damals noch hieß, begann 1132 in Schmölln mit der dortigen Gründung eines Zisterziensermönchsklosters durch den Naumburger Bischof Udo I. Bereits 1137 erfolgte die Verlegung des Klosters nach Porta, in die Nähe der Siedlung Kösen. Zwischen dem 12. und 14. Jahrhundert entwickelte sich das Ordenskloster zu einem der reichsten und bedeutendsten in ganz Mitteldeutschland. Zerstörungen nach einem großen Brand 1436 zwangen zu umfangreichen Instandsetzungsarbeiten. Immer wieder modernisiert wurden die Klausur- und die Wirtschaftsbauten. Nach der Säkularisierung 1540 etablierte sich auf der Klosteranlage eine sächsische Landesschule, in der lange Zeit klösterliche Organisationsstrukturen vorherrschten und in der später so berühmte Schüler wie Klopstock, Fichte und Nietzsche büffelten. 1935 in eine Nationalpolitische Erziehunganstalt und danach in eine Erweiterte Heimoberschule umgewandelt, fungiert das ehemalige Klosterareal seit 1990/91 wieder als Landesschule.

Die heutige Klosterkirche geht auf einen Vorgängerbau aus der ersten Hälfte des 12. Jahrhunderts zurück. Von ihm sind wesentliche Teile noch erhalten, aber die Abschlüsse nach Ost und West fehlen. Die kreuzförmige, flachgedeckte Basilika besaß ein vierjochiges Langhaus mit ungewöhnlich niedrigem Obergaden. In einfachem Stützenwechsel mit übergreifenden Blendbögen bildeten sich je sechs Arkaden. Jeweils acht Rundbogenöffnungen durchbrachen das Mauerwerk darüber. Die heutigen kräftigen Pfeiler stammen noch vom romanischen Gründungsbau. Vermutlich entkamen sie dem gotischen Umbau aus Sicherheitsgründen. Zwischen ihnen erhebt sich jeweils ein schlanker, aber auch höherer gotischer Pfeiler. Ob seine Stelle vorher eine Rundstütze besetzte, kann bisher nicht bewiesen werden. Durch die gotische Umgestaltung und gleichzeitige Beibehaltung romanischer Architekturteile präsentiert sich das Langhaus nunmehr mit niedriger Arkadenzone, mit Spitzbögen über romanischen und gotischen Pfeilern sowie mit hohem und kahlem Obergaden

(gotische Aufstockung). Architektonische Gegensätze prallen nach der Einwölbung des Mittelschiffs außerdem mit den Kämpfer- und Basisprofilen der romanischen Pfeiler einerseits und den Gewölberippen und Diensten andererseits aufeinander. Zu den gotischen Veränderungen gehört auch die Ausdehnung gen Westen: das Mittelschiff um zwei, das südliche Seitenschiff um vier Joche. Hierzu sei erwähnt, daß laut Grabungsbefunden einstmals anstelle der Erweiterung eine geräumige Vorhalle, womöglich sogar zweigeschossig, bestanden hat. Das südliche und das nördliche Seitenschiff wurden verbreitert, und in Verlängerung des Kreuzganges entstand 1450 die Moritzkapelle. Wahrhaft zur Schau stellt sich seit der Gotik die Westfassade in ihrer Portalarchitektur.
Entsprechend den Baugewohnheiten der Zisterzienser, die keine Türme erlaubten, gibt es in Pforta über der Vierung nur einen hölzernen Dachreiter mit drei Glocken und spitzem Helm. Zungenmauerartige Verlängerungen der westlichen Vierungspfeiler bilden die Rückwande des Chorgestühls. Ursprünglich bestanden nördlich und südlich Schranken zwischen Vierung und Querhausarmen, eine weitere auch nach Westen im ersten Langhausjoch. Die Querhausarme münden gen Osten jeweils in paarweise angeordneten und zweigeschossigen tonnengewölbten Kapellen, die die Zisterzienser vorwiegend für Privatmessen nutzten. Nach 1300 entstand die sogenannte "Evangelistenkapelle", indem das südliche Seitenschiff kapellenartig um das südliche Querhaus gezogen wurde. Das Querhaus wurde gotisch aufgestockt. Romanisches findet sich aber noch in den unteren und mittleren Zonen, die ans Mittelschiff anschließen. Erhalten sind die niedrigen Rundbogenzugänge (der nördliche vermauert) zu den Querhauskapellen.
Den östlichen Abschluß der romanischen Kirche bildete ein fünfteiliger Staffelchor: Der Chor schloß mit einer Apsis, zu der sich beiderseits eine Rechteckkapelle und abermals eine Apsis gesellten. Allerdings mußte der Chor einem 1251 begonnenen Neubau weichen. Der in einem 5/8 Polygon schließende Chor zeichnet sich durch architektonischen Formenreichtum aus. Über einer scheinbar massigen Sockelzone erhebt sich eine Nischengliederung, die

die vielgestaltigen Maßwerkfenster aufnimmt und über einen Laufgang erreichbar ist.
Zur reichhaltigen Ausstattung gehören der romanische Holzkelch mit Spuren einer Bemalung (13. Jahrhundert) und das ebenfalls bemalte Triumphkruzifixus aus mit Leinen überzogem Eichenholz. Das monumentale Kreuz entstand um 1240/50. Die weitere Ausstattung ist jüngeren Datums, so der Hochaltar (zweite Hälfte des 13. Jahrhunderts), der Dreikönigsaltar (1510), hölzerne Madonna- und Christusskulpturen und einige Reliquien, wie Kästchen aus Holz oder Weidengeflecht.
Unter den zahlreichen Grabmälern sticht die Tumba aus Alabaster des Markgrafen Georg von Meißen (gestorben 1402) hervor, auf deren Deckel der Verstorbene in Rüstung abgebildet ist, während die Seiten Darstellungen des Trauerzuges zieren. Die Schulbibliothek bewahrt eine wertvolle Handschrift mit dem Titel „De civitate dei" (um 1170) mit kostbaren Initialen auf.
Im Norden der Kirche schließt sich die Klausur (Mitte 12. Jahrhundert) an. Die drei Gebäudeflügel bilden einen fast quadratischen Hof. Der Ostflügel beherbergte zunächst die Sakristei und einen kleinen Bibliotheksraum - beide tonnengewölbt. Es folgte der flachgedeckte Kapitelsaal mit einer rundbogigen Tür und zwei Drillingsfenstern zum Kreuzgang. Im Obergeschoß befand sich das Dormitorium. Das Erdgeschoß des Nordflügels nahm das Refektorium mit zehn Fenstern in der Nordwand für sich in Anspruch. Lediglich ein Wärmeraum, vom Keller darunter beheizt, fand noch Platz. Wozu die Räume im Obergeschoß dienten, ist nicht bekannt. Der Westflügel war ausschließlich den Laienbrüdern vorbehalten, die hier sowohl ihren Speise- als auch ihren Schlafsaal hatten. Der sich nordwestlich anschließende Trakt diente womöglich als Wirtschaftsbau und könnte, ob seines großen Tores und der Zwillingsfenster mit eingestellten Säulchen, durchaus romanisch sein.
Der vermutlich von Anfang an eingewölbte Kreuzgang des Klosters existiert noch nach allen vier Himmelsrichtungen. Er bewahrt größtenteils seinen Bauschmuck aus der Mitte des 12. Jahrhunderts. Über der alten Sockelmauer spannen sich von Pfeiler zu Pfeiler weite Bögen, deren

Romanischer Kreuzgang des Klosters Schulpforte

ursprünglich eingestellte Drillingsarkaden verlorengingen. Die kleineren Ecksäulen an den Pfeilern tragen Kapitelle und Kämpfer mit Palmetten- und Schachbrettornamenten und stehen auf attischen Basen mit Eckzehen. Vom südlichen, schon immer zweischiffigen Kreuzgang ist nur die westliche Säule original erhalten.

1725 baute man den Osttrakt sowie alle Klausurgebäude derart stark um, daß heute vom romanischen Ursprung nicht mehr viel zu ahnen ist. Das ursprünglich eingeschossige romanische Infirmarium (Krankenhaus) wurde vom Fürstenhaus überbaut. Die beiden romanischen Portale (um 1220/30) mit profiliertem Rundbogen und Tympanon wurden erst später hier eingebaut. Bereits im Übergangsstil von der Romanik zur Gotik entstand 1220/30 die Kapelle des Krankenhauses, die sogenannte Abtskapelle. Der kleine zweijochige und kreuzrippengewölbte Bau mit polygonaler Apsis vereint romanische Strebepfeiler und Fensterformen mit gotischen Gewölbestrukturen, Profilen und Kapitellen. Die Außenwände sind durch Ecklisenen und durch einen Rundbogenfries gegliedert. Im polygonalen Teil und in der Südwand befinden sich Rundbogenfenster, deren Rahmungen je eine zusätzliche, dem Wulst folgende Rundung aufweisen. Die Rundungen werden von kleinen Säulen getragen. Die Fenster in der Südwand

sind paarweise angeordnet mit einem darüberliegenden kleinen Rundfenster. Die Säulen der Abtskapelle ruhen auf attischen Basen und besitzen Kelchblock- sowie Knospenkapitelle. Den polygonalen Teil hat man 1891 aufgestockt.
Westlich der Kirche steht noch ein romanisches Gebäude mit einer Heißluftheizung und mehreren kleinen Fensteröffnungen gen Norden. Zur Klosteranlage gehören außerdem die alte Klostermühle mit wertvoller Mühlentechnik, das Fürstenhaus (1568 - 1575), das neugotische Torhaus (1854) sowie die ehemalige Schenke (1624).

Naumburg

Dom St. Peter und Paul

Der Naumburger Dom St. Peter und Paul vereint in sich Romanisches und Gotisches auf harmonische Weise. Der heutige mächtige Bau aus dem 13. Jahrhundert findet sowohl in der Marienstiftskirche als auch in dem frühromanischen Dom seine Vorgänger. Die Söhne von Markgraf Ekkehard I., Hermann und Ekkehard II., veranlaßten den Bau der kleinen Kirche, auch als Ekkehardingische Stiftskirche bezeichnet, deren Grundriß zum Teil durch Grabungen bekannt ist. So besaß das Gotteshaus einen etwa quadratischen Chor mit je einem Seitenturm. Ein Saal schloß sich an den Chor an. Wie allerdings der westliche Teil der Kirche aussah, weiß man nicht. Die Marienstiftskirche mußte 1250 dem frühgotischen Westchor des Doms weichen. Geblieben sind nur noch zwei Turmwände ihres Ostbaus und ein zart profilierter Okulus (frühes 11. Jahrhundert) in der Nordwand des südwestlichen Domturms.
1028 genehmigte der Papst, den Bischofssitz von Zeitz nach Naumburg zu verlegen. Daraufhin begannen östlich der Marienstiftskirche die Arbeiten zum Bau des frühromanischen Doms in Naumburg. Auch für ihn lassen sich durch erfolgreiche Grabungen Aussagen über den Grundriß treffen. So besaß die 1042 geweihte Basilika einen quadratischen Ostchor mit zwei Muldennischen in den Wänden und eingezogener halbkreisförmiger Apsis, ein Querhaus mit zwei Nebenapsiden und ein Langhaus, des-

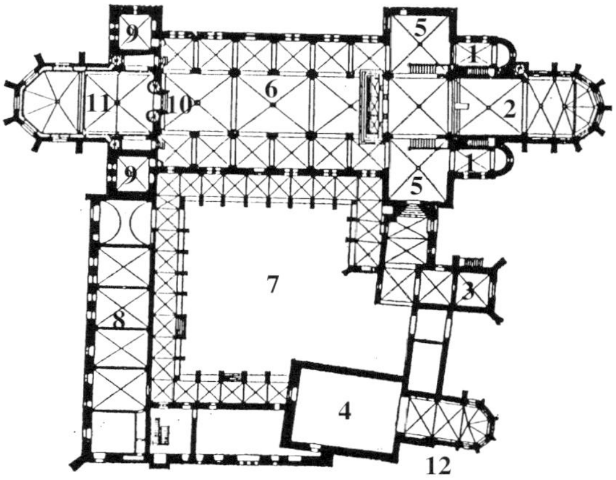

Grundriß des Doms St. Peter und Paul

1) Osttürme
2) Ostchor
3) Dreikönigskapelle (1416 geweiht)
4) pseudomittelalterliches Gebäude der Jahrhundertwende
5) Querhaus
6) Langhaus
7) Hof mit Kreuzgang
8) Klausurgebäude
9) Türme des Westbaus
10) Westlettner
11) Westchor mit Stifterfiguren
12) Chor der ehemaligen Marienkirche (Mitte 14. Jh.)

sen Mittelschiff der Größe dreier Chorquadrate entsprach. Die Seitenschiffe mündeten westlich in je einem quadratischen Turm. Den Westabschluß bildete ein weiterer ursprünglich apsidialer Chor mit Krypta, flankiert von den Türmen. Auch der Ostchor erhielt im nachhinein, um 1170, noch eine Krypta. Sie bildet, wenngleich ohne ihre einstige Apsis, den mittleren Raum der heute unter dem Ostchor liegenden Krypta.
Mit dem Bau, der sich jetzt in seiner ganzen Großartigkeit - die Gesamtlänge beträgt 100 Meter - vor uns erhebt, begann man etwa im Jahre 1210. Die ersten Baupläne sahen eigentlich vor, die frühromanischen Ostteile mit

einem neuen Langhaus zu verbinden. Doch schon bald änderte sich die Konzeption, und es fiel die Entscheidung für einen vollständigen Neubau. Von Ost nach West entstanden so ein Ostchor mit Apsis, eine dreiteilige Krypta unter Chor und Vierung, ein dreijochiges Querhaus mit ausgeschiedener Vierung, zwischen Querhaus und Chor quadratische Osttürme mit Apsiden im Erdgeschoß, ein basilikales Langhaus und die quadratischen unteren Geschosse der beiden Westtürme, zwischen denen zunächst die Marienstiftskirche ihren Platz fand. Alle diese Bauteile erwuchsen im Stile der Spätromanik, der noch heute das Erscheinungsbild des Naumburger Doms wesentlich mitbestimmt. Typisch romanische Elemente wie Lisenen und Rundbogenfriese gliedern das Mauerwerk, die Rautenöffnungen der Querschiffsgiebel stellen sogar Beziehungen zur rheinischen Spätromanik her. Als Dom-Haupteingang in der zweijochigen, spätromanischen Vorhalle des südlichen Querschiffs fungiert ein fünffach abgetrepptes Portal mit eingestellten kräftigen Säulen und bemerkenswerten Adler- und Blattrankenkapitellen. Das Tympanon bildet ein flaches Relief mit Christus in der Mandorla, getragen von zwei Engeln.

Das Innere der dreischiffigen Krypta erreicht trotz oder vielleicht gerade wegen ihrer in unterschiedlicher Zeit entstandenen Bauteile eine vorzügliche Wirkung. Der zweijochige Vorraum mit Freistützen aus jeweils vier kreuzförmig um einen quadratischen Kern gestellte Säulen entstand in spätromanischer Zeit. Eine Wand mit Portal und zwei phantasievollen Okuli trennen Vor- und Hauptraum voneinander. Als Hauptraum dient die frühromanische Krypta von drei Jochen. Sechs verschieden dekorierte Freisäulen erheben sich auf attischen Basen mit Eckhülsen. Die Kapitelle tragen Palmettendekor. Flache Reliefs, Palmetten und Diamantbänder schmücken die kleinen Kapitelle der vier Wandsäulen in den Ecken. Nur sehr spärlich fällt das Licht in den Hauptraum der Krypta. Die ursprünglichen Fenster werden seit der gotischen Verlängerung des Chores verdeckt. So lassen nur noch ein gotisches Fenster in der Südwand des Chores und ein romanisches in der Südwestwand wenige Sonnenstrahlen hinein. Den dritten Abschnitt der heutigen Krypta bildet

Vom Kreuzgang aus präsentiert sich der Naumburger Dom vorwiegend romanisch

der zweijochige Ostteil mit Apsis. Er diente ursprünglich der spätromanischen Domapsis als Untergeschoß. Vier Freistützen, die aus jeweils vier freistehenden Säulen um einen übereck gestellten quadratischen Pfeilerkern erwachsen, beherrschen mit ihren edlen Kapitellen und den verzierten Schlußsteinen das Innere dieses Raumteils. Das romanische Kruzifix auf dem Altar stammt von 1160/70.
Der romanische Ostchor zwischen den Osttürmen erfuhr um 1330 eine gotische Umgestaltung und Verlängerung. An den spätromanischen Bau erinnert hauptsächlich noch das Rankentympanon mit dem Gotteslamm am Portal zum Nordostturm. Gotische Kapitelle und vor allem der beträchtliche Teil erhaltener, künstlerisch wertvoller Glasmalerei aus dem 14. und 15. Jahrhundert beanspruchen zweifelsohne den jetzigen Raum für sich.
Zwischen Ostchor und Mittelschiff erhebt sich vor der Westwand der Krypta der Ostlettner. Vier Bündelsäulen und doppelte Wandsäulen stützen die dreijochige, kreuzgewölbte Halle über dreistufigem Sockel. Zwei Türen in der Kryptenwand öffnen sich zu steilen Treppen, die auf den Chor hinaufführen. Der Ostlettner entstand gleichzeitig mit der Kirche und gilt als ältestes Beispiel voll ausgebildeter und erhaltener Hallenlettner in Deutschland. Aus dem 19. Jahrhundert stammen der Altar und die obere Brüstung ab der Kapitellchen der Blendarkatur. Zur gleichen Zeit wurden die Fresken erneuert.
Das kreuzgratgewölbte Querhaus präsentiert sich mit ähnlich spärlicher Glasmalerei des 19. Jahrhunderts wie das Langhaus. Die Öffnung zwischen südlichem Querhausflügel und unterer Kapelle des Südostturms besteht noch heute, während ihr nördliches Pendant bereits in spätromanischer Zeit einer Wand mit Pforte und sogenanntem Schlüssellochfenster Platz machen mußte.
Das schlichte, aber ausgewogen proportionierte Langhaus ist ebenfalls kreuzgratgewölbt. Der östliche Pfeiler fällt gegenüber allen anderen kreuzförmig gebündelten Pfeilern mit vorgelegten Säulen und schmucken Rankenkapitellen aus der Rolle. Dieses Paar ist nämlich quadratisch und entstand als einziges nach dem ersten Bauplan des neuen Doms, der nur ein neues Langhaus vorsah. Im Mittelschiff sind bereits frühgotischer Natur die auffallen-

den Schlußsteine und die unterlegten Gewölberippen im westlichen Joch. In den Gewölben der Seitenschiffe und des Querschiffs finden sich dagegen bereits barocke Schlußsteine aus Holz. Die Untergeschosse der Westtürme nehmen gewölbte Kapellen auf. Die Elisabeth-Kapelle im Nordturm beherbergt ein steinernes überlebensgroßes Standbild der Thüringer Landgräfin (kurz nach 1235). Das Langhaus endet vor dem Westlettner.
Der gotische Westchor, eines der wichtigsten und schönsten Beispiele deutscher Frühgotik, entstand 1250 im Anschluß an den Bau des Langhauses. Dieser Chor und die ihn vom Mittelschiff trennende Westlettnermauer mit kunstvoll gegliedertem Mittelportal machen mit ihren plastischen Werken den Naumburger Dom so berühmt und weltweit bekannt. Zu der dem sogenannten "Naumburger Meister" und seiner Werkstatt zugeschriebenen Kunst gehören die Laubkapitelle des Westchors, der gesamte Westlettner mit seinen Reliefs (Passion Christi) und der Triumphkreuzgruppe sowie auf dem Laufgang im Westchor die zwölf Stifterfiguren, mit denen der Meister weltliche Personen als Idealfiguren darstellt. Die künstlerische Sprache, in der die Werke nach Mitte des 13. Jahrhunderts entstanden sind, bildet den Höhepunkt einer in Deutschland um 1200 einsetzenden Entwicklung, die versuchte, die typenhafte Darstellung in der Romanik zu überwinden und die Figuren in ihrer Individualität, Körperhaftigkeit und Bewegung zu zeichnen. Bemerkenswert ist unter diesem Gesichtspunkt besonders, daß alle dargestellten Personen zu dem Zeitpunkt bereits 150 bis 200 Jahre tot waren. Die beiden Hauptstifter (Hermann und Ekkehard II.) werden gemeinsam mit ihren Gemahlinnen (Reglindis bzw. Uta) dargestellt; ansonsten gibt es nur Einzelfiguren.
Etwa 1260 waren wohl die Arbeiten am Westchor abgeschlossen. Zu dieser Zeit erhielt der Nordwestturm sein erstes gotisches Geschoß. Die beiden folgenden kamen dann erst im 14. und 15. Jahrhundert hinzu. Die Helme und die neugotischen Geschosse des Südwestturms entstammen dem 19. Jahrhundert. Um 1500 wurden die Osttürme, die vermutlich nach oben hin ursprünglich mit achteckigen Zeltdächern abschlossen, mit den oberen Geschossen

in spätgotischen Maßwerkformen versehen. Die Hauben sind von 1711 und 1713.
Im Süden des Doms schließen sich große Teile der spätromanischen und gotischen Klausur an, die erst 1244 entstanden ist. Zuvor gab es schon eine Klausur an der Nordseite, von der allerdings nur noch Spuren blieben. Daß es seltsamer Weise gleich zwei Klausuren gab, läßt sich eventuell so erklären, daß die nördliche wohl zunächst den Mitgliedern des Domkapitels diente, für die dann allerdings die südliche Klausur errichtet wurde. Die nördliche gehörte ab da zur Marienstiftskirche.

Zeitz

Moritzburg mit Dom St. Peter und Paul

Für das Bistum Zeitz ist als erster Bischof Hugo I. nachgewiesen, dessen Amtszeit im Jahre 968 begann. Allerdings gibt es über die Ausgestaltung seines Sitzes keine Informationen. Fest steht aber, daß die Gegend eine sehr unsichere war und vor allem von Böhmen oft überfallen wurde. Daher genehmigte 1028 der Papst die Verlegung des Bistums nach Naumburg. Der zur Zeitzer Anlage gehörende Dom St. Peter und Paul fungierte fortan als Stiftskirche. Im Jahre 1657 begannen die Arbeiten für das neue Schloß. Diese Bauphase beeinflußte auch das Aussehen der Kirche erheblich. Ihre westliche Zweiturmfassade verschwand vollständig, zugunsten eines der neuen Schloßarchitektur angepaßten Bauteils. Auch das Innere der Kirche veränderte sich, ebenso der Kreuzgang, der seinen Westteil sogar ganz verlor. Im Jahre 1663 verlegte man den Regierungssitz des Herzogtums von Naumburg nach Zeitz. Die Residenz hieß von nun an Moritzburg und der Dom St. Peter und Paul Trinitatiskirche. Seit 1946 befindet sich im Schloß das Städtische Museum.
Die heutige katholische Pfarrkirche zeigt sich als turmlose, dreischiffige Sandstein-Hallenkirche von vier Jochen. Zu ihr gehören ein Querhaus und ein langgestreckter Chor, der mit einem fünfseitigen Polygon schließt. An der Südseite des Chores befindet sich ein Sakristeianbau aus der Mitte des 15. Jahrhunderts.
Ältester Teil der im Kern romanischen Anlage des 11.

Hallenkrypta im Zeitzer Dom

Jahrhunderts ist die dreischiffige, vierjochige Krypta. Sie befindet sich unter dem Chor und zählt in Mitteleuropa zu den ältesten Hallenkrypten. Sie entstand vermutlich um 1000. Der sandsteinerne Bau besitzt scharfgratige Kreuzgewölbe zwischen kräftigen Gurten. Die Gurtbögen ruhen auf acht schlanken Freisäulen. Ihre kämpferlosen Kapitelle zeigen recht unterschiedliche Höhen und Formen. Die sechs östlichen Säulen verjüngen sich etwas, ihre Basen und Kapitelle wirken plump. Die beiden westlichen Kapitelle dagegen lassen mit ihren flach dekorierten Spiralranken Verbindungen zur Krypta der Quedlinburger Stiftskirche herstellen. Die Basis auf der Nordseite trägt Eckspornen, die auf der Südseite ist auffallend hoch und stammt aus dem 16. Jahrhundert. Anstelle der ursprünglichen Rundbogenfenster (heute vermauert) bestehen kleine viereckige Fenster. Die Apsis besitzt eine halbkreisförmige Altarnische. In der Krypta fanden die meisten Mitglieder der Herzoglichen Familie ihre letzte Ruhestätte. Die 13 Särge sind teilweise reich bemalt und mit Ornamenten versehen.

Weitgehend romanisch zeigen sich noch die Seitenwände des Chores und des südlichen Querhausarmes, während der jetzige Nordarm in der Spätgotik entstand. Die Vierung des durchlaufenden Querhaus begrenzen gen Osten und gen Westen hohe romanische Rundbogen. Von den ursprünglichen rundbogigen Fenstern, die sich durch stei-

le Gewände auszeichneten, blieben lediglich die Öffnungen im Südkreuz und die an der nördlichen Chorwand erhalten. Der einstmals apsidiale Chorschluß mußte um 1300 dem fünfseitigen Polygon weichen, dessen sternförmiges Rippengewölbe auf schlanken Diensten steht.
Anstelle des romanischen Langhauses, das 1429 die Hussiten zerstörten, entstand in der nachfolgenden Zeit das spätgotische Hallenhaus unter Einbeziehung romanischer Teile. Den Raumeindruck prägen in erster Linie die Umbauten des 17. Jahrhunderts und die barocke Ausstattung. Grabsteine und Bronzeplatten stammen vorwiegend aus dem 15. und 16. Jahrhundert.
Nur noch Reste der romanischen Klausur und des gegen 1400 entstandenen Kreuzganges blieben südlich des Doms übrig. Die Kreuzgangmauern im Norden und Osten bewahren ihren romanischen Ursprung.
Umfassende Baumaßnahmen erfährt der Zeitzer Dom seit 1992. Zunächst beschränken sich die Arbeiten auf das Innere. Bereits 1982 stürzte hier der südöstliche Vierungspfeiler ein und riß große Gewölbeteile mit sich. Drei Jahre später brachen Teile des Daches zusammen.

Schloß Neuenburg fügt sich romantisch in die vom Weinbau geprägte Unstrutlandschaft

Freyburg

Schloß Neuenburg

Am östlichen Ufer der Unstrut erhebt sich hoch über der Stadt Freyburg die heute nüchtern, aber mächtig wirkende Neuenburg, einst neben der Wartburg wohl die glanzvollste Burg der Thüringer Landgrafen. Die Burg diente ihnen vor allem als strategischer Brückenkopf ihres Territoriums.

Um 1090 entstand unter Ludwig dem Springer die erste Anlage: eine Vorburg und eine Kernburg. Eine vermutlich einheitliche äußere Ringmauer von 1,5 Meter Stärke umgab die Talseiten Nord, West und Süd. Im Osten stand der erste Bergfried, dessen Fundament 1939 unmittelbar östlich der Kapelle ergraben wurde. Sie war es auch, die den runden Turm verdrängte. Turmartige Bauten flankierten den Bergfried. Der Bau nach Norden bestand noch bis ins 16., der nach Süden sogar bis ins späte 17. Jahrhundert. Die Ostseite schützte zusätzlich ein Wall-Grabensystem. Die im Osten liegende Kernburg wies damals ein bis zwei kleinere Wohnbauten auf, und es gab selbst auf der Vorburg einen bewohnbaren Bau mit Abort. Diese Abortanlage wurde in der nachfolgenden Bauphase zugunsten eines neuen mit zwei Aborten versehenen Toilettenbaus vor der Ringmauer aufgegeben.

Wohl Mitte bis Ende 12. Jahrhundert nahm die Anlage größere Ausmaße an. Es entstand eine zweite Vorburg gen Osten mit einem zweiten Bergfried. Von ihm aus konnten die Wachleute viel besser das südöstliche Vorfeld der Burg beobachten. Heute kündet lediglich der über zwei Meter hohe Stumpf von dem runden Turm, der Mitte des 17. Jahrhunderts abgebrochen wurde und dessen Steine zum Teil der 117 Meter tiefe Brunnen hinter dem unteren Tor bewahrt. Eine weitere Ausdehnung der Anlage erreichte die dritte Vorburg mit dem dritten Bergfried, dem "Dicken Wilhelm". Er gibt noch etwas mehr von seiner ursprünglichen Gestalt preis. Der spätromanische Rundturm hat einen Durchmesser von 14 Metern und eine Höhe von etwa 23,5 Metern. Der ursprüngliche (hochgelegene) Eingang führte ins kuppelgewölbte Hauptgeschoß mit Kamin (teils rekonstruiert) und mit Abortkämmerchen

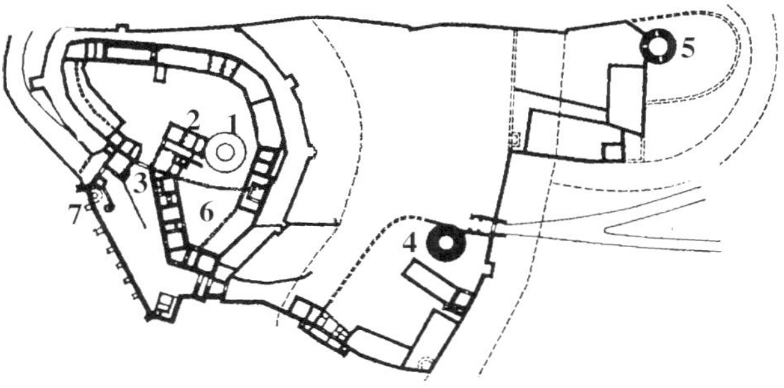

Grundriß der Neuenburg in Freyburg

1	erster Bergfried
2	romanische Doppelkapelle
3	Innentor
4	Stumpf des zweiten Bergfrieds
5	Bergfried "Dicker Wilhelm"
6	Fürstenhaus
7	Brunnen

innerhalb der 2,85 Meter starken Mauer. Vom Hauptgeschoß führt eine Mauertreppe nach unten zu einem weiteren Wohngeschoß, von dem aus man das unterste Geschoß über eine hölzerne Treppe erreichte. Vom Hauptgeschoß nach oben gelangt man, ebenfalls über eine Treppe, in einen Raum mit Abort. Auf ein weiteres Geschoß deutet das bestehende Schlitzfenster. Etwa 1550 erhielt der "Dikke Wilhelm" eine schiefergedeckte Turmhaube.

In die zweite Bauphase gehört wohl auch der Bau der ersten Burgkirche zwischen erster Vorburg und Kernburg. Von dem Rechteckbau mit Apsis bestehen noch große Mauerteile sowie im Süden Reste dreier rundbogiger Fenster und einer Tür. Vermutlich wurden noch vor Vollendung der Kirche die Baupläne geändert, und es entstand etwa zwischen 1200 und 1230 die Doppelkapelle. Dieser eher selten vorkommende Bautyp zeichnet sich durch zwei übereinanderliegende Räume aus, die durch eine Öffnung in der Zwischendecke miteinander verbunden sind. Der untere Raum blieb dem Gesinde, der obere den Herrschaften vorbehalten. Die erste Burgkirche der Neuenburg verlor ihre Apsis, deren Platz fortan ein rechteckiger Altarraum mit einem Obergeschoß besetzte. Als Stütze

"Dicker Wilhelm" auf Schloß Neuenburg in Freyburg

für dessen Westwand erhielt das Untergeschoß eine Arkade mit zwei Säulen. Die Kapitelle und Basen der Arkade und im Altarraum stammen aus dem späten 12. Jahrhundert. Blatt- und Rankenornamente und das Palmetten-Ringband-Motiv gestalten die Bauteile. Der wohl frühgotische Taufstein in Kelchform steht hier erst seit 1856. Im Obergeschoß verband sich der westliche Raum in weiter Öffnung mit den Palasbauten. In den eigentlichen Kapellenraum führte im Westen eine rundbogige Tür. Nach den drei Fenstern (zwei Lilienfenster flankieren ein Vierpaßfenster) in der Ostwand zu urteilen, waren vermutlich anstelle der zwei Schiffe drei geplant. Die Kreuzgewölbe der oberen Kapelle ruhen auf Wandsäulen und einer Mittelstütze, die sich aus vier um einen quadratischen Kernpfeiler gestellte Säulen bildet. Die Kapitelle und Kämpfer sind reichornamentiert. Aus den Anfängen des 13. Jahrhunderts stammen die Ornamente der Wandsäulen. Ihre qualitätvollen Kapitelle zeigen verschiedene, in Rankenmotive eingearbeitete Tiergestalten, u. a. zwei Drachen (Norden), einen Adler beim Hasenfang (Südost) und zwei gegensätzliche Löwen (Südwest). Tropfenförmig hängende Schlußsteine und gezackte Gurtbögen ergänzen die prächtige, niederrheinisch und auch sächsisch beeinflußte Ausgestaltung des oberen Kapellenraumes. Die jetzige Innenausmalung in den dominierenden Farben gold, rot und grün ist nicht ursprünglich.

Etwa zeitgleich mit der Entstehung der Kapelle erwuchs in der Kernburg, zwischen Doppelkapelle und Osttorhaus, aus einem kleinen quadratischen Wohnbau (frühes 12. Jahrhundert) an der Ringmauer der Palas. Die Nordwand

mit Resten einer rundbogigen Tür und die Ostwand des Vorgängers stehen heute noch. Seinerzeit wurden die Außenmauer (Teil der Ringmauer) verstärkt und neue Wände im Osten und Süden hochgezogen. Das Untergeschoß besaß Türen nach Nord, Süd und West sowie kleine Fenster zum Hof hin, das Erdgeschoß eine Fensternische mit Stichbogen und drei hohe schmale Schlitzfenster im Westen sowie weitere dieser Fenster im Süden (eins) und im Osten (vier). Neben der Erweiterung nach Süden erfolgte auch eine nach oben: Ein Geschoß wurde aufgesetzt, das vermutlich den großen Repräsentationssaal mit zahlreichen Fensterarkaden aufnahm. Gotische Umbauten (1459) zerstörten das Geschoß fast vollständig.
Eine dritte romanische Bauphase bezog sich vor allem auf den Ausbau der Kernburg. Der bestehende, vermutlich zweigeschossige Wohnbau zwischen Palas und Kapelle erhielt mindestens zwei weitere Geschosse. Es wurden Verbindungen zum Obergeschoß der Doppelkapelle sowie zum neuentstandenen Vorbau geschaffen, von dem aus man zugleich den Palas erreichte. Die Vergrößerung der Burg in Richtung Süden verursachte der 1225 errichtete prächtige Wohnturm neben den Toilettenanbauten vor der alten Ringmauer. Der quadratische Bau besaß mit ursprünglich vier Geschossen eine Höhe von 18 Metern. Starke Balkendecken trennten die Geschosse voneinander. Zum hochgelegenen Erdgeschoß führte ursprünglich eine rundbogige Tür von Osten. Von außen erreichbar waren auch das zweite und dritte Obergeschoß (Türen seit 16. Jahrhundert vermauert), während zum ersten eine Innentreppe führte. Die Gestalt der Fenster, die mit jedem Geschoß anspruchsvoller wird, gipfelt in den vier großen Drillingsfenstern mit eingestellten Säulen. Reste großer Wandkamine finden sich im ersten und zweiten Obergeschoß. Beide Geschosse erhielten Zugänge zu dem Toilettenanbau, dessen Aborte mit steinernen Sitzflächen, Wandnischen und runden Fenstern ausgestattet waren.
Im Jahre 1247 starben die Thüringer Landgrafen aus. Die Neuenburg gelangte in die Hände der Markgrafen von Meißen, die sich nicht so sehr um die Anlage kümmerten. Erst Mitte des 15. Jahrhunderts gewann sie noch einmal an Bedeutung, die sie mit umfassenden Modernisierungen

bezahlte. Zu dieser Zeit und bei dem späteren Ausbau zum fürstlichen Wohnschloß im Jahre 1541 verschwand viel von der alten romanischen Bausubstanz. Weitere Umbauten führten nach 1666 beispielsweise zur Erneuerung des Fürstensaales, zur jetzigen Einfassung des inneren Burgtores und zum Bau des Brunnens hinter dem unteren Tor.

Merseburg

Dom St. Johannes und Laurentius

Ein wahrhaft malerisches Ensemble bilden heute Dom und Schloß auf dem Buntsandsteinfelsen in Merseburg hoch über der Saale. Im Jahre 1015 begannen die Bauarbeiten für den heute zum Teil noch bestehenden, im Laufe der Jahrhunderte mehrfach veränderten Dom St. Johannes und Laurentius in Merseburg. Bereits 1021 fand die Weihe statt, im Beisein des als Stifter verehrten Heinrich II., der den Bau des Merseburger Domes förderte und mit großzügigen Geschenken unterstützte. Heinrich II. war es auch, der das Bistum Merseburg wiederbegründete, das zuvor schon einmal durch Otto den Großen ab 968 bestand, aber durch dessen Sohn Otto II. 981 aufgehoben wurde. Von der damals bestandenen Kirche bzw. mit der Bistumsgründung dann Kathedrale fehlen zum Bauwerk selbst aufschlußreiche Überlieferungen. Bekannt ist, daß sie 931 als Pfalzkirche König Heinrichs I. geweiht wurde und wohl südlich des heutigen Doms stand.

Vom Gründungsbau des Doms (1015 bis 1021) existieren noch die unteren Teile des südlichen Querhausflügels und vermutlich die der Westtürme. Nachdem der Chor zweimal eingestürzt war, flankierte man ihn beim dritten Versuch nach 1036 mit zwei runden Türmen, die ihm zusätzlich Halt verschaffen sollten. Diese Osttürme besitzen noch heute jeweils drei frühromanische Geschosse, die sich am äußeren Bau durch Gesimskränze aus verschiedenfarbigem Steinmaterial voneinander abgrenzen. Die kleinen Rundöffnungen bzw. Schlitze der Türme entstanden je aus einem Stein. Der nördliche Turm zeigt größere Fenster, die ebenso wie der Eingang im 17. bzw. 19. Jahrhundert ihre romanischen Vorgänger ablösten. Gemeinsam mit dem dritten Chorbau wurde unter Chorqua-

drat und Apsis die Hallenkrypta geschaffen. Sie zählt zu den ältesten rein erhaltenen Hallenkrypten Mitteldeutschlands. Drei Pfeilerpaare teilen den Kryptenraum in drei gleichbreite, vierjochige Schiffe. Die sich aus der Quadratform entwickelnden Bündelpfeiler sind schön gegliedert und zart profiliert. Das mittlere Pfeilerpaar bildet sich aus den in Halbkreisnischen eingestellten Halbsäulen, die Pfeiler der anderen beiden Paare verbinden sich jeweils mit vier Dreiviertelsäulen. Die Basen und Kämpfer besitzen umlaufende vielgliedrige und zarte Profile. Gestalterisch wirkt sich zudem der farbliche Kontrast aus: Die Kämpfer in rötlichem Sandstein, die Pfeiler in Kalkstein und grauem Sandstein. Die glatten Wandpfeiler haben entsprechend profilierte Kämpfer. Ihre geschrägten Basen liegen auf einer Sockelbank auf. Einen besonders massiven Eindruck vermitteln, bedingt durch die Schranknischen, die beiden Wandpfeiler der Apsis. Von ihren ursprünglich drei romanischen Fenstern verdeckt der Schloßanbau das nördliche, während das mittlere im 19. Jahrhundert vergrößert wurde. Veränderungen im 16. bzw. 19. Jahrhundert mußten auch die seitlichen Zugänge im westlichen Joch der Krypta hinnehmen. Zwar ebenfalls nachträglich, aber durchaus noch in hochromanischen Tagen erhielt die Krypta den westlichen Vorraum. Der Schlußstein des Türsturzes auf der Westseite bewahrt ein bemerkenswertes Relief mit segnender Gotteshand auf Kreuznimbus in flacher Muldennische und mit gemalter Spruchinschrift.
Der Bau eines Mittelturms - wohl über der Vierung - in der Zeit 1059 bis 1093 ist überliefert, aber heute nicht mehr zu sehen.
In der zweiten Hälfte des 12. Jahrhunderts kam es erneut zu Umbauten, von denen die Obergeschosse der beiden Westtürme künden. Während sich ihr unterer frühromanischer Teil aus großquadrigem Mauerwerk und mit einfachen Fensterschlitzen (teils im 17. Jahrhundert vergrößert) auf quadratischem Grundriß erhebt, gestalten sich die Obergeschosse aus Werkstein in achteckiger Form mit eingestellten Halbsäulen an den Kanten. Auch die Schallöffnungen unterscheiden sich: Die unteren sind rundbogig und von Rundstäben umzogen, die oberen gekuppelt und

Dom St. Johannes und Laurentius Merseburg

seit dem 13. Jahrhundert spitzbogig. Die Abgrenzung zwischen den Turmteilen übernimmt jeweils ein hufeisenförmiger Bogenfries.

1225/30 verschwand der ursprüngliche Westabschluß zu-

gunsten einer dreischiffigen basilikalen Vorhalle als Verlängerung des damals noch ottonischen Langhauses. Das Mittelschiff wurde zwischen den Türmen weiter nach Westen gezogen und die Seitenschiffe bis an die Türme geführt. In dieser Erneuerungsphase (bis 1240) wurden die Hauptapsis im Osten ab Höhe des Fenstergesims neu aufgeführt, der nördliche Querhausarm weitgehend erneuert, der Südarm verändert, die gesamten Ostteile eingewölbt, die Osttürme um je ein Geschoß erhöht, das Innere neu ausgestattet und zwischen den Westtürmen ein neuer Zwischenbau hochgezogen. Dieses mit einem Satteldach gedeckte Glockengeschoß liegt etwas höher als sein Vorgänger. Als Schallöffnungen dienen vier Lanzettfenster in den nach Ost und West gerichteten Giebeln.
Die basilikale Vorhalle erhielt um 1515 ihr spätgotisches Mittelportal in der Westseite. Die Drei-Fenster-Gruppe über dem Portal präsentiert sich indes in gedrückt spitzbogiger, leicht gestaffelter Form. Den Giebel gliedern Blendnischen. Die Seitenschiffsfenster sind spätgotischer Natur, während wiederum die Obergadenfenster der Spätromanik entspringen. Allerdings werden diese Fenster vom Gewölbe des 16. Jahrhunderts überschnitten. Das Innere der Vorhalle gliedert sich in den annähernd quadratischen Mittelraum und den zwei Seitenschiffen. Die Trennung zwischen ihnen übernehmen jeweils zwei stumpfspitzbogige Arkaden auf kräftigen quadratischen Pfeilern. Das Mittelschiff, die sogenannte Heinrichskapelle, ließ 1535 Bischof von Lindenau zur Grabkapelle ausbauen.
Das schlichte Innere der Ostteile geht stark auf den Umbau um 1230 zurück. Der Apsisbogen, die Bögen der ausgeschiedenen Vierung und fast alle Fensterschlüsse (außer die im Chorjoch) bewahren den stumpfen Spitzbogen. Von den fünf Apsisfenstern verstellt der Schloßanbau das nördliche, 1883 verschwand das südliche. In der nördlichen und südlichen Wand des Chorquadrats sitzt jeweils noch das romanische Fenster. Wandvorlagen und Konsolen tragen das Kreuzgratgewölbe des 13. Jahrhunderts. Hohe steinerne Chorschranken (1235/40) trennen Chor und Querschiff voneinander. Das Äußere der beiden Schranken gestalten kräftig profilierte Blenden auf Dreiviertelsäulen, deren Kelchblockkapitelle mit Rankenorna-

ment versehen sind. Auf den Schranken befinden sich baldachinartig zur Vierung überkragende Aufsätze, von denen der südliche jedoch im 19. Jahrhundert erneuert wurde.
Beiderseits des Chores, zwischen Querschiff und jeweiligem Turm, gibt es einen Vorraum (1230) mit Kreuzgratgewölben auf Konsolen. Der breitere Raum an der südlichen Seite beherbergte einst zusammen mit dem Südostturm die Schatzkammer und das Archiv. Unter dem Raum liegt die spätgotische Marienkapelle (1490), die 1670 zur Fürstengruft wurde. Im schmalen nördlichen Raum befindet sich die Sakristei mit spätgotischem Vorhangfenster. Ende 15./Anfang 16. Jahrhundert gestaltete Bischof Tilo von Trotha den nördlichen Querhausarm zu seiner Grabkapelle um, woraus der Name Bischofskapelle erwuchs. Der südliche Querhausarm bewahrt hinter dem aufwendig gestalteten barocken Portal zur Fürstengruft noch die Nebenapsis von 1015.
Das jetzige Langhaus des Domes ist ein Werk aus der Zeit von 1510 bis 1517. Die Halle wurde unter Nutzung romanischer Langhausfundamente zwischen den romanischen Ost- und Westteilen eingefügt.
Die Ausstattung des Merseburger Doms ist überaus reich und wertvoll. So liegt in der Vierung mit der Grabplatte Rudolfs von Schwaben, dem Gegenkönig von Heinrich IV., das älteste datierbare Bildnisgrabmal Deutschlands. Die ursprünglich vergoldete Bronzeplatte entstand wohl kurz nach dem Tod Rudolfs (1080) und stellt ihn als wenig unterlebensgroße Figur in flachem Relief dar. Nur der Kopf mit ausdrucksvoll strengen Gesichtszügen tritt stärker hervor. Augen und Krone waren vermutlich ehemals mit Edelsteinen besetzt.
Zur Ausstattung gehört neben einem Holzkruzifixus (um 1240) vor der Vierung auch eine monumentale Taufe (um 1180) in der Vorhalle. Dieses romanische Stück aus rotem Sandstein stammt aus der Neumarktkirche des Ortes und besetzt seit 1831 den neuen Platz. Vier Löwen, zwischen ihnen vier Männer als Personifizierungen der vier Paradiesflüsse, tragen das tonnenartige Becken. An diesem finden sich hohe Rundbogenarkaden mit Reliefs von Propheten, die wiederum auf ihren Schultern Apostel tragen.

In der Vorhalle kann man auch die beiden ältesten Domglocken besichtigen: die kleine bienenkorbförmige stammt aus der ersten Hälfte des 12. Jahrhunderts, die große vom Ausgang des 12. Jahrhunderts.
Zwar wesentlich jünger, aber dennoch bemerkenswert sind der Hauptaltar (1668), als einer der ersten mitteldeutschen barocken Altäre, und die Ladegast-Orgel.
Der Dom mit einer Gesamtlänge von etwa 75 Metern bildet heute den südlichen Abschluß des Schloßhofes. Die anderen Schloßflügel entstanden zwischen 1483 und 1665. An der Südseite des Doms schließt sich der Kreuzgang mit den Klausurgebäuden an, von denen lediglich die "Tonsur" noch aus romanischer Zeit stammt. Der ehemalige Kapitelsaal soll nach seiner Instandsetzung die reiche Domstiftsbibliothek aufnehmen.Zu ihrem Bestand gehören: die Merseburger Zaubersprüche (10. Jahrhundert), das Martyrologium des Bischofs Thietmar (Anfang 11. Jahrhundert) und die dreiteilige Bibelhandschrift (um 1200).

Neumarktkirche

Im 12. Jahrhundert vergrößerte sich Merseburg um den Stadtteil Neumarkt. Hier entstand im gleichen Jahrhundert die Neumarktkirche St. Thomas. Über ihre Entstehung fehlen genaue Daten. Vermutlich fanden die ersten Gottesdienste (um 1188) bereits statt, als nur Sanktuarium und Querhaus standen. Das Langhaus folgte kurze Zeit später, aber die oberen Turmgeschosse ließen etwas länger auf sich warten. Angesichts ihrer Schallarkaden-Form stammen sie aus dem zweiten Viertel des 13. Jahrhunderts. Bekannt ist für das Jahr 1324 die Gründung eines Kollegiatstifts an der Neumarktkirche, das jedoch schon zwei Jahre später in die Merseburger Altstadt verlegt wurde.
Nicht sehr gut meinte es das Schicksal mit der kreuzförmigen Basilika, die mehrere Bauteile im Laufe der Jahrhunderte einbüßte. Von ihren beiden Westtürmen stürzte der Südturm zusammen mit dem südlichen Seitenschiff ein. Eine Zeichnung von 1626/29 zeigt die Kirche bereits ohne diese Teile sowie ohne nördliche Nebenapsis. 1825/26 wurden das nördliche Seitenschiff, die südliche Nebenapsis und die Sakristei abgebrochen. Die romanische Neu-

Portal an der Nordseite der Neumarktkirche in Merseburg mit Kugelfries und auffallender "Knotensäule"

marktkirche besaß also drei Schiffe und zwei Westtürme. Die Seitenschiffe endeten im Westen in zwei quadratischen Türmen mit Öffnungen in den Untergeschossen. Die Türme ihrerseits flankierten eine zum Langhaus durch zwei Arkaden geöffnete Empore. Am durchlaufenden Querhaus befanden sich die beiden Nebenapsiden.
Ständige Überschwemmungen durch Hochwasser und gestiegenen Grundwasserspiegel machten eine Aufschüttung des umliegenden Terrains um etwa zwei Meter notwendig. Dadurch verschwand allerdings das Sockelprofil, auf dem sich das regelmäßige Bruchsteinmauerwerk er-

hebt, in der Erde. Ziert sich das Sockelprofil an Hauptapsis und Chor nur mit einfacher Kehle am oberen Abschluß, ist es an Querhaus und Langhaus überaus plastisch gearbeitet. Im Kampf gegen das Wasser wurde im 17. Jahrhundert das Querhausportal, das sich durch je eine eingestellte Säule mit ornamentalen Skulpturen Königslutterer Prägung auszeichnet, ein Stück höher gesetzt. Bei dieser Aktion beschädigte man allerdings die Basis der linken Säule. Als Ersatz fungiert seitdem ein umgekehrtes Kapitell eines anderen, nicht mehr bestehenden Portals. Die Kämpfer und Kapitelle der beiden Säulen werden durch Palmettenschmuck verschönert. Heute befindet sich das alte Querhausportal in der Langhausarkade neben dem Turm.

Der noch erhaltene Turm mit gekuppelten Schallarkaden in gedrückt spitzbogiger Form schließt nach oben mit einem Satteldach. Der Helm stammt von 1565, der Dachreiter von 1712/13. Rechteckige Schlitzfenster bringen etwas Licht ins Turminnere.

Neben dem Turm ins nördliche Seitenschiff führte ursprünglich das Hauptportal, das in die Mitte der nördlichen Querhausstirnwand versetzt wurde. Das dreifach abgetreppte Stufenportal mit eingestellten Säulen fällt besonders durch die eigenwillige Form einer dieser Säulen auf: Sie bildet sich aus vier ineinanderverknotete Säulen. Die Kapitelle dieses Portals sind allerdings größtenteils Werke des 19. Jahrhunderts. Das Tympanon ging verloren. Über den äußeren Säulen spannt sich der Bogen mit einem Kugelfries. Eine ähnliche Schmuckform blieb auch am Dachgesims der Hauptapsis erhalten.

Steile Proportionen und einfacher Stützenwechsel bestimmen das Innere der Neumarktkirche. Die Arkadensäulen tragen auffällig flache Würfelkapitelle. Die Fenster weisen steile Leibungen auf. Wegen der Hochwasserprobleme wurde der Fußboden mehrmals erhöht. Die seit 1991 andauernden Restaurierungsarbeiten stellten das Originalniveau des Fußbodens wieder her.

Zur Ausstattung gehören der barocke Altar und der Taufengel, beide nicht vollständig erhalten. Der romanische Taufstein der Kirche steht seit 1831 im Merseburger Dom. Im westlichen Teil der Kirche fand man während der jüngsten Instandsetzungsarbeiten sein Fundament. Die überaus umfassenden Arbeiten schließen übrigens auch Rekonstruktionen, beispielsweise des südlichen Seitenschiffs ein.

Halle

Burg Giebichenstein

Im Jahr 961 wird eine Burg "Giuicansten" genannt, die wohl mit Giebichenstein in Verbindung zu bringen ist. Die erste Anlage befand sich mit der "Alten Burg", wie sie schon im 17. Jahrhundert hieß, auf dem Terrain des jetzigen "Amtsgartens". Sichtbare Reste finden sich von ihr heute keine mehr.
Landschaftlich beherrschender Teil der Burg ist noch immer die Oberburg mit ihrem markanten Turm. Vermutlich in der zweiten Hälfte des 12. Jahrhunderts entstanden die ersten steinernen Bauten auf dem Porphyrfelsen hoch über der Saale. Wann der Umzug von der "Alten Burg" hierher auf die Oberburg stattfand, läßt sich nicht genau sagen. Seit 1382 jedenfalls richteten die über Halle regierenden Erzbischöfe von Magdeburg auf der Burg Giebichenstein ihre Hauptresidenz ein. Ab 1503 allerdings verlor die Burg mit der Umsiedlung der erzbischöflichen Haushaltung ihre Bedeutung. Die romanische Kernburg wurde während des 30jährigen Krieges, im Jahre 1636, bei einem Brand fast völlig zerstört. Geblieben sind einige Kellergewölbe, der ehemalige Torturm, Teile des nördlich gelegenen Palas, Fragmente des nordwestlichen Wohnturmes und das Fundament der Burgkapelle. Ausgrabungen zwischen 1961 und 1970 brachten einen Großteil davon ans Licht. Sie geben Aufschluß darüber, welche Gebäude einst im wesentlichen die langgestreckte obere Burganlage hinter der Schildmauer ausmachten. So läßt sich eine Kapelle aus Schiff, Chorquadrat und östlicher Apsis deuten, deren Entstehung in die zweite Hälfte des 12. Jahrhunderts fällt. Der ehemalige Palas zur herrschaftlichen Repräsentation unterteilte sich in mehrere Räume. Seine Gestalt änderte sich nicht nur einmal. Die Jahrhunderte überdauert haben Grundmauern, Freipfeiler sowie Kamine und Gewändereste. Aufschlußreiche Fragmente beste-

hen vom quadratischen Wohnturm aus drei bis fünf Meter starken Mauern. Sein gewölbtes Erdgeschoß bewahrt Reste eines Kamins sowie einen Mittelpfeiler von hoher Qualität. In der Ostwand führt eine Treppe nach oben.
Der erhaltene Torturm wurde im 18. und 19. Jahrhundert mehrere Male instandgesetzt. Vermutlich stammt der Unterbau mit gewölbtem Durchgang noch aus der Zeit der Romanik, der schlanke Aufbau mit dem hochgelegenen nördlichen Eingang gehört jedoch einer gotischen Bauphase an.
Neben diesen mittelalterlichen Zeugen fanden Archäologen auf der Oberburg noch ursprüngliches Hofpflaster, Fußbodenreste (unter anderem Gipsestrich vom Palas), Teile einer Fußbodenheizung sowie spätromanische Kapitelle, Säulenbasen, Gewände und Rundbogenfriese. Seit 1961 besteht auf der Oberburg das Architekturmuseum.
Die Unterburg, die nach 1919 zur Kunstgewerbeschule ausgebaut wurde und heute die Hochschule für Kunst und Design beherbergt, entstand in der zweiten Hälfte des 15. Jahrhunderts im gotischen Stil. Zwar kann nicht hundertprozentig ausgeschlossen werden, daß hier schon früher eine vorburgähnliche Anlage bestand, aber die Umfassungsmauern mit einstmals fünf wehrhaften Rundtürmen aus der Zeit um 1445 gelten bisher als älteste Bauteile. Während des 30jährigen Krieges ebenfalls stark zerstört, erfolgten auf der Unterburg im frühen 18. Jahrhundert Aus- und Neubauten, Anfang 20. Jahrhundert mehrere Umbauten. Zu den Gebäuden auf dem Hof zählen ein freistehendes Kornhaus (1473), ein barocker Taubenturm und ein Herrenhaus aus den Anfängen des 18. Jahrhunderts. Am Turm neben dem Eingang befindet sich eine Figur des heiligen Mauritius, deren Entstehung etwa in die Zeit um 1400 zurückgeht.
Der einst selbständige Ort Giebichenstein wuchs im 19. Jahrhundert mit der Stadt Halle zusammen.

Burg Giebichenstein Halle

Dorfkirche Böllberg

Die romanische Saalkirche in Böllberg entstand aus einfachem Bruchsteinmauerwerk im 12. Jahrhundert. Das äußerlich besonders gut erhaltene Gotteshaus verkörpert die Grundform der einfachen Saalkirche, die bis in die Anfänge des christlichen Kirchenbaus reicht. Kräftige Eckverbände betonen den herben Charakter, den das Mauerwerk ausstrahlt. Eine ungegliederte Apsis bildet den östlichen, ein Satteldach den oberen Abschluß.

Die Nordseite der Kirche zeigt noch immer ihre originalen kleinen und hochliegenden Fenster. Die der Südseite und der Apsis wurden dagegen im nachhinein erweitert. In die Kirche gelangt man durch ein Portal in der Südseite. Das mit Rosetten gestaltete Tympanon des Portals stammt aus dem 12. Jahrhundert. Im Inneren der Dorfkirche gibt es eine West- und eine Nordempore. Die flache Holzdecke offenbart sehr gute romanische Schablonenmalerei, die nur im Westteil erneuert wurde. Das Inventar setzt sich vor allem aus dem barocken Altar, der um 1600 geschaffenen Kanzel, dem Kruzifix aus dem zweiten Viertel des 16. Jahrhunderts und dem bemalten Holzrelief (naives Lutherporträt) von 1657 zusammen.

Landsberg

Doppelkapelle St. Crucis

Ohne Übertreiben zu wollen, läßt sich die im Original erhaltene Landsberger Doppelkapelle als architektonisches Schmuckstück der Spätromanik bezeichnen. Auf einer Porphyrkuppe erhebt sich der sakrale Bau, der einst zur ausgedehnten Burganlage der Markgrafen von Lands-

Turmlose romanische Saalkirche Böllberg/Halle

berg gehörte. Die Burg allerdings wurde 1514 völlig zerstört und nicht wieder aufgebaut. Die heutige Doppelkapelle St. Crucis hat ihren Vorgänger in einer frei in den Burghof gestellten, dreischiffigen Basilika aus den Jahren 1136 bis 1150. Zwischen 1195 bis 1200 erfolgten dann die Umbauarbeiten zur Doppelkapelle. Vertrat man lange Zeit die Auffassung, daß das dritte Geschoß erst in der Spätgotik den beiden Kapellen aufgesetzt worden ist, gehen Kulturhistoriker heute von einer Dreigeschossigkeit bereits nach den Umbauten von 1195 aus. Das oberste Geschoß diente als Zufluchtsstätte. Die Ostseite des sakralen Bauwerks bestimmen die drei gleichhohen und dicht stehenden Apsiden und die Südseite der Treppenvorbau. 1662 erhielt der romanische Bau ein barockes Walmdach. Größere Restaurierungsarbeiten erfolgten 1857 bis 1861 (hierbei wurde das dritte Geschoß "gotisiert") und 1928 bis 1930.
In Europa gehört die Doppelkapelle zu den seltenen Bauformen. Sie zeichnet sich dadurch aus, daß zwei Sakralräume übereinander liegen. und ein Raumschacht die beiden miteinander verbindet. Damit konnte die Herrschaft in der oberen und das Gesinde in der unteren Kapelle der Messe gemeinsam und doch voneinander getrennt beiwohnen.
Äußerlich gliedern Ecklisenen und ein Rundbogenfries das Mauerwerk, das sich auf einem umlaufenden Sockel erhebt. Derartige Gliederungselemente finden sich auch am zweiten Geschoß der Apsiden, deren Mauern dort aus unterschiedlich großen Backsteinen bestehen. Die Steine wurden mit einem Messer aus dem gerollten Tonbrei geschnitten - eine Art von Backstein, die nach 1200 an derartigen Bauwerken nicht mehr zu finden ist. Die Kapelle gehört damit zu den ersten Kirchenbauten in Mitteldeutschland, die unter Einbeziehung von Backstein als Baumaterial entstanden. In der Doppelkapelle von Landsberg bestehen auch Bogenfriese, Teile des Nordportals (Ziegelblendbogen) und sämtliche Gewölbe aus diesem Stein.
Durch seine aufwendige Gestaltung fällt das rundbogige Hauptportal an der Nordseite der Doppelkapelle auf. Reliefs mit Pflanzen- bzw. Figurendarstellungen verzieren es. Figuren finden sich auch an den Pfosten: links Mark-

graf Dedo und rechts dessen Gemahlin. Das unvollendete Tympanon zeigt die Majestas Domini umgeben von Engeln, Heiligen und Stiftern. Heute vermauert, besaß die Nordwand einst noch eine kleine Pforte auf halber Höhe des Bauwerks, durch die vermutlich die Oberkapelle direkt von der Burg aus erreichbar war. Die Tür an der Südseite, wenngleich nur ein einfaches rechteckiges Pfostenportal mit einem 1861 erneuerten Gewände, zeigt im giebelförmigen Sturz eine Reliefdarstellung: eine Kopfmaske und zwei sich gegenüberstehende Pfauen (Symbol des ewigen Lebens).
Das Innere der Doppelkapelle wird von der Dreischiffigkeit des Vorgängerbaus bestimmt. Sowohl Unter- als auch Oberkapelle bestehen jeweils aus drei gleichhohen Schiffen und einem durchgängigen Querraum im Westen, getrennt durch Arkaden in einfachem Stützenwechsel. Im Osten schließt das Mittelschiff halbrund, die beiden Seitenschiffe dagegen je mit einer kleinen Rechtecknische. Die Kreuzgratgewölbe stützen sich außer im Quergang auf Gurte. Die kräftigen Pfeiler und schlanken Säulen zeichnen sich durch qualitätvolle Ornamentik aus, die sowohl Verbindungen nach Königslutter als auch nach Hagenau (Elsaß) zulassen. Während sich in der Unterkapelle die Phase des Umbaus von der Burgkirche zur Doppelkapelle deutlich durch ungleiche Gurtbögen und unterschiedliche Pfeilerstärken widerspiegelt, besticht die Oberkapelle durch architektonische Harmonie. Hier steht auch der steinerne Altartisch mit Spuren eines einstigen hölzernen Aufsatzes.

Petersberg

Stiftskirche St. Petrus

Fundamente und Mauerreste verweisen noch heute auf das älteste Gebäude auf dem Lauterberg, seit 14. Jahrhundert Petersberg genannt: Die Rundkapelle mit östlicher Apsis aus dem 11./frühen 12. Jahrhundert. Sie stand nördlich der späteren Stiftskirche. Auch nach dem Neubau fanden hier mehrmals noch aushilfsweise Gottesdienste statt.
1124 gründete Graf Dedo von Wettin ein Augustiner-Chorherrenstift auf dem Lauterberg, und bald danach begannen die Bauarbeiten für die dreischiffige, kreuzför-

Die Doppelkapelle St. Crucis in Landsberg

mige Basilika. Das Familienkloster diente als Grablege und bestand bis 1538. Ein Brand 1565 zerstörte fast völlig Klausur und Stiftsgebäude, während die Kirche vollständnig ausbrannte. Zwischen 1853 und 1857 kam es unter Federführung des Denkmalpflegers Ferdinand von Quast zur umfassenden Restaurierung der ehemaligen Stiftskirche St. Petrus.

Ihr Erscheinungsbild bestimmt vor allem die dichte Zusammenfügung der einzelnen Bauteile. So drängen förmlich Westquerriegel und Ostteile den mittleren Bau zusam-

Stiftskirche in Petersberg

men. Bauliche Diskrepanzen zeigen sich auch darin, daß das Querhaus weiter als das schmale und kurze Mittelschiff ist und die Seitenschiffe ihrerseits eine übermäßige Breite aufweisen. Begründen ließe sich diese eigenwillige Bauform sicher in erster Linie mit dem steilen Porphyrfelsen, auf dem sich das Gotteshaus erhebt. Dieses Gelände bot nunmal nicht mehr Platz.

Die Baugeschichte der Kirche schreiben wohl vor allem die Planänderungen mit. Von der ersten Bauphase fanden sich bei Ausgrabungen im 19. Jahrhundert Fundamente des Sanktuariums - ein gestreckter Rechteckbau mit eingezogener, halbkreisförmiger Apsis - mitten im heutigen Querhaus. Ansonsten gibt es keine Anhaltspunkte über den Bau. Schon als Ergebnis einer Planänderung müssen wohl das relativ kurze Langhaus und der hohe Westquerturm mit Satteldach angesehen werden. Es entstand eine einfache Pfeilerbasilika mit zwei Nebenschiffen und dem bestehenden Sanktuarium. In dieser Bauphase wurde die Rundkapelle mit einer weiteren Mauer ummantelt, innen abgeputzt und demzufolge sicher wieder kirchlich genutzt. Bis heute steht von diesem zweiten Kirchenbau der Westquerturm. Sein schlichtes Mauerwerk aus dunklem Porphyr gliedern Gesimse und Rücksprünge sowie vor allem die Rundbogenfenster im Glockengeschoß. Gestalterisch wirkt sich die Verwendung von Sandstein für die Verblendung der Fenster aus, ebenso die Quaderung der Ecken. Ein Westeingang fehlt, dafür gibt es eine schmale, rundbogige Tür mit Tympanon am Westende des nördlichen Seitenschiffs. Die Kreuze auf den Giebeln stammen aus dem 19. Jahrhundert. Auch die Empore im Inneren ist eine Zutat aus jüngeren Tagen. Ursprünglich öffnete sich die Westhalle in großen Bögen zu den Schiffen.

Im Jahre 1151 setzte ein weiterer großer Bauabschnitt ein, der den Bau der großen Klausur und den Neubau der Ostteile unter dem Einfluß der Reformbewegung beinhaltete. Während dieser Zeit fand wieder einmal der Gottesdienst in der Rundkapelle statt, die allerdings zuvor um ein querrechteckiges Schiff und einen kleinen Westturm erweitert wurde. Die Stiftskirche erhielt unterdes ein breit ausladendes Querhaus ohne ausgeschiedene Vierung sowie einen dreischiffigen Langchor in Fortsetzung der Seitenschiffe des Langhauses. Auf eine Krypta wurde verzichtet. Die Wahl der sparsam verwendeten Schmuckelemente fiel auf strenge Würfelkapitelle, Schachbrett- und Palmettenfries, Eierstab und gedrehtes Tau sowie Kegelfries. Die gerade Chorwand im Osten gestaltet sich durch Rundbogenfenster und halbrunder Apsis, die ihrerseits mit drei schlichten Rundbogenfenstern, Lisenen, Blendarkaden und einem Rundbogenfries aufwarten kann. Der nördliche Winkel zwischen Querhaus und Chor nimmt eine Apsis auf, die Johannes dem Täufer geweiht wurde. Große Portale an den Stirnseiten des Querhauses gestalten sich mit Umlaufsockel und eingestellten Säulchen, die allerdings am südlichen Portal im 19. Jahrhundert erneuert wurden.

Das Querhaus präsentiert sich heute als weiter, durchgehender Raum, den ursprünglich Chorschranken gliederten. Er ist flachgedeckt, während Chor, Chornebenräume und die nach 1200 eingefügten Choremporen Kreuzgratgewölbe besitzen. Die Emporen öffnen sich mittels Rundbogenarkaden, jeweils eine zum Querhaus und je zwei unterschiedlich große zum Chor. Die steinernen Baluster stammen erst aus dem 19. Jahrhundert.

Von der einstmals prachtvoll ausgestatteten Klausur kün-

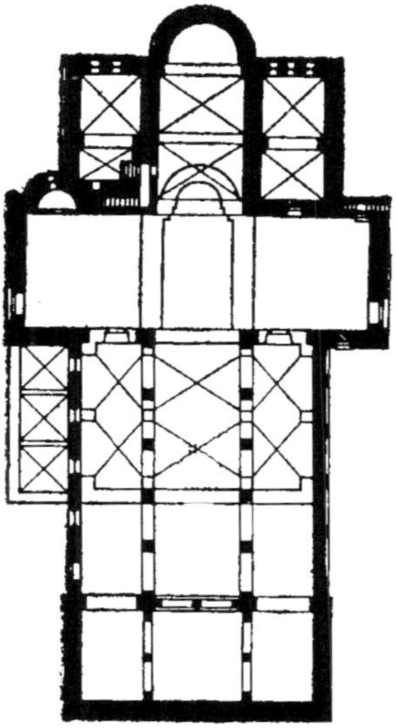

Grundriß Stiftskirche Petersberg

den nur noch sehr wenige Fragmente. Dazu gehören ein Teil des Mauerwerks mit rundbogiger Tür neben dem Westturm der Kirche, Wandgliederungsfragmente am südlichen Seitenschiff vom sich dort anschließenden Kreuzgang sowie eine Rundbogentür vom östlichen Kreuzgangflügel neben dem heutigen Pfarrhaus.

Ebenfalls noch in die Zeit der Romanik gehören die Veränderungen nach dem Brand 1188, der nur den Westturm und die Rundkapelle verschonte. Sie betrafen vor allem die Klausur, während die Kirche einen Lettner westlich des Chores erhielt. An die 1208 gebaute dreijochige Kapelle erinnern heute nur noch ein zierliches Säulenfragment und eine Sakramentsnische an der Außenwand des nördlichen Seitenschiffs, wo sich die Kapelle anschloß.

Das Langhaus wurde im 19. Jahrhundert fast vollständig rekonstruiert. Den Rundbogenfries der Ostteile verwendete man willkürlich auch am neuen Langhaus. Dieses zeigt sich mit zwei unterschiedlich breiten Seitenschiffen. Zwischen den Schiffen spannen sich auf unregelmäßigen achteckigen Pfeilern mit attischen Basen jeweils sechs Arkadenbögen. Das Achteck der Pfeiler trifft auf ein Viereck der Kapitelle, wodurch Kehlungen entstehen, die mit Figuren versehen wurden.

Die Flammen im 16. Jahrhundert zerstörten zudem die zehn skulptierten Bronzegrabplatten der Wettiner. Von ihnen entstanden Nachbildungen aus Sandstein, die heute im Mittelschiff bzw. Westbau zu sehen sind.

Von der Ausstattung seien hier die sechs Zentimeter große Sitzmadonna und der silbervergoldete Kelch genannt. Die aus Bein geschnitzte Madonna (um 1180) gehörte zum Sepulcrum des ehemaligen Kreuzaltars. Der Kelch besteht aus zwei Teilen, die im 15. Jahrhundert so montiert wurden. Der mit Reliefs und filigraner Ornamentik verzierte sowie mit Halbedelsteinen gefaßte Fuß stammt aus spätromanischer Zeit.

Waldau/Bernburg

Dorfkirche St. Stephan

Der flachgedeckte Feldsteinbau im ehemaligen Dorf Waldau (inzwischen zu Bernburg gehörend) ist ein Bauwerk des 12. Jahrhunderts. Es verkörpert den in dieser Gegend häufig vorkommenden Bautyp mit vierfacher Höhenstaffelung. In Waldau sieht das wie folgt aus: Zu-

Höhenstaffelung an der Dorfkirche in Waldau

Fragmente des romanischen Fußbodens in Nienburg

nächst erhebt sich der relativ stattliche Westquerturm, ihm schließt sich Richtung Osten das niedrigere, aber etwas breitere Schiff an. Nochmals ein Stück kleiner und schmaler folgt dann der Rechteckchor, der dann in der abermals niedrigeren Apsis seinen Abschluß findet.
Überaus schlicht erhebt sich das Mauerwerk des Westturms mit einfachen Rundbogenfenstern. Die gekuppelten Schallöffnungen im Glockengeschoß und die erweiterte Südöffnung des ersten Geschosses zeichnen sich durch Trennungssäulchen aus, die sich über attischen Basen mit Eckhülsen erheben. Würfelkapitelle und Sattelkämpfer komplettieren die Konstruktion. Das untere Geschoß des Westturms ist mit einer Spitztonne gewölbt.
Schiff und Ostteile mußten sich um 1930 einer gründlichen Restaurierung unterziehen, die auch darauf zielte, weitestgehend alle vom Ursprungsbau abweichenden späteren Umbauten wieder zu beseitigen. Die hochsitzenden Fenster im Schiff sind neu. Einen Westeingang gibt es nicht, dafür aber fällt das Stufenportal an der Südseite besonders auf: Über hohem Sockel erheben sich Säulen mit palmettenverzierten Würfelkapitellen und achteckig bzw. rund kannelierten Schäften. Zwischen dem unteren Turmgeschoß und dem Schiff besteht eine Verbindung

durch die rechteckige Schlupftür, deren Leibungen frühromanische Ritzzeichnungen von Schaftkreuzen bewahren. Der rundbogige Triumphbogen steht auf profilierten Kämpfern.

Nienburg

Klosterkirche St. Marien und St. Cyprian

Markgraf Thietmar und Erzbischof Gero von Köln riefen in Thankmarsfelde eine neue Abtei ins Leben, die fünf Jahre später nach Nienburg verlegt wurde. Hier weihte man 1004 den neuen Kirchenbau, ohne jedoch lange Freude an ihm zu haben. 1050 brannte die Kirche nieder. Ein Fundamentrest könnte von ihr stammen, kann aber über Grundriß und Gestalt des Ursprungsbaus auch nicht aufklären. Für seinen Ersatz wurde damals sofort gesorgt, da Kaiser Heinrich III. selbst den Neubau unterstützt haben soll. 1060 bereits stand am alten Platz eine neue Kirche mit dreischiffigem Langhaus sowie Querhaus, Chorquadrum und drei Apsiden im Osten. Ein Querbau mit Empore befand sich auch im Westteil des Langhauses. Unter dem Chor lag eine dreischiffige Krypta.
Im Jahre 1242 blieb das Gotteshaus nicht verschont, als Markgraf Otto von Brandenburg den Ort Nienburg plünderte. Der Wiederaufbau der Kirche begann von Osten, brachte aber einschneidende Veränderungen im Sinne des frühgotischen Baustils mit sich. Zuerst entschloß man sich, auf die Krypta zu verzichten und senkte den Chor entsprechend ab. Lediglich im Osten wurden intakte Mauern aus dem 11. Jahrhundert als Grundlage genutzt und einfach erhöht. Die Nebenapsiden wichen rechteckigen, zweijochigen Chornebenräumen, die Hauptapsis wurde erneuert und erhielt jetzt fünf Seiten. Zwar sollte das Langhaus ursprünglich noch basilikal werden, doch 1280 funkte wiederum ein Feuer in die Bauarbeiten, so daß man nach dem neuen Schaden den Kurs änderte und gemäß dem Zeitgeist das Langhaus als dreischiffige Halle bestehend aus drei Jochen weiterbaute. Schloß sich das neue Langhaus zunächst noch an den romanischen Emporenquerbau im Westen an, wich dieser in der Spätgotik einem vierten Langhausjoch, dem um 1520 ein rechteckiger

Westturm von der Breite des Mittelschiffes vorgebaut wurde. Um 1700 verlor dieser Turm wegen Baufälligkeit mehrere obere Geschosse.
Im Inneren der ehemaligen Klosterkirche findet sich Romanisches nur noch als Rest der Chorsüdwand von 1060 mit Teilen der Lisenengliederung und als Gewände zweier ehemaliger Kryptenfenster. Das vermauerte rundbogige Stufenportal mit eingestellten Dreiviertelsäulen und Knospenkapitellen im nördlichen Seitenschiff gehört wohl bereits in die frühgotische Zeit.
Von besonderer Bedeutung sind aber die Reste eines spätromanischen Stuckfußbodens vom Chor des Vorgängerbaus. Heute liegen die Bruchstücke im westlichen Joch des südlichen Seitenschiffs. Der Schmuckfußboden entstand in der sogenannten Inkrustations- oder auch Niellotechnik. Demnach wurden in den angetrockneten Estrich Linien und Flächen eingekerbt, um diese dann mit gefärbter Stuckmasse auszufüllen und alles dann am Schluß zu verschleifen. Die wenigen Reste ergeben allerdings kein eindeutiges Bild, dennoch wurde bereits der Versuch einer Rekonstruktion - auch im Vergleich mit ähnlichen Fußböden - unternommen: Das Zentrum bildet der thronende König Salomon auf einem Medaillon. Ihn umgeben - ebenfalls auf Medaillons - männliche und weibliche Figuren mit Spruchbändern in den Händen. Zahlreiche Ornamente (Tiermotive, Fabelwesen sowie vierpaßartig angeordnete stilisierte Blätter) ergänzen die Darstellung ebenso wie Rauten und Kreuzband mit Blattranken.
Die sehenswerte Ausstattung der Kirche ist größtenteils wesentlich jüngeren Datums. Aus dem Mittelalter stammt die Monatssäule, ein sechseckiger, frühgotischer Pfeiler aus Sandstein mit teils beschädigten Skulpturen. Mehrere Grabsteine aus dem 14. bis 16. Jahrhundert stehen an den Wänden der Kirche.
Die Klausurgebäude und der Kreuzgang verschwanden zum größten Teil in den Jahren 1670 bis 1690. Damals entstand an ihrer Stelle eine dreiflüglige Schloßanlage, die allerdings seit dem 19. Jahrhundert industriell genutzt wird.

Die Klosterkirche in Hecklingen mit ihrem türlosen zweitürmigen Westbau

Hecklingen

Klosterkirche St. Georg und St. Pankratius

Zwischen Harz und Elbe gehört die Klosterkirche St. Georg und St. Pankratius in Hecklingen zu den romanischen Zeugen in Stein, die nicht nur am besten erhalten geblieben sind, sondern auch durch ihre Schönheit im Inneren faszinieren.
Eine erste schriftliche Erwähnung fällt ins Jahr 1140. Graf Bernhard I. stiftete ein Nonnenkloster, das sehr schnell Reichtum und Besitz erlangte. Der heutige Kirchenbau entstand erst, nachdem die Stifterfamilie bereits ausgestorben war (1147).
1150/60 begannen die Arbeiten zum Bau der dreischiffigen, kreuzförmigen Basilika. Über 70 Jahre zogen bis zur Fertigstellung des Sakralbaus ins Land. Häufige Planänderungen begleiteten die Arbeiten. Erstaunlicherweise blieb die Kirche von dem Großfeuer im Jahre 1496 verschont, während die Klostergebäude südlich der Kirche völlig niederbrannten und später neuentstanden. Am südlichen Querhaus finden sich vermutlich noch ein Teil des Kreuzganges mit vier originalen romanischen Säulen sowie Mauerreste aus Bruchstein.
Der gleichförmige Grundriß der Basilika mit Langhaus, Querschiff und zweitürmigem, einganglosen Westbau ist typisch "sächsisch" und spricht für konservative Architekturauffassungen der Bauherren. Die Außenwände sind klassisch reichgegliedert durch Rundbogenfriese - an den Apsiden sogar zweizonig über Lisenen - und durch dünne Ecksäulchen an den Ostteilen. Auffällig ist der umlaufende gestufte Sockel mit einem Profil aus Wulst, Kehle und Platte. Durchs Hauptportal schreitet man am nördlichen Seitenschiff. Das zweifach abgetreppte Portal besticht vor allem durch seine eingestellten Säulen. Sie ruhen auf attischen Basen und tragen antikisierende Kapitelle mit fächerartigen Palmetten aus Akanthuslaub und Eierstab. Während einer umfangreichen Restaurierung unter Ferdinand von Quast zwischen 1878 und 1883 erhielt das südliche Querschiff seine verlorengegangene Apsis wieder. Das äußere Erscheinungsbild des zweitürmigen Westbaus beeinflußten diese Arbeiten ebenfalls: Den Platz

eines Glockengeschosses am Nordturm besetzte fortan ein Rautenhelm mit Dreiecksgiebeln, der Torso des Südturms wurde analog aufgestockt. Ein Werk des 19. Jahrhunderts ist die innere Ausmalung in neuromanischem Stil.

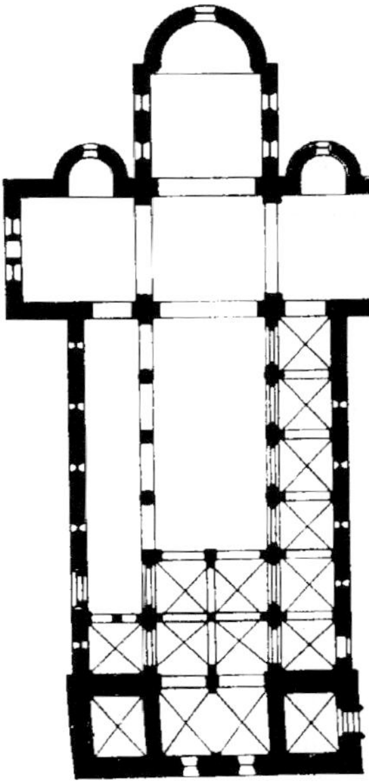

Grundriß der Klosterkirche Hecklingen

Die ehemalige Klosterkirche in Hecklingen besticht zu allererst durch ihre romanische Bauplastik. Das Mittelschiff präsentiert sich in einfachem Stützenwechsel und mit Arkadengesims (Hirsauer Einfluß). Über den Arkaden sitzen große rundbogige Obergadenfenster. Die Säulen tragen, in Anlehnung an Hirsau, romanische Würfelkapitelle mit Doppelschilden, wobei die Kapitelle der Nordreihe ältere Formen aufweisen. Die der Südseite zeigen bereits einen kelchartigen Ansatz. Zwei von ihnen schmücken sich ergänzend zu den Doppelschilden mit muschelartigen Palmetten. Kleine Ecksäulen auf attischen Basen mit pflanzlichen und figürlichen Ornamenten zieren die Pfeiler. Über den Scheiteln der Nordarkaden befinden sich fünf Köpfe, starr und unbeweglich. Sie zeichnen sich durch ausgeprägte Frontalität aus. Auffallend sind die hoch sitzenden Ohren.
Die Vierung gibt ihr Grundrißmaß an Chor und Langhaus weiter (quadratischer Schematismus). Vier hohe, schlanke Bögen markieren die Vierung, deren südöstlicher Pfeiler mit bemerkenswerten Kämpferreliefs aufwarten kann: Vier Figuren in derber Form schweben in der Horizontalen.
Um 1225/30 entstanden die Stuckengel nach byzantinischem Vorbild. Sieben in jeder Stützenreihe besetzen die

Arkadenzwickel im Mittelschiff und füllen die dreiseitige Fläche nahezu aus. Die Engel erheben sich auf je einem tütenartig stilisierten Blattkelch und tragen teils Instrumente, teils Schriftenrollen. Ihre Plastizität und Lebendigkeit künden bereits von der Nähe gotischen Kunstverständnisses.

Der Einbau der Nonnenempore ordnet sich zeitlich ins zweite Viertel des 13. Jahrhunderts ein. Ihre Arkatur bildet sich aus niedrigen Spitzbögen. Betroffen vom Einbau waren das westliche Quadrat des Mittelschiffs, das gesamte südliche Seitenschiff und das westliche Joch des nördlichen Seitenschiffs, die ein ausgeprägtes Stützensystem erhielten. Besonders die Halle im Westen zeigt sich aufwendig mit diamantierten Zickzackbändern gestaltet. Für drei je zweijochige Kreuzgratgewölbe baute man hier zusätzlich eine mittlere Säule und zwei Pfeiler mit vorangestellten Säulen ein.

Die Säulenschäfte unter der Nonnenempore sind typisch spätromanisch großzügig mit Ornamentik pflanzlicher und tierischer Motive ausgestattet. Die Kapitelle dagegen zeigen sich schon im Übergangsstil von der Romanik zur Gotik. Weinstöcke, pickende Vögel und Tiermasken sind dominierende Motive neben kelchblockförmigen Kapitellen mit eingerollten Blattstengeln.

Literaturhinweise

Adamiak, J. / Pillep, R.: Kunstland DDR. Leipzig 1979

Dehio, G.: Handbuch der Bau- und Kunstdenkmäler/ Bezirk Halle. Berlin 1976

Dehio, G.: Handbuch der Bau- und Kunstdenkmäler/ Bezirk Magdeburg Berlin 1975

Dohmann, A.: Deutsche Kunstdenkmäler / Bezirke Halle und Magdeburg. Ein Bildhandbuch. Leipzig 1968

Frenzel, B.: Der Dom zu Halberstadt. Reihe: Das christliche Denkmal. H. 74 /75. Berlin 1982

Knaurs Kulturführer in Farbe Sachsen-Anhalt. München 1991

Möbius, H.: Der Dom zu Magdeburg. Reihe: Das christliche Denkmal. H. 50 /51. Berlin 1974

Mrusek, H.-J.: Halle / Saale. Leipzig 1964

Mrusek, H.-J.: Magdeburg. Leipzig 1966

Müller, H.: Dome • Kirchen • Klöster. Kunstwerke aus zehn Jahrhunderten. Berlin / Leipzig 1984

Piltz, G.: Schlösser sah ich und Türme... Historische Kunstlandschaften unserer Heimat. Berlin 1980

Ramm, P.: Die Klosterkirche zu Jerichow. Reihe: Das christliche Denkmal. H. 36. Berlin 1985

Schmidt, M. u. Th.: Der Harz. Ein praktischer Reise- und Wanderführer. Wernigerode 1992

Scholke, H.: Halberstadt. Leipzig 1974

Scholke, H.: Romanische Architektur am Harz Leipzig 1987

Schubert, E.: Der Magdeburger Dom. Leipzig 1984

Speer, E.: Quedlinburg und seine Kirchen. Berlin 1972

Straße der Romanik. Die Kunstführer-Kassette. München 1993

Wäscher, H.: Der Burgberg in Quedlinburg. Berlin 1959

Begriffserklärungen

Abtei - Kloster
Altar - lat.: erhöhte Opferstätte, Hochaltar (Altar des Herrn) und Nebenaltäre (verschiedenen Heiligen geweiht).
Antentempel - Tempelform, Vorhalle, die vorgezogene Seitenwände und eingestellte Säulen tragen.
Apsis - halbkreisförmiger oder vieleckiger nischenartiger Anbau (Abschluß)
Arkade - auf Pfeilern oder Säulen ruhende Bogen, Bogenreihe oder Bogenhalle.
Archivolte - an romanischen und gotischen Portalen die Profilierung der Bogenläufe, meist in Fortsetzung der Gewändegliederung.
Attische Basis - Säulenbasis, die aus zwei durch eine Hohlkehle getrennte Wülsten besteht.
Augustiner - Reformorden, dessen Mitglieder nach den Regeln des Augustiners lebten
Basilika - griech.: Königshalle, ursprünglich römische Architektur, im Christentum: ungewölbte mehrschiffige Kirche mit hohem Mittelschiff (eigene Fenster!), Satteldach, niedrigeren Seitenschiffen mit einem Querschiff oder Vierungsturm sowie mindestens einer Apsis im Osten, über die Jahrhunderte in Einzelheiten bereichert.
Benediktiner - bedeutender Mönchsorden, dessen Verbände vor allem ab dem 10./11. Jahrhundert gegründet worden sind; leben nach der Regel des heiligen Benedikt von Nursia.
Bergfried - in mittelalterlichen Burgen besonders mächtiger und wehrhafter Turm, der bei Angriffen als letzte Verteidigungsstellung diente.
Bogenfries - Aneinanderreihung kleiner Blendbögen, vor allem in der Romanik als Gliederungselemente von Außenflächen genutzt.
Chor - Raum zwischen Apsis und Querschiff; meist etwas, im Falle einer darunterliegenden Krypta sogar erheblich erhöht
Chorherren - Mitglieder eines Dom- oder Stiftkapitels; standen dem Bischof bei der Feier der Liturgie zur Seite und verrichteten außerdem seelsorgerische Aufgaben
Chorfrauen - Jungfrauen, die ihr Leben Gott geweiht haben und in einer Gemeinschaft zusammenleben
Confessio - Vorform der Krypta; Kammer oder Gruft mit Grab einer bedeutenden Persönlichkeit in einer Kirche; meist mit hufeisenförmigem Umgang
Dom - eigentlich Bezeichnung einer Bischofskirche, in Deutschland aber auch für andere große Gotteshäuser.
Doppelkapelle - Zweigeschossige Kapelle zum Zwecke der Trennung von "Herrschaft und Gesinde" während desselben Gottesdienstes
Dormitorium - Schlafsaal der Mönche in Klöstern
Empore - galerieähnlicher Einbau in Kirchen, um die Zahl der Plätze der am Gottesdienst teilnehmenden Geistlichen zu erhöhen, in der Romanik gleichzeitig mit statischer Bedeutung beim Wechsel vom Flachdach zum Gewölbe.
Franziskaner - Bettelmönche des Mittelalters, die soziale und seelsorgerische Aufgaben in den Mittelpunkt ihrer Arbeit stellten; nach dem Gründer Franz von Assisi benannt.

Fresko - Technik der Wandmalerei, bei der die Wasserfarben direkt in den frischen Putz gearbeitet werden.
Hallenkrypta - mehrschiffige Krypta mit gleichhohen Gewölben.
Hirsauer Bauschule - Rückkehr zur altchristlichen flachgedeckten Säulenbasilika in ihren einfachen frühromanischen Formen; ging vom Kloster St. Peter und Paul in Hirsau (Schwarzwald) aus und wurde durch die Reform der Benediktiner im französischen Cluny angeregt.
Joch - offene räumliche Abgrenzung zwischen den Stützen eines Gewölbefeldes in einer Kirche.
Kämpfer - Deck- oder Tragplatte auf Säulen oder Pfeilern; Ansatz für die Bögen oder Gewölbe.
Kapitelsaal - Klosterraum, in dem sich die Mönche täglich zum Verlesen eines Kapitels aus der Heiligen Schrift sowie zum Besprechen der aktuellen Arbeiten versammelten.
Kapitell - Oberer Abschluß von Säulen, meist verziert; in der Romanik dominierte das Würfelkapitell (Durchdringung von Würfel und Kugel deutlich erkennbar in der Form).
Kenotaph - griech.: leeres Grab; Denkmal für an anderer Stelle beigesetzte Verstorbene.
Klausur - lat.: Verschluß; Wohnbereich der Mönche
Konche - halbrunde Nische
Kreuzgang - Umgang um den Hof eines Klosters, in Arkaden geöffnet.
Kreuzgratgewölbe - spätromanisches gratbildendes Gewölbe, das sich aus zwei gleichgroßen, sich durchdringenden Tonnengewölben zusammensetzt.
Krypta - griech.: verbergen; in der Romanik Raum unter dem Chor mit Grabanlagen und zur Aufbewahrung von Reliquien.
Lettner - Wand zwischen Chor und Querschiff zur Trennung von Geistlichen und Laien, Blütezeit in der Gotik.
Lisene - durch Blendbögen verbundene senkrechte Mauerstreifen; in der Romanik häufig verwendetes Gliederungselement an Außenflächen,
Liturgie - im Ablauf festgelegter Teil des Gottesdienstes, der im Wechsel zwischen dem Geistlichen und der Gemeinde vollzogen wird.
Monolith - aus nur einem Stein gefertigt.
Obergaden - mit Fenstern bestückter Wandteil im oberen Bereich des Mittelschiffs einer Basilika.
Oktogon - Achteckbau.
Ottonik - Architektur und Malerei der Ottonenzeit (10. Jahrhundert) vor der bzw. während der frühen Romanik.
Palas - aus der germanischen Königshalle hervorgegangener Wohn- und Festsaalbau auf mittelalterlichen Burgen; auch Versammlungssaal auf Pfalzen.
Palmette - den Palmblättern nachempfundene Ornamentform aus der Antike, die sich über Jahrhunderte erhalten hat und auch in der Romanik verwendet wurde.
Pfeiler - meist quadratisches oder rechteckiges Stützglied; Rundpfeiler sind Säulen ohne Kapitell.
Pilaster - aus der Wand reliefartig hervortretender Pfeiler mit Basis und Kapitell wie bei Säulen; rein dekorative aber auch statische Funktion möglich.
Polygon - vieleckiger Bau.

Portal - durch plastische Gestaltung besonders hervorgehobener Eingang vor allem in Kirchen, Palästen u.ä.
Prämonstratenser - Anfang des 12. Jahrhunderts gegründeter Mönchsorden, der den Augustinern sowie den Zisterziensern nahestand und eine strenge Verfolgung derer befürwortete, die von den kirchlichen Dogmen abwichen; benannt nach dem Kloster Prémontré.
Querhaus - quer zum Langhaus und zum Chor verlaufender Bau einer Kirche, der somit den Grundriß wie ein christliches Kreuz erscheinen läßt; durchlaufendes Querhaus: ohne Abtrennung zwischen Vierung und den Querhausarmen
Refektorium - Speisesaal der Klöster, meist am Kreuzgang gelegen; auch Remter genannt.
Reliquie - lat.: das Hinterbliebene; Überreste des Körpers eines Heiligen, aufbewahrt in kunstvoll gestalteten und verzierten Behältern (Reliquiar)
Sakristei - Neben dem Chor ein Raum, in dem liturgisches Gerät, Meßgewänder und ähnliches aufbewahrt werden.
Sanktuarium - das Heiligste, Ort zur Aufbewahrung von Heiligtümern; weiter gefaßt auch einfach der Hochaltar.
Säule - senkrechtes Stützelement mit stets kreisförmigem Querschnitt; besteht meist aus drei Teilen: Basis, Schaft, Kapitell.
Sarkophag - Steinsarg, meist prunkvoll verziert.
Stützenwechsel - regelmäßiger Wechsel von Säulen und Pfeilern; besonders in der Romanik verwendet; einfachste Form: Säule-Pfeiler-Säule; niedersächsischer Wechsel: Pfeiler-Säule-Säule-Pfeiler
Stufenportal - Portal, dessen Seiten in mehreren Stufen, in denen meist Säulen oder Figuren eingestellt sind, abgetreppt ist.
Tonnengewölbe - einfachste Gewölbeform, typisch für die Hochromanik; einfacher, halbkreisförmiger Querschnitt.
Triumphbogen - in der Romanik häufig auftretender Querbogen zwischen Mittelschiff und Vierung oder Chor; oft mit Triumphkreuz oder Triumphbogengruppe.
Tumba - sargähnliches Grabdenkmal, meist mit plastischer Darstellung des Verstorbenen auf der Deckplatte.
Tympanon - in der Romanik das meist reliefgeschmückte Bogenfeld über Portalen und manchmal auch großen Fenstern; der Antike entlehnt
Vierung - der oft ein Quadrat bildende Kreuzungsbereich von Lang- und Querhaus einer Kirche; wenn die Querhausarme und das Langhaus von diesem Bereich in gleicher Höhe abgetrennt sind, handelt es sich um eine sogenannte ausgeschiedene Vierung.
Zitter - steinerne Schatzkammer in Kirchen

45 **Allstedt** (Vorwahl: 034652)
Burg und Schloß
06542 Allstedt
Öffnungszeiten: Sommer Di bis So 10-17, Winter Di bis Fr 10-16.30, Sa/So 13-17, **Führungen** nach Anmeldung Tel.: 519

12 **Arendsee** (Vorwahl: 039384)
Benediktinernonnenkloster
Am Markt 2
39619 Arendsee
Öffnungszeiten: Mai bis September Di bis So 14-17, **Führung** Di 10, Do 14.30 oder nach Anmeldung Tel.: 2226, Oktober bis April keine Öffnungszeiten, aber Führung nach Vereinbarung

49 **Bad Kösen** (Vorwahl: 034463)
Rudelsburg
06628 Bad Kösen
Öffnungszeiten: Mo-So 10-18, **Führung** nach Anmeldung (Tel.: 325)
Burg Saaleck
06628 Bad Kösen
Öffnungszeiten: Sommer Mi bis So 9-17, **Führung** nach Anmeldung (Tel.: 668)
Romanisches Haus
06628 Bad Kösen
Öffnungszeiten: Sommer Di bis Fr 10-12, 13-17, Sa/So 10-17, Winter 9-12, 13-16, Sa/So 9-12, **Führung** nach Anmeldung (Tel.: 668)

38 **Ballenstedt** (Vorwahl: 039483)
Klosterkirche mit Grab Albrechts des Bären
Schloßplatz 3
06493 Ballenstedt
Öffnungszeiten: Sommer 10-16, Winter 9-15.30; Galerie im Schloß: ganzjährig Mi bis So 10-16, **Führung** nach Vereinbarung (Tel.: 267)

5 **Bebertal** (Vorwahl: 039062)
Friedhofskapelle
Am Alten Markt
39343 Bebertal
Öffnungszeiten: wird als Friedhofskapelle genutzt, **Führung** nach Anmeldung (Pfarramt Tel. 402)
Parkempfehlung: hinter dem Friedhof auf einem unbefestigten Feldweg, an der Bundesstraße selbst wenig empfehlenswert
Weitere Sehenswürdigkeiten: Historische Ziegelei Hundisburg (technisches Denkmal), Schloß und Schloßgarten Hundisburg

35 **Blankenburg** (Vorwahl: 03944)
Kloster Michaelstein
PF 24
38881 Blankenburg
Öffnungszeiten: Sommer Di bis Sa 14-17, So 10-17, Winter Mi bis So 14-17, **Führung** nach Anmeldung (Tel.: 2795/Fax: 2796)

Parkempfehlung: direkt vor dem Kloster
Hotels/Pensionen
Hotel "Am Vogelherd", Tel.: 5013
alle Zimmer mit Bad oder Du/WC/Tel.; eigener Parkplatz
Hotel Braunschweiger Hof, Tel.: 2821
alle Zimmer mit Du/WC/Tel., in der Nähe Parken schwierig
Weitere Sehenswürdigkeiten: Rathaus, Kleines Schloß mit barockem Terrassengarten, Bartholomäuskirche, Burg und Festung Regenstein, Teufelsmauer
Traditionen und Volksfeste: Blankenburger Musiktage im Kloster Michaelstein (November), Ritterspiele auf dem Regenstein (August), Blütenfest (Mai), Truckerfest auf dem Schnappelberg (Oktober)

21 **Burg** (Vorwahl: 03921)
Unterkirche St. Nikolai
Kreuzgang 7
39288 Burg
Öffnungszeiten: Mai bis Oktober Mo bis Fr 15-17, Sa 10-12 **Führung** in dieser Zeit unangemeldet möglich
Kontakt: Pfarramt St. Nikolai Tel.: 3741
Oberkirche Unser Lieben Frauen
Kirchhof 1
39288 Burg
Öffnungszeiten: keine, Besichtigung und **Führung** nach Anmeldung
Kontakt: Evang. Pfarramt Tel.: 2293
Hotels/Pensionen
Hotel "Carl von Clausewitz", Am Ring, Tel.: 45213
alle Zimmer mit Dusche/WC/TV/Radio/Telefon
Pension "Villa Wittstock", Blumenthaler Landstraße 7, Tel.: 3233, alle Zimmer mit Dusche/WC/TV
Nächster Campingplatz: Niegripper See Tel.: 5277
Weitere Sehenswürdigkeiten: Berliner Torturm (14. Jh.), Burger Rathaus (13. Jh. mit mehreren Umbauten), Fachwerkhaus Berliner Straße 38, Wasserturm (technisches Denkmal)
Traditionen und Volksfeste: Schützen- und Parkfest (Pfingsten)

29 **Dedeleben** (Vorwahl: 039422)
Wasserschloß Westerburg
38836 Westerburg
Öffnungszeiten nur mit **Führung** Sa und So 14-17 stündlich (mind. 10 Personen) oder nach Anmeldung (Tel.: 534)
Parkempfehlung: großer Parkplatz direkt vor der Burg
Weitere Sehenswürdigkeiten: Marienkirche und Johanniskirche in Dedeleben

10 **Diesdorf** (Vorwahl: 03902)
Klosterkirche
Schäfertor 7
29413 Diesdorf
Öffnungszeiten: keine, im Sommer teilweise ganztägig geöffnet
Führung nach Anmeldung Tel.: 327 oder 361

34 Drübeck (Vorwahl: 039452)
Klosterkirche
Schulstraße 12
38871 Drübeck
Öffnungszeiten: Di bis Fr 11-16, Sa/So 10-16, **Führung** in der Zeit und nach Anmeldung (Tel.: 644)

48 Eckartsberga (Vorwahl: 034467)
Eckartsburg
06648 Eckartsberga
Öffnungszeiten: Sa bis Do 11-20, **Führung** n. Anmeldung Tel.: 20415

8 Engersen (Vorwahl: 039085)
Dorfkirche
39638 Engersen
Öffnungszeiten: keine, Besichtigung nach Absprache möglich
Kontakt: Helmut Weber, Tel.: 856
Parkempfehlung: Anfahrt B 71 Gardelegen - Salzwedel Abzweig nach Engersen zwischen Wiepke und Kakerbeck, Platz zum Parken genügend auf dem Dorfplatz vorhanden
Weitere Sehenswürdigkeiten: romanische Dorfkirchen in Altmersleben, Klein-Engersen, Kahrstedt, Jeetze und Winterfeld, Langobardenwerkstatt Zethlingen

41 Ermsleben (Vorwahl: 034743)
Kloster Konradsburg
06463 Ermsleben
Öffnungszeiten: April bis Oktober Mo bis Fr 9-17, Sa/So 10-18, November bis März täglich 10-16, **Führung** bei jeder Besichtigung
Kontakt: Christa Wycisk, Tel.: 325
Parkempfehlung: unterhalb der Burg (ca. 500m Fußweg) oder direkt vor dem Objekt, hier jedoch vorzugsweise für Versehrte.
Hotels/Pensionen
Pension Klaus Holz, L.-Gleim-Straße 15, Tel.: 369
Zimmer mit Dusche und WC
Anneliese Lafeld, Welbslebener Straße, Tel.: 222
Doppelzimmer mit Dusche und WC
Nächster Campingplatz: Altes Wippertal in Wippra, Tel (034775) 301
Weitere Sehenswürdigkeiten: Turmwindmühle in Endorf, Stadtkirche St. Sixtus Ermsleben, englischer Landschaftspark Degenershausen, Naturschutzgebiet Friedrichshohenberg
Traditionen und Volksfeste: Heimatfest (Mitte Juni), Adventskonzert auf der Konradsburg (Samstag vor dem 1. Advent)

53 Freyburg (Vorwahl: 034464)
Schloß Neuenburg
06632 Freyburg (Unstrut)
Öffnungszeiten: Sommer Di bis So 10-18, Winter Di-So 10-17, **Führung** ab 11 stündlich
Parkempfehlung: großer Parkplatz vor der Anlage vorhanden
Hotels/Pensionen

Hotel "Zur Traube", Oberstraße 46, Tel.: 742
alle Zimmer mit Du/WC/TV/Tel.
Hotel "Zum Künstlerkeller", Breite Straße 14, Tel.: 292
alle Zimmer mit Bad/Du/WC/TV/Tel.
Weitere Sehenswürdigkeiten: Jahn-Museum, Marienkirche, Winzervereinigung, Rotkäppchen-Sektkellerei
Traditionen und Volksfeste: Winzerfest im September

40 Frose (Vorwahl: 034741)
Stiftskirche
06464 Frose/Anhalt
Öffnungszeiten: keine, Besichtigung oder **Führung** nach Anmeldung im Pfarramt, Jahnplatz 402 (Tel.: 577)

20 Genthin-Altenplathow (Vorwahl:03933)
Dorfkirche mit Figurengrabstein
39307 Genthin
Öffnungszeiten: keine, Besichtigung oder **Führung** nur nach Anmeldung im Pfarramt, Altenplathower Str. 74 (Tel.: 805584)
Parkempfehlung: ca. 150m von der Kirche entfernt, direkt am Objekt keine Möglichkeit zum Parken
Hotels/Pensionen
Hotel Müller, Ziegeleistraße 1, Tel.: 803219
alle Zimmer mit Du/WC/TV/Tel./Safe/Minibar, Garagen
Hotel "Zur Bürgermark", Mühlenstraße 3, Tel.: 2206
alle Zimmer mit Du/WC/TV/Tel./Minibar
Bootshaus SV Chemie, M.-Brautzsch-Str. 1, Tel.: 2166
alle Zimmer mit Du/WC/Radio, eigener Parkplatz
Nächster Campingplatz: Zabakucker See, kurz vor dem Ortsausgang in Richtung Havelberg nach Brettin abbiegen Tel.: (039348) 218
Weitere Sehenswürdigkeiten: Stadtkirche St. Trinitatis, Rathaus, Fachwerkhäuser, Heimatmuseum

37 Gernrode (Vorwahl: 039485)
Stiftskirche St. Cyriakus
Burgstraße 3
06507 Gernrode
Öffnungszeiten: Sommer Mo bis Fr 9.30-14.30, 15-18, Sa 9-14.30, 15-16, So 11-14.30,15-18, Winter Mo-Fr 9-14.30, **Führung** tägl. nach Vereinbarung (Tel.: 275)
Parkempfehlung: in den Straßen um die Stiftskirche begrenzt möglich, großer Parkplatz am Ortsausgang in Richtung Suderode/Quedlinburg
Hotels/Pensionen
Gasthof "Zum Bären", Marktstraße 21, Tel.: 740
Weitere Sehenswürdigkeiten: Kirchturm der ehemaligen Stephanikirche (erbaut 1046) mit Sühnekreuz ("Gerokreuz"), Rathaus

2 Groß Ammensleben (Vorwahl: 039202)
Benediktinerkloster
Kirchplatz 10
39326 Groß Ammensleben

Öffnungszeiten: keine, **Führung** und Besichtigung nach Anmeldung (Tel.: 6312)
Parkempfehlung: auf dem Dorfplatz
Hotels/Pensionen
Hotel "Zum grünen Kranz", Magdeburger Straße 1, Tel.: 6331
Nächster Campingplatz: Jersleber See bei Jersleben, B 189 Richtung Stendal bis Elbeu, hinter dem Mittellandkanal (Unterführung) links ab nach Jersleben, Achtung: Hundeverbot! Tel.: (039201) 857

26 Hadmersleben (Vorwahl: 039408)
Benediktinerinnenkloster
39398 Hadmersleben
Öffnungszeiten: Mo bis Fr 8-12, 14-17, Sa und So bei Dr. Merfert, Römersiedlung 26, melden Tel.: 211

31 Halberstadt (Vorwahl: 03941)
Liebfrauenkirche
Domplatz
38820 Halberstadt
Öffnungszeiten: täglich 11-16, **Führung** täglich 13; außerhalb dieser Zeit nach Vereinbarung (Tel.: 24210)
Parkempfehlung: Holzmarkt, Martiniplan
Dom St. Stephanus
Domplatz
38820 Halberstadt
Öffnungszeiten: Sommer Mo bis Fr 9-11.30, 12-17, Sa 10-11.30,12-16.30,So 12-16.30, Winter 10-16, **Führung** Sommer Mo bis Fr 10, 11.30, 14, 15.30; Sa 10 und 14; So 11.30 und 14.30; Winter Mo bis Sa 10 und 14, So 11.30, Tel.: 24237
Parkempfehlung: Holzmarkt, Martiniplan
Hotels/Pensionen
Hotel "Unter den Linden", Klamrothstraße 2, Tel.: 27103
Hotel Halberstädter Hof; Trillgasse 10, Tel.: 27080
Pension Assauer, Bergstraße 11, Tel.: 27000
nächster Campingplatz: Halberstädter See, Ortsausgang B 81 Richtung Magdeburg, links (Richtung Wehrstedt) abbiegen, Achtung: Hundeverbot!
Weitere Sehenswürdigkeiten: Martinikirche, Moritzkirche, Johanniskirche, Katharinenkirche, Andreaskirche, Burchardiklosterkirche, Roland, Städtisches Museum, Heineanum (Vogelkundemuseum), Gleimhaus, Tiergarten
Traditionen und Volksfeste: Domfesttage (alle zwei Jahre im Mai), Museumstage (August), Altstadtfest (September)

55 Halle (Vorwahl: 0345)
Burg Giebichenstein
06114 Halle (Saale)
Öffnungszeiten: Sommer Di bis Sa 9-18, So 9-18.30, während der Sommerferien auch Mo geöffnet, Winter tägl. 10-17, **Führung** nach Anmeldung Tel.: 24751 oder 25103
Parkempfehlung: an der Burg, Seebener Straße

Dorfkirche Böllberg
R.-Schatz-Straße 30
06128 Halle (Saale)
Öffnungszeiten: keine, **Führungen** nach Anmeldung (Tel.: 41491)
Parkempfehlung: zwei Parkplätze in unmittelbarer Nachbarschaft
Hotels/Pensionen
Vermittlung von Unterkünften über die Tourist-Information Halle Roter Turm, Marktplatz, 06108 Halle (Saale), Tel.: 28371
Weitere Sehenswürdigkeiten: Marktkirche, Dom Moritzkirche, Franckesche Stiftungen

28 Hamersleben (Vorwahl: 039401)
Stiftskirche St. Pankratius
Klosterhof 6
39393 Hamersleben
Öffnungszeiten: täglich 9-18, So ab 11 (Schließung im Winter bei Einbruch der Dunkelheit), **Führung** nach Anmeldung (Tel.: 483 o. 244)
Parkempfehlung: im Klosterhof

13 Havelberg (Vorwahl: 039387)
Dom St. Marien
Domplatz 1
39539 Havelberg
Öffnungszeiten Dom und Prignitz-Museum: April bis September Mi bis So 10-12, 13-18, Oktober bis März nur bis 17, **Domführung** Mi bis So 11 und 14 sowie nach Anmeldung (Tel.: 89380), Mo und Di im ev. Pfarramt melden, Probsteiplatz (Tel.: 702)
Parkempfehlung: direkt am Dom
Hotels/Pensionen
Hotel "Am Schmokenberg", Schönberger Weg 6, Tel.: 444
alle Zimmer mit Du/WC/TV
Gasthaus "Harmonie", Hinter der Kirche 3, Tel.: 480
alle Zimmer mit Du/WC/TV
Nächster Campingplatz: Am Kamernschen See bei Kamern, B 107 Richtung Genthin, Abzweig Kamern, ab hier ausgeschildert, Achtung Hundeverbot! Tel.: (039382) 297
Weitere Sehenswürdigkeiten: Annenkapelle, Beguinenhaus, Elb-Havel-Winkel mit viel Wasser, Wiesen und Wald
Traditionen und Volksfeste: Havelberger Pferdemarkt (erstes Wochenende im September), weltberühmt und uralt (seit 1170)

60 Hecklingen (Vorwahl: 03925)
Klosterkirche St. Georg und St. Pankratius
39444 Hecklingen
Öffnungszeiten: keine, z.Z. umfangreiche Bauarbeiten, Tel.: 601201

3 Hillersleben (Vorwahl: 039202)
Benediktinernonnenkloster
39343 Hillersleben
Öffnungszeiten: Mo bis Fr 9-15 und nach Anmeldung Tel.: 6372, **Führung:** innerhalb der Öffn.-zeiten

4 Hundisburg (Vorwahl: 03904)
Ruine Nordhusen
Ortsausgang Richtung Bebertal
39343 Hundisburg
Öffnungszeiten: Ruine frei zugänglich, **Führung:** nach Anmeldung
Kontakt: Frau Wiemers, Bülstinger Str. 7, 39340 Haldensleben, Tel.: (03904) 40159

30 Röderhof (Vorwahl: 039425)
Benediktinerkloster Huysburg
38838 Röderhof
Öffnungszeiten: täglich 7 bis Einbruch der Dunkelheit, **Führung** ab 9 nach Anmeldung (Tel.: 2035)
Parkempfehlung: direkt vor der Klosteranlage
nächster Campingplatz: Halberstädter See bei Halberstadt, Ortsausgang B 81 Richtung Magdeburg links einbiegen, Tel.: (03941) 2 20 30, Achtung: Hundeverbot!
Weitere Sehenswürdigkeiten: Schloßanlage Röderhof (Sitz des Kunstvereins, Austragungsort für Ausstellungen, Buchlesungen, Musikabende etc.)
Traditionen und Volksfeste: Jugendwallfahrt auf der Huysburg (Juni),

33 Ilsenburg (Vorwahl: 039452)
Klosterkirche
38871 Ilsenburg
Öffnungszeiten: Mai bis Oktober Di bis Fr 13-16, Sa/So 11-14, November bis April Di bis Fr 13-14, Sa/So 11-12 und nach Vereinbarung, Tel.: 8112 o. 84152 o. 84153 **Führung** innerhalb der Öffn.-zeiten (max. 20 Personen)
Parkempfehlung: direkt am Objekt
Weitere Sehenswürdigkeiten: Hüttenmuseum, Ilsestein

18 Jerichow (Vorwahl: 039343)
Klostermuseum und Klosterkirche
39319 Jerichow
Öffnungszeiten: April bis Oktober täglich 10-17, November bis März täglich 10-16 (letzter Einlaß 15), **Führung** nach Vereinbarung (ab 10 Personen), Tel.: 285
Parkempfehlung: Anfahrt über die B 107, Parkplatz vor der Kirche
Stadtkirche
39319 Jerichow
Öffnungszeiten: Sommer Sa/So 10-12, 14-16, Besichtigung beim Kloster anmelden (Tel.: 285)
Parkempfehlung: Parkplatz direkt vor der Kirche
Hotels/Pensionen
Pension "Klosterklause", Lindenstraße 19, Tel.: 276
alle Zimmer mit Du/WC/TV/Tel., eigener Parkplatz
"Zum Schulterblatt", K.-Liebknecht-Str. 60, Tel.: 257
Weitere Sehenswürdigkeiten: romanische Dorfkirchen Fischbeck und Klietznick, Naturschutzgebiet Alte Elbe mit Naturlehrpfad
Traditionen und Volksfeste: Reiterfest (Juli), Heidebleckfest (August)

27 Klostergröningen (Vorwahl: 039403)
Klosterkirche St. Cyriakus
August-Bebel-Platz 5
39397 Klostergröningen
Öffnungszeiten: Mo bis Fr 8-12, 13-17, Sa/So 9-12, 13.30-17, **Führung:** innerhalb der Öffn.-zeiten; Schlüssel im Pfarramt (gegenüber) abholen, Tel.: 4724

42 Klostermansfeld (Vorwahl: 034772)
Klosterkirche St. Marien
Kirchstraße 2
06308 Klostermansfeld
Öffnungszeiten: keine, Besichtigung nach Anmeldung Tel.: 25250
Weitere Sehenswürdigkeiten: Luthergedenkstätten in Mansfeld, in Eisleben Luthers Geburtshaus und Sterbehaus, gotisches Rathaus

56 Landsberg (Vorwahl: 034602)
Doppelkapelle St. Crucis
Hillerstraße 8
06188 Landsberg/Saalkreis
Öffnungszeiten: Sommer Mo bis Fr nach Anmeldung Tel.: 20690, **Führung** Sa/So 15; Museum: ganzjährig Di/Do 10-15, im Sommer Sa/So 10-13
Parkempfehlung: Anfahrt B 100 Abzweig Richtung Zörbig, Parkplatz am Felsenbad (Ortseingang)
Hotels/Pensionen
Auskünfte hierzu gibt die Stadtverwaltung unter den Rufnummern 20397/ 20398/ 20396
Weitere Sehenswürdigkeiten: Altstadt mit denkmalgeschützten Bauwerken, Marktplatz, Museum, Felsenbad
Traditionen und Volksfeste: In den Sommermonaten finden in der Doppelkapelle Konzerte statt.

23 Leitzkau (Vorwahl: 039241)
Pfarrkirche St. Peter
Kirchstraße 1
39279 Leitzkau
Öffnungszeiten: täglich geöffnet (Gottesdienst So 10.30), **Führung** nach Anmeldung (Tel.: 290)
Parkempfehlung: ca. 50m entfernt in der Kirchstraße
Klosterkirche St. Maria
Am Schloß
39279 Leitzkau
Öffnungszeiten: Sommer Mo bis Fr 7-17, Sa/So 10-17, Winter tägl. 9-16, **Führung** Sa/So 10 und 14 und nach Anmeldung (Gudrun Mrotzek, Am Schloß 4, 39279 Leitzkau, Tel.: 4168
Parkempfehlung: direkt am Schloß

22 Loburg (Vorwahl: 039245)
Ruine der Liebfrauenkirche
39279 Loburg

Öffnungszeiten: Ruine frei zugänglich, **Führung** nach Anmeldung (Tel.: 2313-15 o. 781945)
Parkempfehlung: direkt am Objekt

1 Magdeburg (Vorwahl: 0391)
Dom St. Mauritius und St. Katharina
Am Dom 1
39104 Magdeburg
Öffnungszeiten: Sommer Mo bis Sa 10-18, So 11.30-18, Winter nur bis 16, **Führung** Mo bis Sa 10 und 14, So 11.30 und 14 und nach Vereinbarung (Tel.: 30119 o. 32414)
Parkempfehlung: vor dem Objekt rings um den Domplatz
Kloster Unser Lieben Frauen
Regierungsstraße 4-6
39104 Magdeburg
Öffnungszeiten: Di/Mi/Fr/Sa/So 10-18, Do 10-20
Kontakt: Abt. Öffentlichkeitsarbeit Tel.: 565020
Parkempfehlung: Straßen rings um das Kloster, Domplatz oder auf dem großen Parkplatz am Zentralen Platz
St.-Petri-Kirche
Neustädter Straße 1a
39104 Magdeburg
Öffnungszeiten: täglich 10-18
Kontakt: Pfarramt, Tel.: 551651
Parkempfehlung: rings um die Kirche
St.-Sebastian-Kirche
Max-Josef-Metzger-Straße 1a
39104 Magdeburg
Öffnungszeiten: Sommer täglich 10-16.30, Winter täglich 10-15.30, **Führung** nach Anmeldung über die Magdeburg-Information, Tel.: 5404908)
Parkempfehlung: Domplatz, Parkflächen Breiter Weg zwischen Bankgebäude und Post, Parkplatz zur Otto-v.-Guericke-Straße hin
Hotels/Pensionen
Vermittlung über die Magdeburg-Information, Alter Markt 9, Tel.: 5404908
Weitere Sehenswürdigkeiten: Alter Markt mit Rathaus, Reiterstandbild mit Otto I., Kulturhistorisches Museum, Petriförder mit historischer Befestigungsanlage und Lukasklause, Kulturpark Rotehorn mit historischem Seitenraddampfer “Württemberg”, Pferderennbahn

17 Melkow (Vorwahl: 039323)
Dorfkirche
39524 Melkow
Öffnungszeiten: tägl. 10-12, 14-17, **Führung** innerhalb der Öffn.-zeiten
Kontakt: Frau Bienemann, Hauptstr. 18 (Tel.: 579)
Parkempfehlung: an der Dorfstraße

47 Memleben (Vorwahl: 034672)
Klosterruine und Krypta
06642 Memleben

Öffnungszeiten: Sommer Di bis So 10-12, 13-18, Winter Di bis So 10-16, **Führung** innerhalb der Öffn.-zeiten, Gruppen nach Anmeldung
Kontakt: Gerlinde Dietrich, Th.-Müntzer-Str. 13, Tel.: 84834
Parkempfehlung: direkt an der Klostermauer

54 Merseburg (Vorwahl: 03461)
Dom St. Johannes und Laurentius
Domplatz
06217 Merseburg
Öffnungszeiten: Sommer Mo bis Sa 9-12, 13-18, So 13-18, Winter Mo bis Sa 9-12, 13-16, So 13-16; **Führung** während der Öffn.-zeiten zu jeder vollen Stunde
Kontakt: Frau Watzel, Tel.: 210045
Parkempfehlung: Hälterstraße, Anfahrt über B 181 oder B 91,
Neumarktkirche
Neumarkt 1
06217 Merseburg
Öffnungszeiten: z.Z. Generalrestaurierung
Kontakt: Dr. Peter Ramm, Domplatz 9, Tel.: 401006
Parkempfehlung: am Tiefen Keller
Hotels/Pensionen
Hotel "Dessauer Hof", Dammstraße 2-4, Tel.: 211145
alle Zimmer und Appartements mit Du/WC/TV/Radio
Hotel "C 'est la vie", König-Heinrich-Str., Tel.: 219010
alle Zimmer mit Du/WC/TV/Tel./Bar
Hotel "Merseburger Rabe", Ottoweg 19, Tel.: 210559
alle Zimmer Du/TV, teilweise WC
Gästehaus "Thüringer Weg", Thüringer Weg, Tel.: 433051
alle Zimmer mit Bad/WC/TV/Radio/Tel./Bar
Pension "Gutjahr", Naumburger Straße 100, Tel.: 217149
Pension Rößner, Dammstraße 6, Tel.: 211781
nächster Campingplatz: An der Hasse in Roßbach (Landstraße über Braunsbedra) Tel.: (034633) 2269, Achtung: Hundeverbot!
Weitere Sehenswürdigkeiten: Schloß mit Schloßgarten, Ständehaus, Wasserkunst, Domkurien, Altes Rathaus, Marktplatz mit Staupenbrunnen
Traditionen und Volksfeste: Schloßfestspiele (erstes Juliwochenende) Orgelfesttage (Herbst)

51 Naumburg (Vorwahl: 03445)
Dom St. Peter und Paul
Domplatz
06618 Naumburg
Öffnungszeiten: November bis Februar Mo bis Sa 9-16, So 12-16, März *und* Oktober Mo bis Sa 9-17, So 12-18, April bis September Mo bis Sa 9-18, So 12-18, **Führung** zur vollen Stunde und nach Anmeldung (Tel.: 202514), fremdsprachige Gruppen bitte mit Dolmetscher
Parkempfehlung: Parkplatz "Vogelwiese" (15 Minuten zu Fuß), mit Parkuhr in der Innenstadt überall, direkt am Dom kaum Parkmöglichkeit
Hotels/Pensionen
Hotel "Zur Alten Schmiede", Lindenring 36/37, Tel.: 208262

alle Zimmer mit Du/WC/TV
Hotel "Deutscher Hof", Fr.-L.-Rasch-Str. 10, Tel.: 202712
alle Zimmer mit Du/WC/TV
Zimmervermittlung: Naumburg-Tourist, Steinweg, Tel.: 202514
Weitere Sehenswürdigkeiten: gut erhaltener spätmittelalterlicher Stadtkern, Stadtkirche St. Wenzel (Cranach-Gemälde, Hildebrandtorgel, *originell:* hier wohnt noch eine echte Türmerin), Reste der Stadtbefestigung
Traditionen und Volksfeste: Hussiten-Kirschfest (Juni), Weinfest auf dem Holzmarkt (August), Country- und Truckerfest auf der Vogelwiese (April)

59 Nienburg (Vorwahl: 034721)
Klosterkirche St. Marien und St. Cyprian
Goetheplatz 8
06429 Nienburg
Öffnungszeiten: Sommer Mo bis Sa 10-18, So 14-18, Winter Mo bis Sa 10-16, So 14-16, Mittagspause! **Führung** während der Öffn.-zeiten oder im Pfarramt melden (Tel.: 2348)
Parkempfehlung: Burgstraße (200m entfernt)

32 Osterwieck (Vorwahl: 039421)
Stephanikirche
Hagen 7
38835 Osterwieck
Öffnungszeiten: So 13-16, sonst im Pfarramt melden, **Führung** nur nach Anmeldung, Tel.: 74262
Parkempfehlung: direkt an der Kirche
Hotels/Pensionen
Pension "Waldhaus", Fallstein 1, Tel.: 72232
alle Zimmer mit Bad/WC/TV/Tel., Parkplatz am Haus
Fallstein-Klause, Im Fallstein 5, Tel.: 9200
alle Zimmer mit Bad und WC
Weitere Sehenswürdigkeiten: zahlreiche kunsthistorisch beachtenswerte und aufwendig verzierte Fachwerkhäuser, Heimatmuseum, Eulenspiegelhaus, Taubenturm, Landschaftsschutzgebiet Fallstein

39 Pansfelde (Vorwahl: 034743)
Burg Falkenstein
06543 Pansfelde
Öffnungszeiten: Sommer Di bis Fr 9-17, Sa/So 9-18, Winter tägl. 9-16, **Führung** innerhalb der Öffn.-zeiten nach Anmeldung, Kinderführungen bitte 2 Monate vorher anmelden, Tel.: 8135
Parkempfehlung: am Gartenhaus Pansfelde o. Ortsausgang in Meisdorf
Weitere Sehenswürdigkeiten: Bischofsmühle in Meisdorf

57 Petersberg (Vorwahl: 034606)
Stiftskirche St. Petrus
Bergweg 11
06193 Petersberg
Öffnungszeiten: ständig zugänglich, Museum: Di bis So 10-17, **Führung** nach Anmeldung (Tel.: 20409)

Parkempfehlung: direkt am Objekt nicht möglich, im Ort zahlreiche Parkflächen
Weitere Sehenswürdigkeiten: Tierpark

24 Pretzien (Vorwahl Plötzky: 039200)
St.-Thomas-Kirche
39245 Pretzien
Öffnungszeiten: Sommer Di bis So 14-16, Winter Sa/So 14-16, Besichtigung auch außerhalb der Öffn.-zeiten nach Anmeldung
Kontakt: Pfarramt, Magdeburger Str. 21, 39245 Plötzky, Tel.: 51957
Weitere Sehenswürdigkeiten: Pretziener Wehr, Dorfkirche Plötzky, Kreuzhorst

36 Quedlinburg (Vorwahl: 03946)
Stiftskirche St. Servatii
Am Schloßberg 9
06484 Quedlinburg
Öffnungszeiten: Mai bis Oktober Di bis Sa 10-17, So 12-17, November bis AprilDi bis Sa 10-16, So 12-16, **Führung** 11 (außer So), 13 und 15 und nach Anmeldung (Besichtigung der Krypta nur während der Führung), Tel.: 3552
Parkempfehlung: Parkplatz Carl-Ritter-Platz zu Füßen des Burgbergs
Wipertikrypta
Wipertistraße
06484 Quedlinburg
Öffnungszeiten: keine, **Führung** täglich 11 Uhr ab Quedlinburg-Information (Markt 2) und nach Vereinbarung, Tel.: 2866
Parkempfehlung: direkt an der Friedhofsmauer
Hotels/Pensionen:
Motel, Wipertistraße 9, Tel.: 2855
alle Zimmer mit Dusche/WC/TV/Telefon
Hotel "Quedlinburger Hof", Harzweg 1, Tel.: 2276
alle Zimmer mit Dusche/WC/TV unf Telefon
Hotel "Zur goldenen Sonne", Tel.: 2318
alle Zimmer mit Dusche/WC/TV und Telefon
Hotel "Am Brühl", Billungstraße 11, Tel.: 3951
alle Zimmer mit Dusche/WC/TV und Telefon
Pension "Theophano", Markt 13, Tel.: 96300
alle Zimmer mit Dusche/WC/TV/Radio und Telefon
Weitere Sehenswürdigkeiten: Schloß und Schloßmuseum, Rathaus mit Roland, Altstadt mit riesigem Fachwerkbestand (Ständerbau!), Klopstockhaus, Kirchen St. Benedikti, St. Ägidii, St. Nikolai, St. Blasii

46 Querfurt (Vorwahl: 034771)
Museum Burg Querfurt
06268 Querfurt
Öffnungszeiten: Mai bis September Di bis So 9-17, Oktober bis April 10-17, **Führungen** Sa/So 10 und 14, Di bis Fr nach Anmeldung (Tel.: 22064)
Parkempfehlung: einige Plätze direkt vor der Burg, großer Parkplatz in ca. 500m Entfernung

19 Redekin (Vorwahl: 039341)
Dorfkirche
39319 Redekin
Öffnungszeiten: keine, Besichtigung nach Vereinbarung
Kontakt: Pastorin Schwarzkopf, W.-Külz-Str. 9, Tel. 256
Parkempfehlung: direkt vor der Kirche
Nächster Campingplatz: Am Schönfelder See bei Schönfeld (B 107 Richtung Havelberg) Tel.: (039382) 237, Achtung: Hundeverbot!
Weitere Sehenswürdigkeiten: Pfarrkirche Genthin-Nord, St. Trinitatis Genthin, Pfarrkirche Kleinwulkow

9 Rohrberg (Vorwahl: 039000)
Dorfkirche
38489 Rohrberg
Öffnungszeiten: keine, Gottesdienst So 10.15, Schlüssel für die Kirche bei Herrn Berg, Bahnhofstraße, holen, Führung nach Anmeldung Tel.: 437
Parkempfehlung: direkt am Objekt

11 Salzwedel (Vorwahl: 03901)
Lorenzkirche
29410 Salzwedel
Öffnungszeiten: ganzjährig Mo bis Sa 10-11, 14-15, Sommer So 14-15, Winter So 10.30-11.30 **Führung** nach Anmeldung Tel.:423357)
Parkempfehlung: direkt am Objekt in begrenzter Anzahl Parkflächen, sonst Parkplatz in 300m Entfernung
Weitere Sehenswürdigkeiten: Altstadt mit insgesamt erhaltenem historischen Stadtgrundriß, Marienkirche, Katharinenkirche, Daneilmuseum mit Cranach-Altar, Rathaus, Stadtmauer

14 Sandau (Vorwahl: 039383)
Pfarrkirche St. Nikolaus
Kirchberg 9
39524 Sandau
Öffnungszeiten: keine, bitte im evang. Pfarramt melden, **Führung** nach Anmeldung Tel.: 236
Parkempfehlung: direkt vor der Kirche oder in den angrenzenden Nebenstraßen
Hotels/Pensionen
Privatzimmer Fam. Hellwig, Wulkauer Weg 30, Tel.: 370
Zimmer mit Dusche und WC

43 Sangerhausen (Vorwahl: 03464)
Ulrichskirche
Bergstraße 17
06526 Sangerhausen
Öffnungszeiten: Mai bis Oktober Mo bis Sa 10-12, 14-16, So 14-16, im Winter nach Anmeldung, **Führung** während der Öffn.-zeiten oder nach Anmeldung Tel.:612034 oder 613330 (Tourist-Information)
Parkempfehlung: am Rosarium oder direkt vor dem Objekt (begrenzte Zahl von Parktaschen am Straßenrand)

Hotels/Pensionen
Hotel "Walkmühle", Walkberg 1, Tel.: 2903
alle Zimmer mit Du/WC/Tel., teilweise mit TV
Weitere Sehenswürdigkeiten: Rosarium (6 500 Sorten), Marktplatz mit Patrizierhäusern (denkmalgeschützt), Rathaus, Jacobikirche, Spengler-Museum

15 Schönhausen (Vorwahl: 039323)
Dorfkirche
Fontanestraße 11
39524 Schönhausen
Öffnungszeiten: Mo bis Fr 8.30-12, Sa 10-12 und 13-17, Besucher bitte im Pfarramt melden, **Führung** auch So nach Anmeldung Tel.: 206
Parkempfehlung: direkt an der Kirche oder auf dem Parkplatz in der Körnerstraße

50 Schulpforte (Vorwahl: 034463)
Klosterkirche und Kloster
Schulstraße 12
06628 Schulpforte
Öffnungszeiten: Klostergelände frei zugänglich
Kontakt: Herr Dreßler, Landesschule Pforta, Tel.: 35110
Parkempfehlungen: direkt an der B 87, Parken vor dem Kloster

25 Seehausen/Börde (Vorwahl: 039407)
Paulskirche
Ernst-Thälmann-Straße 17
39365 Seehausen/Börde
Öffnungszeiten: Besichtigung nach Anmeldung (Tel.: 425)
Parkempfehlung: am Objekt

44 Tilleda (Vorwahl: 034651)
Königspfalz
Pfingstberg
06537 Tilleda
Öffnungszeiten: April bis Oktober täglich 10-18, November bis März Mo bis Fr 10-16, **Führung** innerhalb der Öffn.-zeiten (ab 5 Personen), bei größeren Gruppen Anmeldung erwünscht, Tel.: 2923
Parkempfehlung: zu Füßen des Pfingstberges direkt am Museum
Weitere Sehenswürdigkeiten: Reichsburg Kyffhausen mit Kyffhäuser-Denkmal

6 Walbeck (Vorwahl: 039061)
Stiftskirche St. Marien
39356 Walbeck
Öffnungszeiten: frei zugängliche Ruine
Parkempfehlung: in den Straßen in unmittelbarer Nähe der Ruine nicht möglich, Marktplatz und über einen kurzen steilen Fußweg zum Objekt
Sarkophag Graf Lothar II.
Dorfkirche St. Michaelis
39356 Walbeck

Öffnungszeiten: Sommer täglich 9-19, Winter und bei Führung im Gemeindebüro oder bei Brunhilde Fucke, Bergstraße 18, melden, Tel.: 2578 (Gemeindebüro)
Parkempfehlung: Marktplatz

58 Waldau/Bernburg (Vorwahl:03471)
Dorfkirche St. Stephan
Breite Straße 81
06406 Bernburg
Öffnungszeiten: Sommer Fr 12.30-14, sonst beim Pfarramt Schlüssel abholen, **Führung** nach Anmeldung Tel.: 21231
Parkempfehlung: direkt vor der Kirche
Weitere Sehenswürdigkeiten: Schloß Bernburg, Tiergarten

7 Wiepke (Vorwahl: 039085)
Dorfkirche
39638 Wiepke
Öffnungszeiten: keine, Besichtigung nach Vereinbarung mit Wilhelm Könnecke, Tel.: 252; **Führung** nach Anmeldung Tel.: 252 o. (03907) 5622
Parkempfehlung: an der Dorfstraße vor dem Bauwerk

16 Wust (Vorwahl: 039323)
Dorfkirche
39524 Wust
Öffnungszeiten: tägl. 10-12, 14-17, **Führung** innerhalb der Öffn.-zeiten, bei verschlossener Kirche bitte telefonisch im Pfarramt Wulkow melden Tel.: (039341) 406
Parkempfehlung: am Objekt

52 Zeitz (Vorwahl: 03441)
Museum Schloß Moritzburg, Dom St. Peter und Paul
06712 Zeitz
Öffnungszeiten: Sommer Di bis So 10-17, Winter Di bis So 9-17, **Führung** innerhalb der Öffn.-zeiten, Reisegruppen bitte mit Anmeldung, Tel.: 214040 o. 212546
Hotels/Pensionen
Hotel "Drei Schwäne", Altmarkt 6, Tel.: 2687
alle Zimmer mit Dusche/WC/TV/Radio/Telefon
Hotel "Gasthaus am Neumarkt", Neumarkt 15, Tel.: 712677
alle Zimmer mit Dusche/WC/TV/Telefon/Fax
Hotel "Weiße Elster", Albrechtstraße 37, Tel.: 752046
alle Zimmer mit Dusche/WC/TV/Telefon/Minibar, es steht ein hauseigener Parkplatz zur Verfügung
Nächster Campingplatz: Am See in Kretzschau (Richtung Döschwitz und Naumburg) Tel.: (03441) 6939
Weitere Sehenswürdigkeiten: Unterirdisches Gangsystem, Michaeliskirche, Rathaus und Rathausturm, Kleine Galerie

Inhalt

Inhalt

Helga Neumann

ROMANIK IN SACHSEN-ANHALT UND NIEDERSACHSEN

Eine geschichtliche Einführung

Warum häufen sich gerade in Sachsen-Anhalt und Niedersachsen romanische Bauwerke und Kleinkunst-Schätze? Wie lebten die Menschen in der Zeit der Romanik? Diese und andere Fragen zur mitteldeutschen Romanik beantwortet die Autorin populär und übersichtlich. Das Heft ist vorrangig als Ergänzung zu den Reiseführern "Auf der Straße der Romanik" sowie "Links und rechts der Straße der Romanik" gedacht.

24 Seiten; engl. Br.; Rückstichheftung; Format 108x210
ISBN 3-928977-32-6
DM 3.60

Thorsten Schmidt

LINKS UND RECHTS DER STRASSE DER ROMANIK

Ein praktischer Reiseführer zu weiteren romanischen Baudenkmälern in Mitteldeutschland

Der handliche Ergänzungsband sei all jenen kunsthistorisch interessierten Touristen empfohlen, die gern einmal von der offiziellen "Straße der Romanik durch Sachsen-Anhalt" abweichen und auf eigene Faust im Umfeld auf romanische Entdeckungsreise gehen wollen. Zu den ca. 50 "Wegesabweichungen" gehören u.a. die Reichsburg Kyffhausen, die Burgruine Regenstein, die Dom-Krypta in Nordhausen, die Kaiserpfalz, Domvorhalle und Neuwerkkirche in Goslar, die Stiftskirche Königslutter, St. Michael und der Dom zu Hildesheim sowie die Klosterkirche Göllingen.

144 Seiten; Br.; Fadenheftung; ca. 40 farb. Abb.; Format 108x210
ISBN 3-928977-24-5
DM 16.80

Aus unserem Programm:

Hoffmann, Quedlinburg	9.80
Krawulsky, Wittenberg	9.80
Kroker/Matuszak/Stöber, Goslar	9.80
Schmidt, Wernigerode	9.80
Heinzelmann, Naumburg	9.80
Knape, Stolberg	9.80
Hoffmann, Luther; dt. Ausgabe	29.80
Hoffmann, Luther; engl. Ausgabe	29.80
Röper/Schmidt, Mit Volldampf durch den Harz	12.80
Schmidt/Bein, Dampfroß-Impressionen	14.00
Groß/Herlitze/Schmidt, Der Harz	24.80
Bernhagen, Quedlinburg	8.90
Herlitze, Wandern im Harz	15.80
Wellbrock/Haase, Die kleine Lok Elise	7.80
Kalender Wernigerode 199..	13.80
Kalender Mit Volldampf durchs Jahr 199..	13.80
Kalender Martin Luther 199..	13.80

unsere neue Reihe:
In nur einem Heft Informationen zu allen Kirchen einer Stadt - durchweg in Farbe:

Helga Neumann
DIE KIRCHEN IN HALBERSTADT
40 Seiten, Br., Format 148x210
ISBN 3-928977-35-0 DM 6.80

Bernhard Heinzelmann
DIE KIRCHEN IN NAUMBURG
40 Seiten, Br., Format 148x210
ISBN 3-928977-47-4 DM 6.80

Helga Neumann
DIE KIRCHEN IN WERNIGERODE
32 Seiten, Br., Format 148x210
ISBN 3-928977-22-9 DM 5.80

Wolfgang Hoffmann
DIE KIRCHEN IN QUEDLINBURG
32 Seiten, Br., Format 148x210
ISBN 3-928977-21-0 DM 5.80